Kornblum/Schünemann/Müller

# Privatrecht für den Bachelor

Udo Kornblum/Wolfgang B. Schünemann/Stefan Müller

# Privatrecht für den Bachelor

## Multiple-Choice-Aufgaben mit Lösungen

13., neu bearbeitete und erweiterte Auflage

C.F. Müller

Professor Dr. *Udo Kornblum*
lehrte als ordentlicher Professor an der Universität Stuttgart Privatrecht; er ist jetzt Emeritus.

Professor Dr. *Wolfgang B. Schünemann*
war bis zu seiner Emeritierung 2012 Inhaber des Lehrstuhls für Privatrecht an der Technischen Universität Dortmund und hat die vakante Professur bis 2014 vertreten.

Prof. Dr. *Stefan Müller*
ist seit 2014 Inhaber der Professur für Wirtschaftsrecht (mit Schwerpunkt Innovations- und Technologierecht) an der Universität Paderborn.

Bibliografische Information der Deutschen Nationalbibliothek

Die Deutsche Nationalbibliothek verzeichnet diese Publikation in der Deutschen Nationalbibliografie; detaillierte bibliografische Daten sind im Internet über <http://dnb.d-nb.de> abrufbar.

ISBN 978-3-8114-9539-5

E-Mail: kundenservice@cfmueller.de

Telefon: +49 89 2183 7923
Telefax: +49 89 2183 7620

www.cfmueller.de
www.cfmueller-campus.de



Satz: Gottemeyer, Rot
Druck: CPI Clausen & Bosse, Leck

# Vorwort

Die vorliegende 13. Auflage geht erstmals mit einer personellen Veränderung einher: Stefan Müller übernimmt das Werk, welches er in bewährter Weise als grundlegendes Übungsbuch zum Privatrecht mit Aufgaben nach dem Antwort-Wahl-Verfahren fortsetzen möchte. Sein aufrichtiger Dank für das in ihn gesetzte Vertrauen gilt den Kollegen Udo Kornblum und Wolfgang B. Schünemann, die das vorliegende Übungsbuch begründet und über Jahrzehnte hinweg gezielt weiterentwickelt haben. Es ist das bleibende Verdienst von Kornblum und Schünemann, anspruchsvolle Übungsaufgaben zum Privatrecht nach dem Antwort-Wahl-Verfahren in den akademischen rechtswissenschaftlichen Unterricht, gerade gegenüber Studierenden an wirtschafts-, sozial- und ingenieurwissenschaftlichen Fakultäten, eingeführt zu haben. Die gewählte Ausrichtung wird auch für die 13. Auflage beibehalten, fortgeführt und um ein neues Element ergänzt: Neben den zu Einzelbereichen des Bürgerlichen Rechts, des Handelsrechts im engeren Sinne sowie des Gesellschaftsrechts dargestellten Aufgaben (vgl. dazu wie bisher Teil A unter I. bis III.) werden nunmehr erstmals (unter IV.) 25 *themenübergreifende* Aufgaben anhand konkreter Fallsituationen aufgenommen, an die sich jeweils fünf zur Beurteilung gestellte Aussagen anschließen. Die Gesamtzahl der Aufgaben hat sich dadurch auf 375 erhöht. Es bietet sich an, zur Nacharbeit des Lernstoffs zunächst themenspezifisch die Abschnitte I. bis III. des Teils A durchzuarbeiten (und die eigenen Ergebnisse mit den Lösungen in Teil B abzugleichen), bevor dann – insbesondere zur Prüfungsvorbereitung – die themenübergreifenden Aufgaben des Abschnitts IV. aus Teil A (die wiederum mit Lösungen in Teil B versehen sind) bearbeitet werden.

Im Hinblick auf die Berechtigung von Multiple-Choice-Aufgaben im akademischen Unterricht und auf die damit verbundenen Vorzüge ist bereits im Vorwort der Vorauflagen alles Notwendige ausgeführt worden (dort auch zu Mustern für Klausurendeck- und -schlussblätter von der Universität Stuttgart bzw. der Technischen Universität Dortmund). An dieser Stelle sei nur rasch angemerkt, dass sich Prüfungen mit Aufgaben nach dem Antwort-Wahl-Verfahren jedenfalls in Bachelor-Studiengängen zunehmend durchsetzen. Da sowohl Udo Kornblum und Wolfgang B. Schünemann als auch Stefan Müller auf langjährige Erfahrungen bei der Vermittlung rechtswissenschaftlicher Studieninhalte (auch) an wirtschaftswissenschaftlichen Fakultäten zurückblicken können, orientiert sich auch dieses Übungsbuch v.a. an den Bedürfnissen von Studierenden wirtschaftswissenschaftlich geprägter Studiengänge.

Auch für die 13. Auflage stammen Aufgaben und Lösungen Nrn. 1-114 sowie Nrn. 229-287 aus der Feder Kornblums, die Aufgaben und Lösungen Nrn. 115-228 und Nrn. 288-350 aus der Schünemanns; sie sind von Stefan Müller übernommen und, soweit erforderlich, an Gesetzes- und Rechtsänderungen angepasst worden. Müller hat zudem die neu aufgenommenen Aufgaben und Lösungen Nrn. 351-375 beigesteuert. Dabei variiert die Struktur der Aufgaben nach dem verantwortlichen Autor bzw. den Gepflogenheiten der Universität, aus deren Unterricht sie stammen: Die von Kornblum konzipierten Aufgaben sind stets sogenannte *geschlossene*, simple „Richtig-Antworten-Aufgaben", bei den von mindestens drei mitgeteilten Antwortvarianten lediglich eine richtig ist, die es herauszufinden und zu markieren gilt. Schünemann verwendet hingegen auch sogenannte *halb offene* oder *gänzlich offene* Aufgaben, bei denen an den vorgesehenen Stellen Gesetzesparagraphen und/oder Begriffe einzutragen sind; bei ihnen können auch zwei oder mehrere Antworten gleichzeitig richtig sein. Für die Zuordnung der Aufgaben zu den jeweiligen Rechtsgebieten sind grundsätzlich nur die richtigen Antworten maßgeblich, hingegen nicht die Distraktoren. Die von Müller neu beigesteuerten rechtsgebietsübergreifenden Aufgaben sind wiederum Aufgaben des geschlossenen Typs, bei denen mindestens eine der zugehörigen fünf Aussagen richtig ist. Sämtliche Aufgaben sollen unter „aktiver" Zuhilfenahme der einschlägigen Gesetzestexte gelöst werden – das Gesetz ist Arbeitsmittel und Erkenntnisquelle aller juristisch Tätigen, in Wissenschaft und Praxis.

Die Autoren sind wie immer für Kritik und Anregungen dankbar – am besten per E-Mail an s.mueller@uni-paderborn.de.

Leonberg/Berlin/Paderborn, im Herbst 2016

*Udo Kornblum*
*Wolfgang B. Schünemann*
*Stefan Müller*

# Inhaltsverzeichnis



## Teil A
## Aufgaben



* Diese Zahlen stellen die Aufgabennummern dar.

## Teil B
## Lösungen



* Diese Zahlen stellen die Aufgabennummern dar.

# Abkürzungsverzeichnis

| | |
|---|---|
| A. | Auflage |
| aaO | am angegebenen Ort |
| Abb. | Abbildung |
| Abs. | Absatz |
| a.E. | am Ende |
| a.F. | alte Fassung |
| AG | Aktiengesellschaft |
| AGB | Allgemeine Geschäftsbedingungen |
| AGG | Allgemeines Gleichbehandlungsgesetz |
| AktG | Aktiengesetz |
| Alt. | Alternative |
| Art. | Artikel |
| AT | Allgemeiner Teil |
| BGB | Bürgerliches Gesetzbuch |
| BGH | Bundesgerichtshof |
| BRAO | Bundesrechtsanwaltsordnung |
| BT | Besonderer Teil |
| bzw. | beziehungsweise |
| c.i.c. | culpa in contrahendo |
| d.h. | das heißt |
| EGBGB | Einführungsgesetz zum Bürgerlichen Gesetzbuch |
| EGHGB | Einführungsgesetz zum Handelsgesetzbuch |
| EheG | Ehegesetz |
| EHUG | Gesetz über elektronische Handelsregister und Genossenschaftsregister sowie das Unternehmensregister |
| ErbbauRG | Erbbaurechtsgesetz |
| etc. | et cetera |
| EWIV | Europäische Wirtschaftliche Interessenvereinigung |
| EWIV-VO | Verordnung Nr. 2137/85 des Rates (EWG) über die Schaffung einer EWIV |
| f., ff. | folgende |
| G | Gesetz |
| GG | Grundgesetz |
| GBO | Grundbuchordnung |
| GbR | Gesellschaft bürgerlichen Rechts |
| GenG | Genossenschaftsgesetz |
| ggf. | gegebenenfalls |
| GmbH | Gesellschaft mit beschränkter Haftung |
| GmbHG | Gesetz betreffend die Gesellschaften mit beschränkter Haftung |
| GVG | Gerichtsverfassungsgesetz |
| GWB | Gesetz gegen Wettbewerbsbeschränkungen |
| Halbs. | Halbsatz |
| HGB | Handelsgesetzbuch |

| | |
|---|---|
| h.M. | herrschende Meinung |
| HR | Handelsrecht |
| hrsg. | herausgegeben |
| i.d.R. | in der Regel |
| i.e.S. | im engeren Sinne |
| insbes. | insbesondere |
| i.S. | im Sinne |
| i.V. | in Verbindung |
| i.w.S. | im weiteren Sinne |
| KG | Kommanditgesellschaft |
| KGaA | Kommanditgesellschaft auf Aktien |
| n.F. | neue Fassung |
| Nr(n). | Nummer(n) |
| o.Ä. | oder Ähnliches |
| oHG | Offene Handelsgesellschaft |
| PartGG | Partnerschaftsgesellschaftsgesetz |
| ProdHaftG | Produkthaftungsgesetz |
| Rdnr(n). | Randnummer(n) |
| S. | Seite, Satz |
| s.(a.) | siehe (auch) |
| ScheckG | Scheckgesetz |
| SE | Societas Europaea (Europäische Aktiengesellschaft) |
| sog. | sogenannte(r) |
| SPE | Societas Europaea Privata (Europäische Privatgesellschaft, „Europa-GmbH") |
| StGB | Strafgesetzbuch |
| u.a. | unter anderem |
| UG | Unternehmergesellschaft |
| u.U. | unter Umständen |
| VerschG | Verschollenheitsgesetz |
| vgl. | vergleiche |
| VVG | Versicherungsvertragsgesetz |
| WEG | Wohnungseigentumsgesetz |
| z.B. | zum Beispiel |
| ZPO | Zivilprozessordnung |

# Literaturverzeichnis


| | |
|---|---|
| *Brox/Walker*, AT | *Brox, Hans/Walker, Wolf-Dietrich:* Allgemeines Schuldrecht, 40. A. 2016 |
| *Brox/Walker*, BT | *Brox, Hans/Walker, Wolf-Dietrich:* Besonderes Schuldrecht, 40. A. 2016 |
| *Brox/Henssler*, HR | *Brox, Hans:* Handelsrecht und Wertpapierrecht, 22. A. 2016 |
| *Eisenhardt/Wackerbarth* | *Eisenhardt, Ulrich/Wackerbarth, Ulrich:* Gesellschaftsrecht I – Recht der Personengesellschaften, 16. A. 2015 |
| *Förster* | *Förster, Christian:* Allgemeiner Teil des BGB, 3. A. 2015 |
| *Förster* | *Förster, Christian:* Schuldrecht Allgemeiner Teil, 2. A. 2015 |
| *Förster* | *Förster, Christian:* Schuldrecht Besonderer Teil, 2. A. 2016 |
| *Rüthers/Stadler* | *Rüthers, Bernd/Stadler, Astrid:* Allgemeiner Teil des BGB, 18. A. 2014 |
| *Schünemann* | *Schünemann, Wolfgang B.:* Wirtschaftsprivatrecht, 6. A. 2011 |
| *Schwab/Löhnig* | *Schwab, Dieter/Löhnig, Martin: Falltraining im Zivilrecht 1, 6. A. 2016* |
| *Wolf/Wellenhofer* | *Wolf, Manfred/Wellenhofer, Marina:* Sachenrecht, 30. A. 2015 |

# Teil A
# Aufgaben

## I. Bürgerliches Recht*

### 1. Grundlagen

1 Rechtsquelle des Privatrechts ist

a) nur das Gesetzesrecht
b) nur das Gewohnheitsrecht
c) nur das Richterrecht
d) auch das Gewohnheitsrecht.

2 Das Prinzip von Treu und Glauben (§ 242) gilt grundsätzlich

a) wegen seiner Stellung im Gesetz nur im Recht der Schuldverhältnisse
b) nur im Bereich des Bürgerlichen Rechts
c) für die ganze Rechtsordnung
d) für das gesamte Privatrecht, nicht hingegen für das Gebiet des öffentlichen Rechts.

3 Die Geltendmachung einer verjährten Forderung durch ihren Inhaber ist erfolglos,

a) da die Forderung mit Verjährungseintritt automatisch erloschen ist
b) da der Verjährungseintritt die Realisierung der Forderung unmittelbar beseitigt hat
c) sobald der Schuldner sich auf den Eintritt der Verjährung beruft.

4 Ein potenzieller Erblasser kann die Person seines Erben

a) überhaupt nicht
b) grundsätzlich frei
c) nur dann, wenn er seinen Ehepartner oder nahe Verwandte als Miterben einsetzt, (partiell) frei bestimmen.

### 2. Rechtssubjekte (insbesondere Rechtsfähigkeit)

5 Wer rechtsfähig ist, kann stets

a) durch eigenes Handeln Rechte, aber keine Pflichten begründen
b) durch eigenes Handeln Rechte und Pflichten begründen
c) Rechtsgeschäfte wirksam abschließen
d) Träger von Rechten und Pflichten sein.

---

* §§ ohne Zusatz sind solche des BGB.

**6** Der kinderlose Springreiter S will sein Springpferd „Lord", mit dem er die Goldmedaille gewann, zum Erben einsetzen.

a) Er muss ein entsprechendes notarielles Testament errichten
b) Er kann „Lord" lediglich als Miterben neben seiner Ehefrau einsetzen
c) Er kann „Lord" nur mit Zustimmung des Tierschutzvereins zum Erben einsetzen
d) Er kann „Lord" überhaupt nicht zum Erben einsetzen, da dieser nicht erbfähig ist.

**7** Erblasser E stirbt am 31.10. Durch formgültiges Testament vom 10.10. hat er neben seinen beiden Enkeln A (20 Jahre alt) und B (18 Jahre alt) auch sein „jüngstes, zur Zeit noch ungeborenes Enkelkind X", das sich damals im 7. Monat seiner Entwicklung als „Leibesfrucht" befand – „als Erben zu gleichen Teilen" eingesetzt. Erben des E sind

a) in jedem Fall A, B und X zu $1/3$, auch falls X anschließend lediglich tot geboren wird
b) A, B und X nur dann zu je $1/3$, wenn X anschließend lebend geboren wird
c) in jedem Fall nur A und B zu je $1/2$.

**8** Aussteiger A, der in Übersee verschollen ist, wird vom zuständigen deutschen Gericht für tot erklärt. Seine Rechtsfähigkeit ist damit

a) in jedem Fall erloschen
b) auch dann erloschen, wenn er noch lebt und älter als 65 Jahre ist
c) nicht erloschen, falls er noch lebt.

## 3. Rechtsobjekte (insbesondere Sachen)

**9** Fabrikant F will seinen Park umgestalten und lässt zu diesem Zweck dort von Gärtner G 20 neue Bäume pflanzen. Diese Bäume sind jetzt

a) wesentliche Bestandteile des Parkgrundstücks
b) nicht wesentliche Grundstücksbestandteile, sondern selbstständige bewegliche Sachen, sofern sie jeweils mehr als zwei Meter hoch sind
c) nicht wesentliche Bestandteile, sondern selbstständige bewegliche Sachen, und zwar ohne Rücksicht auf ihre Höhe.

**10** Gärtner G kauft von einer Baumschule 10 Jungtannen. Er will sie in absehbarer Zeit weiterverkaufen und pflanzt sie zunächst in sein Grundstück ein. Diese Jungtannen sind jetzt

a) wesentliche Bestandteile des Grundstücks, in das sie eingepflanzt wurden
b) nicht wesentliche Grundstücksbestandteile, sondern selbstständige bewegliche Sachen, sofern sie binnen 10 Tagen weiterverkauft werden
c) nicht wesentliche Bestandteile, sondern selbstständige bewegliche Sachen, und zwar ohne Rücksicht darauf, wann der Weiterverkauf erfolgt.

**11** Der Erbbauberechtigte E errichtet kraft seines Erbbaurechts auf dem Grundstück des A ein massives Gebäude. Eigentümer dieses Gebäudes

a) ist allein E
b) ist allein A
c) sind A und E zu gleichen Teilen.

## 4. Rechtlich erhebliche Handlungen im Allgemeinen (insbesondere Geschäftsfähigkeit)

**12** Um Eigentümer einer beweglichen Sache kraft Aneignung gemäß § 958 zu werden,

a) bedarf es der vollen Geschäftsfähigkeit
b) genügt die beschränkte Geschäftsfähigkeit
c) bedarf es nach h.M. nicht einmal der beschränkten Geschäftsfähigkeit, sondern lediglich der „natürlichen" Fähigkeit, einen Eigenbesitzwillen zu bilden.

**13** Um das Eigentum an einer beweglichen Sache durch sog. Dereliktion gemäß § 959 aufgeben zu können,

a) bedarf es grundsätzlich der vollen Geschäftsfähigkeit
b) genügt prinzipiell die beschränkte Geschäftsfähigkeit
c) genügt schon der „natürliche" Besitzaufgabewille.

**14** Ein minderjähriger Geschäftsunfähiger kann nicht

a) Besitzer sein
b) durch eigenes Handeln Besitz gemäß § 854 Abs. 1 erwerben
c) Eigentümer sein
d) durch eigenes Handeln Eigentum nach § 929 erwerben.

**15** Der hochgradig geisteskranke V hat dem gutgläubigen K ein altes Gemälde veräußert.

a) Kaufvertrag und Übereignung sind nichtig
b) Kaufvertrag und Übereignung sind gültig
c) Der Kaufvertrag ist nichtig, die Übereignung ist gültig
d) Der Kaufvertrag ist gültig, die Übereignung ist nichtig.

**16** Die Willenserklärung, die ein schwer Geisteskranker in einem sog. lichten Moment – d.h. in einem Augenblick geistiger Klarheit – abgibt, ist nach h.M.

a) nichtig
b) schwebend unwirksam
c) wirksam.

**17** Das 6-jährige Wunderkind W kauft sich von seinem Taschengeld eine neue Partitur, die es auch erhält. Dieser Kaufvertrag ist

a) voll unwirksam
b) schwebend unwirksam
c) voll wirksam.

**18** Wie zuvor. W ist ferner

a) nur Eigentümer
b) nur Besitzer
c) Eigentümer und Besitzer
d) weder Eigentümer noch Besitzer der Partitur geworden.

**19** Verträge, die ein beschränkt Geschäftsfähiger ohne Einwilligung seiner gesetzlichen Vertreter schließt, sind

a) stets voll wirksam
b) gelegentlich voll wirksam
c) stets unwirksam
d) immer schwebend unwirksam.

**20** Wie Aufgabe 17, jedoch ist W jetzt nicht 6, sondern 7 Jahre alt. Der Kaufvertrag ist nunmehr

a) voll unwirksam
b) schwebend unwirksam
c) voll wirksam.

**21** Wie zuvor. Der Verkäufer der Partitur ist jetzt

a) nur Besitzer
b) nur Eigentümer
c) weder Eigentümer noch Besitzer
d) Eigentümer und Besitzer

des Geldscheins, mit dem W die Partitur bezahlt hat.

**22** Der 11-jährige Fußballfreak F entdeckt in der Sportabteilung des Kaufhauses K ein Sonderangebot, nämlich einen Lederfußball, der an Stelle von 35,– € nur noch 10,– € kostet. Er beschließt, sich die 10,– € von seinem Bruder zu „pumpen" und den Fußball zu kaufen. Der entsprechende Kaufvertrag zwischen F und K wäre

a) gänzlich unwirksam
b) schwebend unwirksam
c) voll wirksam.

**23** Die 16-jährige Chiara hat ohne Kenntnis ihrer Eltern einen leider bissigen Hund geschenkt bekommen. Die örtliche Hundesteuer beträgt jährlich 140,– €. Die Übereignung des Hundes an Chiara ist nach h.M.

a) voll wirksam, da sie für Chiara trotz allem vorteilhaft ist
b) schwebend unwirksam
c) nichtig.

**24** Der 17-jährige S will sich ohne Wissen seiner Eltern von seinen Ersparnissen ein gebrauchtes tragbares Fernsehgerät kaufen, hat jedoch, wie sich im Laden des mit ihm gut bekannten Händlers H herausstellt, nicht genug Geld mitgenommen. Als S verspricht, die restlichen 25,– € am nächsten Tag zu bezahlen, gibt ihm H das Gerät gleich mit (es ist davon auszugehen, dass beide „an sich" alle einschlägigen Erklärungen vorgenommen haben). Der entsprechende Kaufvertrag ist rechtlich

a) voll unwirksam
b) schwebend unwirksam
c) voll wirksam.

**25** Wie zuvor. S ist ferner nach h.M.

a) nur Eigentümer
b) nur Besitzer
c) Eigentümer und Besitzer
d) weder Eigentümer noch Besitzer des Fernsehgeräts geworden.

**26** Kurz vor Vollendung des 18. Lebensjahres schließt A mit B einen schwebend unwirksamen Kaufvertrag. Nach Eintritt der Volljährigkeit des A wird dieser Vertrag

a) von selbst wirksam
b) wirksam, wenn A ihn genehmigt
c) wirksam, wenn die Eltern des A ihn genehmigen
d) wirksam, wenn die Eltern oder A den Vertrag genehmigen.

**27** Der voll geschäftsfähige Partner eines Vertrages, den ein Siebzehnjähriger schwebend unwirksam geschlossen hat, kann den Vertrag vor Erteilung der Genehmigung der gesetzlichen Vertreter des Minderjährigen

a) nie
b) grundsätzlich
c) nur auf Grund einer Irrtumsanfechtung
d) nur auf Grund eines vereinbarten Rücktrittvorbehalts

einseitig auflösen.

**28** Die 17-jährige Schülerin S arbeitet nachmittags als Aushilfskassiererin in einem Lebensmittelgeschäft. Ihre Eltern hatten sie ohne Einschränkungen zum Abschluss des entsprechenden Arbeitsvertrages ermächtigt. Als S plötzlich die Lust an dieser Tätigkeit verliert, kündigt sie den Arbeitsvertrag fristgemäß, jedoch ohne dass ihre Eltern davon Kenntnis haben. Diese Kündigung ist

a) voll wirksam
b) schwebend unwirksam
c) gänzlich unwirksam.

**29** Der 17-jährige A ficht einen nach § 110 geschlossenen, aber von der Gegenseite noch nicht voll erfüllten Kaufvertrag form- und fristgerecht wegen arglistiger Täuschung an. Diese Anfechtung, die ohne Wissen und Willen seiner Eltern erfolgt, ist

a) voll wirksam
b) schwebend unwirksam
c) voll unwirksam.

**30** Wie zuvor, nur handelt A jetzt mit der mündlich erklärten Einwilligung seiner Eltern, die der Anfechtungsgegner aber nicht als ausreichend akzeptiert, weshalb er die Anfechtung sofort zurückweist. Die Anfechtung ist nunmehr

a) voll wirksam
b) schwebend unwirksam
c) voll unwirksam.

**31** Die insbes. auf Baustellenschildern zu lesende Aussage „Eltern haften für ihre Kinder" ist deliktsrechtlich

a) grundsätzlich unzutreffend, da – obwohl Minderjährige nicht immer deliktsfähig sind – ihre Eltern prinzipiell nur haften, wenn ihnen eine schuldhafte Verletzung ihrer Aufsichtspflicht zur Last gelegt werden kann
b) grundsätzlich zutreffend, da Minderjährige prinzipiell nicht deliktsfähig sind und deshalb generell ihre Eltern haften
c) grundsätzlich unzutreffend, da Minderjährige generell deliktsfähig sind und deshalb ihre Eltern prinzipiell gar nicht haften.

**32** Der 6-jährige R wirft im Nachbarhaus, das dem N gehört, eine Fensterscheibe ein, weil er sich über N geärgert hat. Für diesen Schaden ist R dem N

a) in vollem Umfang
b) maximal zur Hälfte
c) gar nicht

verantwortlich.

**33** Wie zuvor, nur ist R jetzt 12 Jahre alt. Für diesen Schaden ist R nunmehr dem N

a) in vollem Umfang
b) maximal zur Hälfte
c) gar nicht

verantwortlich.

**34** Der 22-jährige Student S feiert feucht-fröhlich im Nachbarort den Geburtstag eines Freundes. Auf der Rückfahrt zu seiner Wohnung verursacht er mit seinem Fahrrad infolge alkoholbedingter Fahruntüchtigkeit – sein Blutalkoholwert beträgt 3,0 Promille – einen Verkehrsunfall. Für den von ihm verursachten Sachschaden ist er zivilrechtlich

a) in vollem Umfang
b) maximal zur Hälfte
c) überhaupt nicht

verantwortlich.

**35** Wie zuvor, nur haben den S jetzt seine „lieben" Freunde ohne sein Wissen und Wollen in diesen Zustand versetzt. Für den entsprechenden Schaden ist er zivilrechtlich nunmehr

a) in vollem Umfang
b) maximal zur Hälfte
c) überhaupt nicht

verantwortlich.

## 5. Willenserklärungen (insbesondere Wirksamwerden, Stellvertretung, Anfechtung)

**36** Die Unterscheidung zwischen Willenserklärungen unter Anwesenden und unter Abwesenden ist relevant für

a) die Geschäftsfähigkeit der Beteiligten
b) ihr Wirksamwerden bzw. das Zustandekommen eines Vertrages
c) die Zulässigkeit der Stellvertretung.

**37** Eine an den Prokuristen des Adressaten telefonisch abgegebene Vertragsofferte ist eine Willenserklärung

a) unter Abwesenden
b) unter Anwesenden
c) eigener Art.

**38** V will dem K eine unkomplizierte Vertragsofferte machen. Er bittet seine Sekretärin S, diese telefonisch an K weiterzuleiten. S erreicht jedoch nur A, einen im Betrieb des K angestellten sehr aufgeweckten kaufmännischen Auszubildenden, der K erst am nächsten Tag Kenntnis von der Offerte gibt. Diese Erklärung des V ist eine Willenserklärung

a) unter Anwesenden, da sie per Telefon erklärt wurde
b) unter Abwesenden – trotz telefonischer Übermittlung
c) eigener Art.

**39** Wie zuvor. Die Erklärung wurde wirksam mit Übermittlung an

a) S
b) A
c) K.

**40** V will dem K seinen alten Wagen verkaufen und macht ihm schriftlich ein Vertragsangebot, stirbt jedoch vor dessen Eintreffen bei K. Dieses Angebot ist

a) voll wirksam
b) schwebend unwirksam
c) unwirksam.

**41** In Abwandlung der Voraufgabe stirbt V erst nach Zugang der Offerte bei K, aber vor Eingang der Annahmeerklärung des K bei der Ehefrau des V, seiner Alleinerbin. Der betreffende Vertrag ist grundsätzlich

a) voll wirksam
b) schwebend unwirksam
c) unwirksam.

**42** G möchte das dem Kaufmann S gewährte Darlehen kündigen. Der am 1.3. abgesandte Kündigungsbrief läuft bei der Post falsche Wege und wird erst am 22.3. bei S eingeworfen. S bekommt den Brief sogar erst am 25.3. zu Gesicht, als er von einem Kuraufenthalt zurückkehrt. Um seine Gesundheit zu schonen, lässt er den Brief ungeöffnet an G zurückgehen. Die Kündigungserklärung ist nach h.M.

a) am 1.3.
b) zu dem Zeitpunkt, zu welchem der Brief bei normaler Beförderungsdauer bei S eingegangen wäre
c) am 22.3.
d) am 25.3.
e) überhaupt nicht

zugegangen.

**43** S will einen Mietvertrag im Namen des V abschließen. Dieser Vertrag wirkt unmittelbar für und gegen V, wenn

a) S entsprechende Vertretungsmacht hat, ohne Rücksicht darauf, ob S im Namen des V handelt oder nicht
b) S entsprechende Vertretungsmacht hat und – wenn auch nicht hinreichend erkennbar – im Namen des V handelt
c) S entsprechende Vertretungsmacht hat und hinreichend erkennbar im Namen des V handelt.

**44** S will im Namen des V einen Kaufvertrag mit D schließen und hat dazu auch von V Vertretungsmacht erhalten. Er schließt diesen Vertrag ab, macht dabei aber nicht hinreichend deutlich, dass er nicht in eigenem Namen, sondern als Vertreter von V handelt. Der fragliche Kaufvertrag ist

a) voll wirksam zwischen V und D
b) schwebend unwirksam zwischen V und D
c) voll wirksam zwischen S und D

zu Stande gekommen.

**45** Unter „Vollmacht" versteht das BGB

a) jede
b) nur die gesetzliche
c) nur die rechtsgeschäftlich erteilte („gewillkürte")

Vertretungsmacht.

**46** Friedrich muss heiraten. Da er an seinem Hochzeitstag unaufschiebbare geschäftliche Verpflichtungen im Ausland wahrzunehmen hat, möchte er seinen Freund Otto als Stellvertreter schicken. Otto kann Friedrich bei der standesamtlichen Eheschließung

a) nur mit schriftlich erteilter Vollmacht
b) nur mit Einwilligung der Braut
c) lediglich auf Grund notarieller Vollmacht
d) überhaupt nicht wirksam

vertreten.

**47** Der schwer Geisteskranke G kauft im Namen seines Freundes X, von dem bevollmächtigt worden zu sein er fälschlich vorgibt, ein Buch. Dieser Kaufvertrag ist

a) unwirksam
b) wirksam, weil das Geschäft dem G nicht zum rechtlichen Nachteil gereicht
c) wirksam, weil es nur auf die Geschäftsfähigkeit des Vertretenen, hier des X, ankommt
d) schwebend unwirksam.

**48** Die Vollmachtserteilung ist

a) ein Vertrag
b) ein Verfügungsgeschäft
c) ein einseitiges Rechtsgeschäft.

**49** Kein rechtsgeschäftlicher (gewillkürter) Vertreter ist der

a) Prokurist
b) Handlungsbevollmächtigte
c) Vormund eines Vertretenen.

**50** Der Vertreter ohne Vertretungsmacht haftet nach § 179

a) immer auf das positive Interesse
b) stets nur auf das negative Interesse
c) unter Umständen überhaupt nicht.

**51** Als Vertreter ohne Vertretungsmacht haftet seinem Vertragspartner, sofern der Vertretene die Genehmigung des Vertragsabschlusses verweigert,

a) in allen Fällen auch der insoweit gutgläubige Vertreter
b) nur, aber stets derjenige Vertreter, der den Mangel seiner Vertretungsmacht kannte
c) unter Umständen selbst ein Vertreter mit – z.B. nur mündlich erteilter und nachträglich nicht belegbarer – Vertretungsmacht.

**52** V behauptet der Wahrheit zuwider gegenüber Autohändler A, von G zum Erwerb eines Autos bevollmächtigt worden zu sein, und kauft namens des G einen Wagen. Überraschend erklärt sich G jedoch mit dem Vertragsabschluss einverstanden und verlangt von A die Übereignung des Wagens an sich selbst. Zu Recht?

a) Ja
b) Nein, denn V war ja im Zeitpunkt des Kaufabschlusses Vertreter ohne Vertretungsmacht, sodass die rechtlichen Wirkungen den G nicht treffen können
c) A kann bestimmen, an wen er den Wagen übereignen will.

**53** Die 17-jährige Schülerin T möchte ihrem Vater V zum Geburtstag eine Überraschung bereiten. Da sie selbst kein Geld übrig hat, kauft sie in der Buchhandlung B im Namen und für Rechnung ihres Vaters einen Bildband über moderne Malerei. Als V bei Überreichung des Geschenkes von den näheren Umständen des Kaufs erfährt, findet er nach einigem Zögern Gefallen an dem Buch und äußert der T gegenüber, er wolle es behalten. Muss V den Kaufpreis zahlen?

a) Nein, weil sein Verhalten keine Genehmigung des Handelns der T darstellt
b) Nein, weil T beim Kauf minderjährig war und die nach § 108 Abs. 1 auch für das Tätigwerden als Stellvertreter erforderliche Genehmigung der gesetzlichen Vertreter (Vater und Mutter) nicht vorliegt
c) Nein, da keine Genehmigung des Vertragsabschlusses gegenüber B erklärt ist
d) Ja, da die Genehmigung des Vertragsabschlusses gegenüber der T ausreicht.

**54** Wie zuvor, aber mit der Änderung, dass der Bildband dem V nicht gefällt und er der B mitteilt, sie solle ihn wieder zurücknehmen. Daraufhin verlangt B Zahlung von T. Muss T zahlen?

a) Nein, da sie bei dem im Namen ihres Vaters abgeschlossenen Kauf minderjährig war
b) Nur, wenn B deren Minderjährigkeit weder kannte noch kennen musste
c) Ja, nach den Vorschriften über die Haftung eines Vertreters ohne Vertretungsmacht.

**55** Der gute Glaube eines Dritten an den Fortbestand einer durch Erklärung an ihn wirksam erteilten, inzwischen aber durch Widerruf gegenüber dem Bevollmächtigten an sich wieder erloschenen Vollmacht wird vom BGB

a) überhaupt nicht
b) auch bei grob fahrlässiger Unkenntnis des Dritten
c) auch bei leicht fahrlässiger Unkenntnis des Dritten
d) nur bei schuldloser Unkenntnis des Dritten

geschützt.

**56** Eine Kündigung, die ein Vertreter ohne Vertretungsmacht im Namen des „Vertretenen" ausspricht, ist grundsätzlich

a) voll unwirksam
b) schwebend unwirksam
c) voll wirksam.

**57** Bei der Auslegung einer empfangsbedürftigen Willenserklärung kommt es primär an

a) auf den Willen des Erklärenden

b) auf das aus der Sicht des Erklärenden tatsächlich Erklärte
c) auf das aus der Sicht der Erklärungsempfängers tatsächlich Erklärte.

**58** V bietet dem K in einem Brief den Kauf eines Gebrauchtwagens zum Preis von 1.500,– € an. K liest versehentlich 1.000,– € und antwortet brieflich, er „nehme das Angebot an". Ist dadurch ein wirksamer Kaufvertrag abgeschlossen worden?

a) Ja, zum Preis von 1.500,– €
b) Ja, zum Preis von 1.000,– €
c) Nein, weil Angebot und Annahme voneinander abweichen.

**59** Unterstellt, im vorigen Fall sei ein wirksamer Kaufvertrag abgeschlossen worden: Könnte K seine Annahmeerklärung anfechten?

a) Ja, wegen Inhaltsirrtums
b) Ja, wegen Erklärungsirrtums
c) Ja, wegen Täuschung
d) Nein.

**60** Eine Anfechtung wegen Inhaltsirrtums ist zulässig

a) nur bei unverschuldetem Irrtum
b) auch bei verschuldetem Irrtum
c) nur bei Kenntnis des Gegners vom Anfechtungsgrund.

**61** Am Ende eines umfangreichen Zeitungsinserats eines Discounters steht ziemlich klein gedruckt: „Druckfehler bei den Preisangaben vorbehalten". Dieser Vorbehalt hat im Hinblick auf ein eventuelles Anfechtungsrecht des inserierenden Kaufmanns nach h.M.

a) keine rechtliche Bedeutung
b) rechtliche Bedeutung nur dann, wenn der Vorbehalt noch gut lesbar ist
c) entscheidende Bedeutung, weil der Kaufmann sonst an eine irrtümlich falsche Preisangabe gebunden wäre.

**62** Die Willenserklärung, die der Anfechtbarkeit unterliegt, ist bis zur Erklärung der Anfechtung

a) nichtig
b) voll gültig
c) schwebend unwirksam.

**63** Nach mehr als 10 Jahren ist die Anfechtung einer Willenserklärung wegen Irrtums

a) keinesfalls möglich
b) dann noch möglich, wenn der andere Teil die Anfechtbarkeit kannte oder kennen musste
c) im Prinzip immer noch möglich, da nur Ansprüche, nicht aber Gestaltungsrechte der Verjährung unterliegen.

**64** Wer zu „unverzüglichem" Handeln verpflichtet ist,

a) muss sofort handeln

b) darf schuldlos zögern
c) hat ohne Rücksicht auf Verschulden innerhalb von 8 Tagen tätig zu werden.

**65** Wer einen Vertrag wegen Irrtums anficht, muss seinem gutgläubigen Partner

a) nur bei Vorsatz
b) nur bei Vorsatz und grober Fahrlässigkeit
c) bei jedem Verschulden
d) auch ohne Verschulden
e) nie

Schadensersatz leisten.

**66** Wer eine Willenserklärung wegen arglistiger Täuschung anficht, muss seinem Partner auf Grund der Anfechtung

a) das sog. negative Interesse ersetzen
b) das sog. positive Interesse ersetzen
c) überhaupt keinen Schadensersatz leisten.

**67** Das sog. negative oder Vertrauensinteresse ist im Regelfall bezogen auf das sog. positive oder Erfüllungsinteresse

a) niedriger
b) höher
c) identisch mit ihm.

**68** Der Schadensersatzberechtigte kann als Vertrauensschaden i.S. von § 122 Abs. 1 („negatives Interesse") liquidieren

a) entgangenen Gewinn aus dem angefochtenen Geschäft
b) Schmerzensgeld
c) Beurkundungskosten.

**69** Das „Kennenmüssen" bedeutet die Unkenntnis eines bestimmten Umstandes

a) nur in Folge grober
b) in Folge grober und mittlerer, nicht aber leichter
c) in Folge jeder Art von

Fahrlässigkeit.

**70** M und F wollen im Mai heiraten. Die Großmutter G kauft deshalb bereits im März als Hochzeitsgeschenk eine Kaffeemaschine. Als sich die Verlobten im April überraschend auseinander zu gehen entschließen, ficht G den Kaufvertrag gegenüber dem Verkäufer unverzüglich an.

a) Die Anfechtung ist nach § 119 wirksam, weil G bei Vertragsabschluss irrtümlich davon ausging, M und F würden im Mai heiraten
b) Die Anfechtung ist nach § 123 wirksam, weil G sich im Hinblick auf die Heirat getäuscht hatte
c) Die Anfechtung ist unwirksam, weil kein Anfechtungsgrund gegeben ist.

**71** V bietet dem K eine gebrauchte Schreibmaschine zum Preis von 75,– € an. K glaubt irrtümlich, dies sei ein sehr günstiger Preis, und nimmt deshalb das Angebot an. Kann er seine Annahmeerklärung nach Entdeckung des Irrtums anfechten?

a) Ja, wegen Inhaltsirrtums
b) Ja, wegen Erklärungsirrtums
c) Ja, wegen Eigenschaftsirrtums
d) Nein.

**72** Bauer B aus Hinterwald ist in Stuttgart angekommen. Vor dem Hauptbahnhof sieht er ein Taxi mit dem Schild „Frei". B glaubt, man könne hier frei, d.h. kostenlos, fahren. Er steigt ein und bittet Taxifahrer T, ihn zum Fernsehturm zu fahren. Dort erfährt er zu seinem Erstaunen, dass er einen entgeltlichen Beförderungsvertrag abgeschlossen hat. Daraufhin will B vom Vertrag loskommen. Er kann dies tun über eine Anfechtung wegen

a) Erklärungsirrtums
b) Inhaltsirrtums
c) arglistiger Täuschung.

**73** V und K schließen einen Kaufvertrag, wozu V mit der Eisenbahn eigens von seinem Wohnsitz zum Wohnsitz des K anreisen musste. Nach der Rückkehr des V erklärt K wirksam die Anfechtung des Vertrages wegen Irrtums. Nunmehr fordert der gutgläubige V „Schadensersatz" von K. V erhält von K

a) nur den sog. Vertrauensschaden, d.h. insbesondere den Fahrpreis für die Eisenbahnfahrkarte (20,– €)
b) nur den entgangenen Gewinn (1.350,– €), den V aus dem fraglichen Geschäft gezogen hätte (Erfüllungsschaden)
c) den Vertrauens- und den Erfüllungsschaden
d) gar nichts

ersetzt.

**74** Wie zuvor, jedoch macht V jetzt zusätzlich geltend (und kann es auch beweisen), dass er, wenn er nicht in Erwartung des Vertragsabschlusses mit K zu diesem gereist wäre, ein erst während der Reise bei ihm eingegangenes Angebot des X angenommen und dadurch einen Gewinn von 1.400,– € erzielt hätte. Kann V von K Schadensersatz verlangen?

a) Nur in Höhe von 20,– €
b) In Höhe von 1.350,– €
c) In Höhe von 1.400,– €
d) Nein.

**75** Wer sich über die Echtheit eines gekauften Bildes irrt, kann den Kaufvertrag vor Übergabe des Bildes

a) wegen Irrtums
b) nur bei Vorliegen einer arglistigen Täuschung oder Drohung
c) überhaupt nicht

anfechten.

**76** Weist das gekaufte Bild stattdessen, wie sich alsbald nach seiner Übergabe an den Käufer herausstellt, lediglich verschiedene – nicht ganz unwesentliche – Beschädigungen auf, so ist eine Irrtumsanfechtung

a) zulässig, da ein Erklärungsirrtum vorliegt
b) zulässig, da ein Eigenschaftsirrtum vorliegt
c) zulässig, da ein Inhaltsirrtum vorliegt
d) grundsätzlich nicht zulässig, da das Sachmängelrecht vorgeht.

**77** K wird am 2.1. beim Kauf eines Gebrauchtwagens durch den Verkäufer V „über's Ohr gehauen": Wider besseres Wissen und trotz eindringlichen Befragens durch K versichert V die Unfallfreiheit des Wagens. Am 5.1. entdeckt K die Unfallschäden, erklärt aber erst am 3.2. die Anfechtung des Kaufvertrages wegen arglistiger Täuschung. Diese Anfechtung ist

a) wirksam
b) unwirksam, weil kein Anfechtungsgrund vorliegt
c) unwirksam, weil K nicht unverzüglich die Anfechtung erklärt hat
d) schwebend unwirksam
e) unwirksam, weil die Sonderregelung der Haftung für Sachmängel ihr entgegensteht.

## 6. Rechtsgeschäfte (insbesondere Arten, Zustandekommen, Allgemeine Geschäftsbedingungen, Diskriminierungsverbot)

**78** Bestimmungen über Rechtsgeschäfte sind

a) nur im 1. Buch
b) auch im 2. Buch, dagegen nicht in den übrigen Büchern
c) in sämtlichen Büchern des BGB

anzutreffen.

**79** Ein Rechtsgeschäft besteht

a) stets nur aus Willenserklärungen
b) i.d.R. nur aus Realakten
c) immer nur aus einer Willenserklärung und einem Realakt
d) stets aus mindestens einer Willenserklärung.

**80** Keine Tathandlung (Realakt) ist

a) der Fund
b) die Übergabe einer Sache
c) die Abtretung einer Forderung
d) die Verarbeitung i.S. von § 950.

**81** Kein einseitiges Rechtsgeschäft ist

a) die Auslobung
b) die Bevollmächtigung
c) die Übernahme einer Bürgschaft.

**82** Kein Verpflichtungsgeschäft ist

a) der Kaufvertrag
b) der Schenkungsvertrag
c) die Forderungsabtretung
d) der Leihvertrag.

**83** Objekt von Verfügungsgeschäften können sein

a) nur bewegliche Sachen
b) nur bewegliche und unbewegliche Sachen
c) auch Forderungen.

**84** Beispiel einer (rechtsgeschäftlichen) Verfügung ist

a) der Abschluss eines Mietvertrages
b) der Forderungserlass
c) die Mahnung des Schuldners durch den Gläubiger.

**85** Die Übertragung einer Forderung vollzieht sich grundsätzlich durch Vertrag zwischen

a) altem Gläubiger und Schuldner
b) neuem Gläubiger und Schuldner
c) altem und neuem Gläubiger
d) allen Beteiligten.

**86** Die Zweiteilung in (schuldrechtliches) Verpflichtungsgeschäft und (dingliches) Erfüllungs-, insbesondere Verfügungsgeschäft hat zur Folge, dass die Nichtigkeit des Verpflichtungsgeschäfts das formell gültige Erfüllungsgeschäft grundsätzlich

a) zunächst völlig unberührt lässt
b) ebenfalls automatisch nichtig werden lässt
c) anfechtbar macht.

**87** Ein Vertrag setzt voraus

a) mindestens zwei Willenserklärungen
b) wenigstens eine Willenserklärung und einen Realakt
c) zwei Realakte.

**88** Zu den Verträgen zählt

a) die Schenkung
b) die Kündigung
c) die Mahnung
d) die Aneignung beweglicher Sachen.

**89** Von folgenden Rechtsgeschäften ist kein Vertrag

a) die Anfechtung
b) die Abtretung
c) der Schulderlass
d) die Leihe.

**90** Ein gegenseitiger Vertrag i.S. der §§ 320 ff. ist

a) die Leihe
b) die Geschäftsführung ohne Auftrag
c) der Mietvertrag.

**91** Der Jurastudent S verabredet sich mit seiner Freundin F zu einem Kinobesuch. Als S die F abholen will, erklärt diese kurzerhand, nicht mit kommen zu wollen. S hält ihr vor, sie sei rechtlich gesehen zum vereinbarten gemeinsamen Kinobesuch verpflichtet. Hat S recht?

a) Ja
b) Nein
c) Ja, sofern F keinen triftigen Grund für ihre Weigerung anführen kann.

**92** Das Modeatelier V hat in seinem Schaufenster u.a. ein Modellkleid zu einem günstigen Preis ausgestellt. Frau A kauft das Kleid, das jedoch noch für einige Tage im Schaufenster bleiben soll. Bevor das Kleid dort mit einem Schild „verkauft" gekennzeichnet ist, kommt Frau B in den Laden und sagt, sie nehme das im Schaufenster gemachte Angebot zum Kauf des Modellkleids an. Ist damit ein Kaufvertrag zwischen V und Frau B zu Stande gekommen?

a) Ja, da das Kleid noch nicht als verkauft gekennzeichnet war
b) Ja, wenn Frau A das Kleid noch nicht bezahlt hatte
c) Nein, da eine Sache nicht zwei Mal verkauft werden kann
d) Nein, da eine Schaufensterauslage nur eine Aufforderung an den Kunden zur Abgabe eines Angebots darstellt.

**93** Schlau kauft im Selbstbedienungsladen ein. Er entdeckt dabei eine im Preis offenbar zu niedrig ausgezeichnete Flasche Sekt und verstaut diese voller Freude in seinem Einkaufswagen. An der Kasse weist die Kassiererin noch vor der Registrierung des Preises in der Ladenkasse auf die Falschauszeichnung hin. Schlau besteht darauf, die Ware zu dem auf dem Preisetikett ausgewiesenen Preis zu erwerben. Zu Recht?

a) Ja, denn es ist ein Kaufvertrag nach Maßgabe des niedrigen Preises zu Stande gekommen
b) Nein, denn es liegt mit der Warenvorlage an der Kasse noch kein Kaufvertrag, sondern erst ein durch Schlau abgegebenes Angebot zum Vertragsabschluss vor, dessen Annahme die Kassiererin als Vertreterin des Ladeninhabers abgelehnt hat
c) Nein, denn das Verhalten der Kassiererin stellt eine wirksame Anfechtung wegen Inhaltsirrtums dar
d) Nein, denn das Verhalten der Kassiererin stellt eine wirksame Anfechtung wegen Erklärungsirrtums dar.

**94** A geht in ein Restaurant, studiert die Speisekarte, ruft den Ober herbei und sagt: „Einmal Wiener Schnitzel bitte." In diesem Moment

a) ist ein Vertrag zwischen A und dem Wirt – vertreten durch den Ober – zu Stande gekommen

b) liegt lediglich ein Angebot des A vor
c) liegen weder Angebot noch Annahme vor.

**95** Schweigen auf eine Vertragsofferte bedeutet

a) grundsätzlich Annahme
b) grundsätzlich Ablehnung
c) bei Kaufleuten prinzipiell Annahme.

**96** B bekommt von einem ihm unbekannten Verlag unbestellt den Band „Die schönsten Fotos der Fußballweltmeisterschaft" zum Preis von 80,– € zugesandt. Im Begleitschreiben heißt es, wenn der Band nicht innerhalb von vierzehn Tagen zurückgeschickt werde, sei das Kaufangebot angenommen. B möchte das Buch nicht behalten, lässt es aber stillschweigend bei sich liegen. Muss er den Kaufpreis zahlen?

a) Nein, weil er das Kaufangebot des A nicht angenommen hat und deshalb kein Vertrag zu Stande gekommen ist
b) Nur, wenn der Wert des Buches dem verlangten Preis entspricht
c) Ja, weil er dem A seine Ablehnung nicht mitgeteilt hat
d) Ja, weil er den Band nicht – wie im Begleitschreiben vorgeschrieben – innerhalb von vierzehn Tagen zurückgesandt hat.

**97** T bestellt bei Hotelier H per Postkarte ein Zimmer für das übernächste Wochenende. H schreibt einen entsprechenden Vermerk in das Reservierungsbuch, gibt T aber keine Nachricht davon. Ein diesbezüglicher Beherbergungsvertrag ist

a) wegen fehlenden Zugangs der Annahmeerklärung unwirksam
b) bis zur Bestätigung der Reservierung schwebend unwirksam
c) voll wirksam.

**98** Weinhändler V sendet dem ihm unbekannten K unbestellt 20 Flaschen Wein zu. Laut beiliegender Rechnung beträgt der Preis hierfür 100,– €. K schenkt den Wein bei einer Examensfeier aus. Muss K zahlen?

a) Ja, weil ein Kaufvertrag zwischen ihm und V zu Stande gekommen ist
b) Ja, weil K ungerechtfertigt bereichert ist
c) Nein, weil K nicht zur Rücksendung des Weins verpflichtet war.

**99** Eine Vertragsofferte unter Anwesenden kann

a) immer nur sofort
b) stets nur unverzüglich
c) bei entsprechender Abrede der Partner auch z.B. erst nach einer Woche angenommen werden.

**100** A erhält ein briefliches Vertragsangebot des B um 11 Uhr mit der normalen Postzustellung. Bereits um 10 Uhr ist bei A ein Fax des B eingegangen, in dem B sein Angebot widerruft. A weiß jetzt nicht, ob er das Angebot als Basis für seine Annahme betrachten kann.

a) Das Angebot ist wirksam, weil eine einmal abgegebene Willenserklärung nicht widerrufen werden kann
b) Das Angebot ist wirksam, weil B allenfalls brieflich widerrufen durfte
c) Das Angebot ist nicht wirksam, weil der Widerruf dem A vor Zustellung des Briefes zuging.

**101** In einem Gespräch unter vier Augen macht A dem B ein verlockendes Angebot zum Abschluss eines Mietvertrages. B äußert sich trotz Drängens des A zunächst nicht, erklärt jedoch am folgenden Tag schriftlich die Annahme. A meint nun, er sei an das Angebot nicht mehr gebunden. Zu Recht?

a) Ja
b) Nein
c) Nur dann, wenn A die Bindung an sein Angebot ausgeschlossen hatte („ohne Obligo", „freibleibend").

**102** Ist im vorangegangenen Fall nunmehr der B an seine Willenserklärung gebunden?

a) Grundsätzlich ja
b) Nur dann, wenn B ausdrücklich eine Bindung erklärt hatte
c) Nein.

**103** A macht am 15.6. dem B ein bis zum 15.7. befristetes Vertragsangebot. Die schriftliche Annahmeerklärung des B wird am 14.7. bei A in den Briefkasten geworfen. Da A vom 13. bis 17. 7. wegen eines Trauerfalls verreist ist, kommt ihm die Annahmeerklärung erst am 18.7. zur Kenntnis.

a) Der Vertrag ist nicht zu Stande gekommen, da B die Annahmeerklärung zu lange hinausgezögert hat
b) Der Vertrag ist nicht zu Stande gekommen, da A die Erklärung des B ohne sein Verschulden erst nach dem 15. 7. zur Kenntnis nehmen konnte
c) Der Vertrag ist zu Stande gekommen, weil A einen Stellvertreter hätte bestellen müssen, der die Annahmeerklärung noch rechtzeitig zur Kenntnis genommen hätte
d) Der Vertrag ist nach h.M. zu Stande gekommen, weil A – normale Umstände vorausgesetzt – die Erklärung noch rechtzeitig zur Kenntnis hätte nehmen können.

**104** Verträge können abgeschlossen werden

a) nur schriftlich
b) nur durch notarielle Beurkundung
c) nur durch notarielle Beglaubigung
d) im Allgemeinen formfrei.

**105** Welches der folgenden Rechtsgeschäfte braucht nicht kraft Gesetzes notariell beurkundet zu werden, um von Vornherein wirksam zu sein?

a) Ein Grundstückskaufvertrag
b) Ein Mietvertrag
c) Ein Erbschaftskaufvertrag.

**106** Die in § 766 S. 1 geforderte Schriftform des Bürgschaftsversprechens bedeutet, dass

a) die Urkunde vom Aussteller eigenhändig geschrieben und unterschrieben sein muss
b) nur eigenhändig unterschrieben sein muss
c) die gesamte Urkunde einschließlich der Namensunterschrift z.B. maschinenschriftlich hergestellt werden kann („gezeichnet ...").

**107** H beauftragt M, gegen das Versprechen einer Bezahlung von 25.000,– € den X umzubringen; dieses Vorhaben misslingt jedoch, X wird nur verletzt. M kann jetzt von H

a) die gesamte Summe
b) nur einen der Verletzung des X entsprechenden Teil der 25.000,– €
c) gar kein Geld

verlangen.

**108** AGB eines Partners werden für den Vertragsgegner grundsätzlich verbindlich

a) mit ihrer bloßen Aufstellung
b) durch einseitigen Hinweis des Aufstellenden
c) durch beiderseitige Einbeziehungsvereinbarung.

**109** Unklare Bestimmungen in AGB sind nach der sog. Unklarheitenregel zulasten

a) des Aufstellers oder Verwenders der betreffenden AGB
b) des anderen Vertragspartners
c) beider Partner gleichermaßen

auszulegen.

**110** Durch Verwendung entsprechender AGB kann man im Voraus seine Haftung für eigene vorsätzliche Vertragsverletzungen

a) ganz ausschließen
b) nicht ganz ausschließen, aber auf eine Höhe von maximal 50.000,– € begrenzen
c) weder ganz ausschließen noch summenmäßig begrenzen.

**111** Durch Verwendung entsprechender AGB kann man im Voraus seine Haftung für grob fahrlässige Vertragsverletzungen von Erfüllungsgehilfen

a) ganz ausschließen
b) nicht ganz ausschließen, aber auf eine Höhe von maximal 50.000,– € begrenzen
c) weder ganz ausschließen noch summenmäßig begrenzen.

**112** Beim Kauf neuer Waren darf der Verkäufer durch AGB

a) die gesetzlichen Ansprüche gegen den Verwender wegen eines Mangels (Gewährleistungsansprüche) ganz ausschließen

b) die Gewährleistungsansprüche grundsätzlich auf ein Recht auf Nacherfüllung beschränken
c) die Gewährleistungsansprüche überhaupt nicht ausschließen.

**113** Der Sonderling S – ein Frauenhasser – will seinen gebrauchten Pkw verkaufen und gibt ein entsprechendes Inserat in der Zeitung auf. Als sich daraufhin die Hausfrau H als Kaufinteressentin an ihn wendet, erklärt er ihr wütend, dass er sein Auto nicht an eine Frau verkaufen werde. H hält diese Weigerung unter Berufung auf den Gleichberechtigungsgrundsatz und auf das „Antidiskriminierungsgesetz" für unzulässig. Hat sie Recht?

a) Uneingeschränkt nein
b) Uneingeschränkt ja
c) Nur dann, wenn der Pkw ein Kleinwagen ist.

**114** Wie zuvor, nur dass S jetzt kein Frauen-, sondern ein Fremdenhasser ist und sich deshalb weigert, seinen Wagen an den Türken T zu verkaufen. Ist das zulässig?

a) Uneingeschränkt nein
b) Uneingeschränkt ja
c) Nur dann, wenn T nicht die deutsche Staatsangehörigkeit besitzt.

## 7. Begründung, Arten und Beendigung von Schuldverhältnissen im Allgemeinen

**115** Schuldverhältnisse entstehen

a) immer
b) grundsätzlich
c) nie

durch Vertrag.

**116** Der Grundsatz der Vertragsfreiheit umfasst im Einzelnen die Abschlussfreiheit, die ...-freiheit und die ...-freiheit.

**117** In Shakespeares Theaterstück „Der Kaufmann von Venedig" weigert sich dessen Gläubiger Shylock, die fragliche Geldsumme, die der Kaufmann zum Fälligkeitstag nicht aufbringen kann, von Freunden des Kaufmanns zu akzeptieren. Shylock ist nämlich daran interessiert, ein Pfund Fleisch aus dem Körper des Kaufmanns herauszuschneiden, was ihm der Kaufmann für den Fall vertraglich zugestanden hat, dass er, der Kaufmann, die fällige Schuld nicht würde bezahlen können. Nach deutschem Recht – § 139 bleibt unberücksichtigt –

a) muss Shylock das Geld auch vom Nicht-Schuldner annehmen (§ ...), sonst gerät er in Annahmeverzug (§ ...)
b) kann Shylock das Geld zurückweisen, weil es ihm nicht von seinem Schuldner, dem Kaufmann, geleistet werden kann (§ ...)
c) ist die Abrede hinsichtlich des Herausschneidens des Fleisches wirksam auf Grund der heute bestehenden Vertragsfreiheit (Privatautonomie als inhaltliche Gestaltungsfreiheit)

d) ist die Abrede hinsichtlich des Herausschneidens des Fleisches wegen ... nichtig (§ ...).

**118** Der reiche R erklärt seinem Fahrer F, dass er auf die Rückzahlung eines diesem gewährten Darlehens verzichte. F widerspricht aus Überzeugung heftig; schließlich habe er „auch seinen Stolz". Die fragliche Darlehensforderung des R ist nunmehr

a) erloschen, da ein entsprechender Verzicht grundsätzlich einseitig möglich ist (§ ...)
b) nicht erloschen, da ein entsprechender Verzicht grundsätzlich nicht einseitig möglich ist (§ ...)
c) nicht erloschen, aber schwebend unwirksam geworden.

**119** Frau F aus Fröndenberg kauft im Supermarkt ein Glas Kirschen. Es handelt sich dabei um

a) einen Stückkauf
b) einen Gattungskauf
c) den Kauf einer vertretbaren Sache
d) den Kauf einer nicht vertretbaren Sache
e) gar keinen Kauf, sondern um einen Werklieferungsvertrag.

**120** K in Kamen bestellt beim Versandhaus N in Frankfurt nach Katalog einen Taschenrechner für den privaten Gebrauch zum Preis von 75,– €. Die Versandkosten trägt N. Die Lieferpflicht des N ist eine so genannte

a) Bringschuld
b) Schickschuld
c) Holschuld.

**121** Schuldner S möchte ein Darlehen von 2.000,– € zurückzahlen. Auf dem Weg zu Gläubigerin G kommt S an seiner Stammkneipe vorbei und kehrt dort ein. Über dem heimischen Bier vergisst er seinen ursprünglichen Plan. Erst um 2.00 Uhr morgens beim Bezahlen seiner Zeche erinnert er sich an seine Schuld. Mit nunmehr nur noch 1.995,63 € erscheint er daraufhin bei G. Kann G, die am nächsten Morgen eine wichtige Prüfung hat und schlafen möchte, die Annahme des Geldes verweigern?

a) Ja, da S zu Teilleistungen nicht berechtigt ist, § ...
b) Ja, dies folgt aus dem Grundsatz von Treu und Glauben, § ...
c) Nein, anderenfalls würde G in Annahmeverzug, § ..., geraten
d) Nein, denn eine Verweigerung der Annahme des Geldes durch G wäre rechtsmissbräuchlich (§ ...)

**122** K bestellt bei V 50 Pfund Kartoffeln zum 1.11. Als V bereits am 15.10. liefern will, hält K das für verfrüht. Zu Recht?

a) Nein, da der Schuldner die Leistung im Zweifel schon vor dem festgesetzten Leistungstermin bewirken kann

b) Nur, wenn es V keine große Mühe bereitet, die Kartoffeln wieder mitzunehmen und am 1.11. nochmals vorbeizubringen
c) Ja, da die vereinbarte Leistungszeit pünktlich einzuhalten ist.

**123** Ein ursprünglich per Schuldverhältnis entstandener Anspruch geht unter durch

a) Erfüllung
b) Aufrechnung
c) Entgegennahme eines Schecks
d) Stundung
e) Nachträgliche Unmöglichkeit gemäß § 275 Abs. 1
f) Versäumen einer den Anspruch betreffenden Ausschlussfrist
g) Versäumen einer den Anspruch betreffenden Verjährungsfrist.

**124** Unter welchen gesetzlichen Voraussetzungen ist eine Aufrechnung möglich?

a) Gegenseitigkeit der Forderungen
b) Gleiche Forderungshöhe
c) Gleichartigkeit der Forderungen
d) „Konnexität" der Forderungen (Zusammenhang der Forderungen wegen desselben rechtlichen Entstehungsgrundes)
e) Fälligkeit der Hauptforderung
f) Fälligkeit der Gegenforderung
g) Erfüllbarkeit der Hauptforderung
h) Erfüllbarkeit der Gegenforderung.

**125** Frau S schließt für ihr Patenkind mit der Bank B einen auf ihr Patenkind P lautenden Sparvertrag ab. Demzufolge hat S monatlich einen geringen Betrag bis zur Konfirmation von P einzuzahlen. B hat nunmehr

a) das Recht, von S regelmäßig Einzahlungen zu verlangen
b) das Recht, von P regelmäßig Einzahlungen zu verlangen, da P, vertreten durch S, Vertragspartner der B geworden ist
c) auf Verlangen der S das jeweilige Guthaben an P schon vor der Konfirmation auszuzahlen
d) auf Verlangen von P nach der Konfirmation das jeweilige Guthaben an P auszuzahlen (vgl. § ...).

**126** X hat seine Geldforderung gegen Y „still" an Z abgetreten. Infolge seiner Unkenntnis hinsichtlich der Zession leistet Y an X. Nunmehr

a) ist die Forderung des X gegen Y erloschen (§§ ...)
b) ist die Forderung des Z gegen Y erloschen (§§ ...)
c) kann X von Z Herausgabe des erlangten Geldes verlangen (§ ...)
d) kann Z von X Herausgabe des erlangten Geldes verlangen (§ ...).

**127** Hinsichtlich noch nicht erfüllter (primärer) Leistungspflichten bewirkt die Ausübung eines Rücktrittsrechts

a) ein Recht, nunmehr die Leistung zu verweigern (Einrede)
b) das Erlöschen dieser Leistungspflichten
c) überhaupt nichts.

## 8. Leistungsstörungen

**128** L hat von E eine dem E gehörende Vase geliehen. L stellt die Vase so schwungvoll auf den Tisch, dass sie zerbricht. L haftet dem E

a) gar nicht
b) aus Verletzung einer Vertragspflicht (§ ...)
c) aus Delikt (§ ...)

auf Schadensersatz.

**129** Der Schuldner haftet

a) immer für Vorsatz und jede Fahrlässigkeit
b) immer nur für Vorsatz und grobe Fahrlässigkeit
c) unter Umständen auch für Zufall.

**130** „Heizöl-Hinz" hat dem Kunz 5.000 Liter Heizöl zu liefern. Zum vereinbarten Termin trifft Hinz den Kunz aber nicht zu Hause an. Auf der Rückfahrt verunglückt Hinz infolge eines leicht fahrlässigen Fahrfehlers. Dabei läuft das gesamte Heizöl aus.

a) Kunz kann von Hinz gemäß § ... nach wie vor Lieferung von 5.000 Liter Heizöl verlangen
b) Hinz ist von seiner Lieferverpflichtung gemäß § ... frei geworden
c) Hinz kann von Kunz gemäß § ... nach wie vor Zahlung verlangen
d) Hinz kann von Kunz gemäß § ... keine Zahlung mehr verlangen.

**131** Der Fahrer F des Busunternehmers U verursacht durch ganz leichtes Versehen einen Verkehrsunfall, bei dem erheblicher Personen- und Sachschaden entsteht. Gegenüber U haftet F für den von ihm verursachten Schaden

a) voll („Totalreparation")
b) teilweise
c) gar nicht.

**132** Der Begriff „Erfüllungsgehilfe" spielt eine Rolle bei

a) der Stellvertretung
b) der Besitzzurechnung
c) der Haftung im Bereich der Leistungsstörungen
d) der Haftung im deliktsrechtlichen Bereich.

**133** Verrichtungs- und Erfüllungsgehilfe

a) sind stets personengleich
b) können nie dieselben Personen sein
c) sind häufig personengleich.

**134** Für das Verschulden seines Erfüllungsgehilfen haftet der Schuldner i.d.R.

a) nur, wenn er sich nicht exkulpieren kann
b) nur bei Vorsatz und grober Fahrlässigkeit des Erfüllungsgehilfen
c) auch bei leichter Fahrlässigkeit des Erfüllungsgehilfen

d) gar nicht, sofern der Erfüllungsgehilfe nicht zugleich auch Verrichtungsgehilfe ist.

**135** Die anfängliche objektive Unmöglichkeit der Vertragserfüllung führt gemäß § ...

a) stets
b) bei Kenntnis oder fahrlässiger Unkenntnis des Schuldners von der Unmöglichkeit
c) nie

zu einer Schadensersatzverpflichtung.

**136** V will K eine nicht ihm, sondern dem E gehörende bewegliche Sache, die V von E geliehen hat, verkaufen. Wenn diese Sache kurz vor dem Zeitpunkt des Verkaufs – was V, nicht aber der völlig gutgläubige K wusste – durch einen Brand vernichtet wurde, ist der fragliche Kaufvertrag

a) nichtig, ohne dass V irgendwie haftet
b) nichtig, aber V muss an K Schadensersatz leisten
c) wirksam.

**137** A verkauft dem B seinen Kommanditanteil an einer Berliner Abschreibungsgesellschaft in Höhe von 10.000,– € zum Sonderpreis von 9.000,– €. Kurz darauf stellt sich heraus, dass es diese Gesellschaft gar nicht gibt. Der Kaufvertrag ist

a) nichtig (§ ...)
b) schwebend unwirksam (§ ...)
c) wirksam (§ ...).

**138** V verkauft dem K am 1. 8. das Bild „Die Dame mit dem roten Hut" des bekannten Malers Klecksel. Als V das Bild am 3.8. an K übereignen und übergeben will, stellt sich heraus, dass es schon am 31.7. aus dem Safe, in dem es aufbewahrt wurde, vom Dieb D gestohlen worden ist. Der Kaufvertrag ist gemäß § ...

a) nichtig
b) schwebend unwirksam
c) voll wirksam.

**139** Wie zuvor, jedoch wurde das Bild am 31.7. nicht gestohlen, sondern verbrannte durch Zufall. Der Kaufvertrag ist in diesem Fall gemäß § ...

a) nichtig
b) schwebend unwirksam
c) voll wirksam.

**140** Wie zuvor, jedoch verbrannte das Bild nicht am 31.7., sondern erst am 2. 8. Kann K von V jetzt Schadensersatz verlangen?

a) Ja, gemäß § 311a Abs. 2
b) Ja, gemäß § 280 Abs. 1 und 3 i.V. mit § 283
c) Ja, gemäß § 823 Abs. 1
d) Nein.

**141** V verkauft eine vom Eigentümer E entliehene bewegliche Sache, die er in Besitz hat, am 1.5. für 100,– € an den K, behält sie jedoch noch bei sich. Als ihm am nächsten Tag von D dafür 150,– € geboten werden, verkauft und übereignet er sie kurzerhand an D, dem allerdings Zweifel am Eigentum des V kommen. Der Kaufvertrag zwischen V und D ist

a) nichtig, weil nur der Eigentümer einer Sache diese wirksam verkaufen kann
b) nichtig, weil eine Sache nicht zweimal wirksam verkauft werden kann
c) wirksam.

**142** Dieb D verkauft die dem E gestohlene Uhr an den gutgläubigen K. Dieser Kaufvertrag ist

a) wirksam
b) schwebend unwirksam bis zu einer eventuellen Genehmigung durch E
c) voll unwirksam (nichtig), weil die Uhr dem E gestohlen wurde, ihm also „abhanden gekommen" ist (vgl. § 935 Abs. 1).

**143** Antiquitätenhändler A verkauft B einen alten Barockspiegel, den B in der nächsten Woche abholen möchte. In der Zwischenzeit veräußert der bei A tätige Ladenangestellte G, der von dem Verkauf an B nichts weiß, den mit einem Schildchen „verkauft" versehenen Spiegel an C. C nimmt den Spiegel sofort mit. Kann B von A Schadensersatz statt der Leistung verlangen?

a) Ja, nach § 280 Abs. 1 und 3 i.V. mit § 283
b) Ja, nach § 311a Abs. 2
c) Ja, nach § 823 Abs. 1
d) Nein, weil A das Unmöglichwerden der Leistung nicht zu vertreten hat.

**144** Goetheforscher K erhält von Antiquar V ein Angebot zum Kauf einer alten, bei V nur einmal vorhandenen Goetheausgabe zum Preis von 800,– €. Antiquar W bietet K die gleiche Ausgabe zum Preis von 900,– € an. K nimmt das Angebot des V an. Vor Übereignung an K wird in den Räumen des gegen Brandschaden nicht versicherten V infolge Blitzschlags u.a. auch die an K verkaufte Goetheausgabe vernichtet. Eine solche Ausgabe ist mittlerweile nur noch für 1.000,– € zu haben. Hat K einen Schadensersatzanspruch gegen V?

a) Nein
b) Ja, auf das positive Interesse (Erfüllungsinteresse) in Höhe von 200,– €
c) Ja, auf das negative Interesse (Vertrauensinteresse) in Höhe von 100,– €.

**145** A leiht B sein Fahrrad. Unterwegs stellt B das Fahrrad während einer Kaffeepause ab, nachdem er es mit einer Kette ordnungsgemäß gegen Diebstahl gesichert hat. Es wird trotzdem gestohlen. Kann A von B Schadensersatz verlangen?

a) Nein
b) Ja, nach § 280 Abs. 1 (wegen Verletzung der Herausgabepflicht)
c) Ja, nach § 280 Abs. 2 i.V. mit § 286
d) Ja, nach § 311a Abs. 2
e) Ja, nach § 823 I.

**146** K hat von V ein antikes Hammerklavier gekauft. V kommt mit der Lieferung in Verzug. Wenig später verbrennt das Klavier bei V. Kann K Schadensersatz von V verlangen?

a) Ja, denn V hat die Unmöglichkeit der Lieferung nach § ... BGB zu vertreten
b) Nur dann, wenn V den Brand vorsätzlich oder fahrlässig herbeigeführt hat
c) Nein, in keinem Fall.

**147** Tritt während bestehenden Schuldnerverzuges eine Unmöglichkeit der Leistung ein, so

a) bleibt es bei der alleinigen Geltung der Verzugsvorschriften
b) tritt der Verzug grundsätzlich hinter der Unmöglichkeit zurück
c) sind die Vorschriften beider Leistungsstörungen in vollem Umfange nebeneinander anwendbar.

**148** Eines oder mehrere der hier nachfolgenden Merkmale des Schuldnerverzuges sind unter Umständen oder generell entbehrlich. Welche?

a) Fälligkeit der Leistung
b) Möglichkeit der Leistungserbringung durch den Schuldner
c) Mahnung
d) Vertretenmüssen des Schuldners
e) Nachfristsetzung.

**149** Ein Schuldner hat im Rahmen des § 286 nach der gesetzlichen Regelung

a) nur eigenes Verschulden
b) auch das Verschulden seiner Erfüllungsgehilfen, niemals jedoch Zufall
c) eigenes Verschulden, das Verschulden seiner Erfüllungsgehilfen sowie jeden Zufall
d) gelegentlich (z.B. bei einer Geldschuld) auch mehr als eigenes Verschulden und das Verschulden seiner Erfüllungsgehilfen

zu vertreten.

**150** A bestellt bei B 1.000 Kleider, das Stück zu 50,– €, zu liefern bis 15.4. Da die Kleider wegen eines von B unverschuldeten Engpasses in der Stoffversorgung am 16.4. noch nicht bei A eingetroffen sind, mahnt A den B schriftlich. Am 25.4. steht die Lieferung noch immer aus. Daher deckt A am 19.5. seinen Bedarf bei C, das Stück zu 55,– €. Kann er die Differenz von 5.000,– € von B als Schadensersatz verlangen?

a) Ja, weil B in Verzug war
b) Ja, weil A dem B nach der Mahnung noch eine angemessene Frist zur Lieferung gelassen hat
c) Nein, schon deshalb nicht, weil A dem B im Mahnschreiben keine Nachfrist zur Bewirkung der Leistung gesetzt hatte.

**151** Alleinunterhalter A verpflichtet sich entgeltlich, bei der Geburtstagsfeier des G, der gerade 50 Jahre alt geworden ist, Punkt 22.15 Uhr, dem Geburtstermin des G, dessen Lieblingslied („Mama") anzustimmen. Dazu ist A dann jedoch nicht in der Lage, da ihn um 22.03 Uhr eine Herzschwäche überfällt. Um 22.20 Uhr kann G

a) vom Vertrag mit A ohne weiteres zurücktreten (§ ...)
b) nach Setzung einer Nachfrist zurücktreten und 500,– € als Schadensersatz verlangen, weil die Feier nicht den erwarteten Höhepunkt hatte und G deshalb maßlos enttäuscht ist (§ ...)
c) weder zurücktreten noch Schadensersatz verlangen.

**152** Das Leistungsstörungsrecht des BGB unterscheidet zwischen

a) objektiver und subjektiver Unmöglichkeit der Leistungserbringung
b) der Verletzung von Leistungspflichten einerseits und von nicht leistungsbezogenen Pflichten andererseits
c) anfänglichen und nachträglichen „Leistungshindernissen".

**153** Ob eine Pflicht verletzt wurde, die gerade aus einem „gegenseitigen Vertrag" stammt, ist für das Leistungsstörungsrecht

a) ohne Bedeutung
b) bedeutsam hinsichtlich einer aus der Pflichtverletzung resultierenden Schadensersatzpflicht oder sonstigen sekundären Pflicht
c) bedeutsam hinsichtlich des rechtlichen Schicksals der Gegenleistungspflicht, insbesondere hinsichtlich eines Rücktrittsrechtes für den Gläubiger der gestörten (primären) Leistungspflicht.

**154** Kunde K bestellt beim Ober O eine Gulaschsuppe. Als O dem K die Suppe bringt, rutscht ihm versehentlich der Teller vom Tablett und ergießt sich über den neuen Anzug des K. Dieses Verhalten des O ist rechtlich zu beurteilen als

a) Verschulden bei Vertragsschluss
b) Vertragserfüllung
c) Verletzung einer vertraglichen Schutzpflicht
d) ungerechtfertigte Bereicherung
e) Delikt.

**155** Wie zuvor. K hat deswegen Schadensersatzansprüche

a) nur gegen O
b) nur gegen den Chef des O, den Gastwirt G
c) gegen O und G
d) gegen niemanden.

**156** Handwerker Hugo (H) hat sich dem Wolfgang (W) gegenüber vertraglich zur Renovierung von dessen Wohnung verpflichtet. Dabei setzt H auch seine an sich sehr bewährte Mitarbeiterin Marina (M) ein. Durch deren vermeidbare Unachtsamkeit beschmiert M bei Betreten der Wohnung mit einem noch farbfeuchten Pinsel das Kostüm von Frenzi (F), der Freundin des W, die zeitweise ebenfalls die zu renovierende Wohnung bewohnt. Wie ist die Rechtslage?

a) F hat einen Schadensersatzanspruch gegen M gemäß § ...
b) F hat einen Schadensersatzanspruch gegen H aus § ... i.V. mit § ..., nicht jedoch aus § ..., weil H hier die Möglichkeit der ... hat
c) F hat einen Schadensersatzanspruch gegen W gemäß § ...
d) F hat keinen Schadensersatzanspruch.

**157** Wie zuvor, aber mit der Änderung, dass M bereits bei der ersten Besichtigung im Zusammenhang mit dem Aufbringen kleiner Farbproben das Kostüm von Frau F mit Farbe beschmiert, weshalb es zu einem Vertragsschluss zwischen H und dem verärgerten W gar nicht mehr kommt. Wie ist die Rechtslage?

a) F hat einen Schadensersatzanspruch gegen M gemäß § ...
b) F hat einen Schadensersatzanspruch gegen H aus § ... i.V. mit § ..., nicht jedoch aus § ..., weil H hier die Möglichkeit der ... hat
c) F hat einen Schadensersatzanspruch gegen W gemäß § ...
d) F hat keinen Schadensersatzanspruch.

**158** Der Dachdecker D deckt infolge übermäßigen Biergenusses das Dach des A so schlecht, dass beim ersten Regenschauer Wasser in das Haus einbricht und mehrere Einrichtungsgegenstände beschädigt. Was kann A von D verlangen?

a) Nichts
b) Nur Ausbesserung des Dachschadens
c) Auch Ersatz der durch das schlecht gedeckte Dach an den Einrichtungsgegenständen entstandenen Schäden.

**159** „Leistungshindernisse" i.S. des gesetzlichen Sprachgebrauchs sind

a) nur, aber alle Leistungsstörungen
b) nur die in § ... genannten Leistungsstörungen
c) alle Leistungsstörungen sowie vorliegende Einreden, vor allem auf Grund eingetretener Verjährung.

**160** Die Rechtsfigur des Verschuldens bei Vertragsschluss (c.i.c., § 311 Abs. 2) hat letztlich die Funktion, eine Lücke im Haftungsrecht zu schließen. Durch welche Gesetzesbestimmung ist diese Lücke bedingt?

a) § 831 Abs. 1 S. 2
b) § 31
c) § 287 S. 1.

**161** V aus Köln bietet K aus Dortmund am 5.2. eine antike Uhr zum Kauf an und erklärt, er halte sich an dieses Angebot bis zum 7.2. gebunden. K solle ihm dann seinen Entschluss mitteilen. Ohne V vorher über seine Bereitschaft zum Abschluss des Kaufvertrages zu informieren, verkauft K diese Uhr schon am 6.2. für ihn sehr vorteilhaft an D weiter. Als K die Uhr am 7.2. bei V abholen will, stellt sich heraus, dass dieser sie bereits an X weiterveräußert hat. K verzichtet deshalb auf die Annahme des ihm von V gemachten Angebots. Was kann K als Schadensersatz verlangen?

a) Seine Reisekosten für die Fahrt nach Köln
b) Überhaupt nichts, da noch kein Kaufvertrag abgeschlossen worden ist
c) Geldersatz für den Ärger („Schmerzensgeld")
d) Ersatz des entgangenen Gewinns aus der Weiterveräußerung.

**162** Vertretenmüssen ist rechtlich bedeutsam für den Eintritt

a) des Schuldnerverzuges
b) der Schadensersatzpflicht aus sonstiger Pflichtverletzung
c) der Schadensersatzpflicht bei anfänglichen Leistungshindernissen
d) des Gläubigerverzuges.

**163** Der Gläubigerverzug hat zur Folge, dass

a) der Gläubiger dem Schuldner auch über § 304 hinaus schadensersatzpflichtig wird (§ ...)
b) der Schuldner dem Gläubiger Schadensersatz leisten muss (§ ...)
c) der Schuldner vom Vertrag zurücktreten darf (§ ...)
d) der Schuldner unter anderem Haftungserleichterungen hinsichtlich des Vertretenmüssens erhält (§ ...).

**164** Installateur I hat sich rechtzeitig für einen bestimmten Tag um 15 Uhr zur Reparatur der Waschmaschine des W angesagt. Als er zur angegebenen Zeit bei W klingelt, ist niemand zu Hause, sodass I am nächsten Tag nochmals kommen muss. Kann er dem W die Kosten für den nutzlosen Besuch in Rechnung stellen?

a) Ja, gemäß § ...
b) Nur, wenn W ein Verschulden daran trifft, dass am ersten Tag niemand in der Wohnung anwesend war (vgl. § ...)
c) Nein, gemäß § ...

**165** Der britische Thronfolger und seine Ehefrau planen einen Besuch einschließlich Festumzug in Berlin. Die Royalistin Ruth (R) möchte dem Paar aus der Nähe zujubeln und mietet eigens zu diesem Zweck einen entsprechend teuren Balkon von V, einem Privatmann, der der deutschen Monarchie nachtrauert. Wegen anhaltender Terrorwarnungen wird der Besuch des königlichen Paares jedoch abgesagt. Vorherige diesbezügliche Ankündigungen in der Presse hatte R nicht ernst genommen. Muss R trotzdem die vereinbarte Miete zahlen?

a) Nein, denn sie kann den Mietvertrag wegen Eigenschaftsirrtums nach § 119 Abs. 2 anfechten
b) Nein, denn R ist wegen Unmöglichkeit auf Seiten des V, § 275 Abs. 1, von ihrer Pflicht zur Gegenleistung frei geworden, § 326 Abs. 1 S. 1
c) Nein, denn ein Festhalten am Mietvertrag ist für R unzumutbar geworden, § 313 Abs. 2
d) Ja, denn ob der Festumzug stattfindet oder nicht, fällt allein in die Risikosphäre der R.

**166** Wie zuvor. Nur wurde der Besuch des königlichen Paares unerwartet wegen eines Migräneanfalls des britischen Thronfolgers abgesagt. Kann R die bereits gezahlte Miete wieder von V zurückverlangen?

a) Nein
b) Ja, nach § 812 Abs. 1 S. 1, 1. Alt.
c) Ja, nach § 812 Abs. 1 S. 2, 2. Alt.
d) Ja, nach §§ 346 ff.

## 9. Einzelne Schuldverhältnisse (insbesondere Kaufvertrag)

**167** Für Sachmängel haftet der Verkäufer auf Nacherfüllung

a) nur bei Vorsatz
b) ohne Rücksicht auf Verschulden
c) nur bei Vorsatz und grober Fahrlässigkeit
d) bei Vorsatz und jeder Fahrlässigkeit.

**168** Sachmängel gewähren dem Käufer vorrangig

a) einen Anspruch auf Nachbesserung
b) einen Anspruch auf Lieferung einer mangelfreien Sache
c) das Recht, wahlweise zurückzutreten oder den Kaufpreis herabzusetzen
d) einen Schadensersatzanspruch.

**169** Studentin S ersteigert zwecks Verschönerung ihres WG-Zimmers bei einem Online-Auktionshaus eine Vase von Powerseller P. P lässt daraufhin, wie vereinbart, die Vase unter Einschaltung des Transportunternehmens T an S liefern. Auf der Fahrt zu S kommt es zu einem schweren Verkehrsunfall, weil der Sportwagen des Z riskant überholt und der T mit seinem Fahrzeug von der Fahrbahn abgedrängt wird. Die Vase wird völlig zerstört. Was passiert mit den vertraglichen Ansprüchen von P und S?

a) S hat weiterhin einen Lieferanspruch, ist aber gem. § … nicht mehr zur Zahlung des Kaufpreises verpflichtet
b) P ist von seiner Lieferpflicht ersatzlos frei geworden, S ist aber gemäß § … weiterhin zur Zahlung verpflichtet
c) P und S haben gemäß §§ … gegeneinander keine Ansprüche mehr.

**170** K kauft von V eine Couch. Nach Lieferung stellt K fest, dass sie für sein Wohnzimmer zu sperrig ist, da K zwar die Couch, nicht jedoch sein Wohnzimmer und das darin befindliche Mobiliar vermessen hatte.

a) K kann den Kaufvertrag deshalb wegen Eigenschaftsirrtums anfechten
b) K kann vom Kaufvertrag zurücktreten, weil die Couch als mangelhaft anzusehen und der Mangel nicht behebbar ist
c) K muss die Couch behalten und den Kaufpreis bezahlen.

**171** Gebrauchtwagenhändler H verkauft der Studentin S einen gebrauchten Pkw als unfallfrei, obwohl dieser – wie er weiß – einen schweren Unfallschaden hatte.

S, die von dem Unfall alsbald Kenntnis erhält, besitzt gegenüber H auf Grund der §§ 434 ff.

a) einen Anspruch auf Nacherfüllung
b) Anspruch auf Schadensersatz statt der Leistung
c) überhaupt keine Gewährleistungsansprüche.

**172** Wie zuvor, doch hatte S von dem Unfall erst 2 ½ Jahre nach Ablieferung des Pkw Kenntnis erhalten. Wie ist die Rechtslage?

a) S hat nie Gewährleistungsrechte gehabt
b) Die Gewährleistungsrechte der S bestehen nicht mehr
c) S kann noch alle Gewährleistungsrechte geltend machen.

**173** Arbeitnehmer A schließt mit der B-AG einen Vertrag über eine Berufshaftpflichtversicherung. Es handelt sich dabei

a) um einen Kaufvertrag nach §§ 433 ff. (Einkauf von Versicherungsschutz gegen Zahlung von Prämien als Kaufpreis)
b) um einen entgeltlichen Geschäftsbesorgungsvertrag mit dienstvertraglichem Kern nach §§ 675, 611 ff.
c) um einen Vertrag ganz eigener Art („sui generis"), der sich der Einordnung in die Typologie des Besonderen Schuldrechts gänzlich entzieht und nur den Regeln des VVG unterliegt.

**174** Ist die „Abnahme" des Werkes wegen dessen Beschaffenheit ausgeschlossen (z.B. bei einem entgeltlichen Konzert mit einem bestimmten Programm), so tritt hinsichtlich der Fälligkeit der Vergütung etc. an die Stelle der Abnahme gemäß § ... die ... des Werkes.

**175** Die Garantieverpflichtung des Herstellers für die gekaufte Sache entsteht

a) schon durch einseitige Erklärung, insbesondere in einer Garantiekarte
b) erst durch vertragliche Absprache
c) durch Gesetz gemäß §§ 434 ff.

**176** Autohändler A verkauft, übereignet und übergibt der Studentin S aus Shanghai einen (wie S weiß) aus einer Leasingflotte stammenden Gebrauchtwagen in beiderseitigem Einvernehmen, nach eingehender Besichtigung und ausgiebiger Probefahrt „so, wie das Fahrzeug ist". Der erst 6 Monate alte Wagen hat jedoch bereits einen Motorschaden, was zunächst allerdings noch keine spürbaren Auswirkungen auf die Fahrleistungen hat und deshalb von den Beteiligten nicht bemerkt wird. 3 Wochen nach Erwerb durch S bleibt der Wagen dann wegen des Motorschadens stehen. S hat

a) Gewährleistungsrechte nach § 437, weil das Fahrzeug schon bei Gefahrübergang einen Motorschaden, also einen Sachmangel (§ 434), hatte
b) keine Gewährleistungsrechte nach § 437, weil das Fahrzeug bei Gefahrübergang keinen Sachmangel im Rechtssinn aufwies

c) keine Gewährleistungsrechte trotz des Sachmangels (Motorschadens), weil eine Gewährleistung des Verkäufers A in vorliegendem Fall wirksam ausgeschlossen worden war.

**177** Die Gewährleistung des Verkäufers und des Vermieters für Sachmängel unterscheidet sich nach der Gesetzeslage

a) gar nicht
b) dadurch, dass beim Kaufvertrag maßgeblicher Zeitpunkt gemäß § ... grundsätzlich die Übergabe der Kaufsache, beim Mietvertrag hingegen gemäß § ... allein der Vertragsschluss ist
c) dadurch, dass beim Kaufvertrag maßgeblicher Zeitpunkt gemäß § ... grundsätzlich nur der Gefahrübergang ist, beim Mietvertrag hingegen Soll- und Istbeschaffenheit gemäß § ... sich während der gesamten Vertragslaufzeit decken müssen
d) hinsichtlich des Anspruchs auf Nachbesserung
e) dadurch, dass die Gewährleistungsregelung der §§ 434 ff. dispositives, die der §§ 536 ff. hingegen grundsätzlich zwingendes Recht darstellt.

**178** Auftrag und Geschäftsführung ohne Auftrag (GoA) unterscheiden sich

a) durch die Entgeltlichkeit des Auftrags
b) durch die Entgeltlichkeit der GoA
c) gar nicht
d) durch den vertraglichen Begründungsakt des Auftrags
e) durch den vertraglichen Begründungsakt der GoA.

## 10. Ungerechtfertigte Bereicherung

**179** K aus Köln erhält auf Grund eines Computerfehlers den Lotteriehauptgewinn in Höhe von 1 Million € ausgezahlt, obwohl K – wie er genau weiß – nur 2 „Richtige" hatte. Als der Fehler nach drei Tagen aufgedeckt wird, verlangt die Lotteriezentrale L von dem bislang in sehr bescheidenen Verhältnissen lebenden K das Geld zurück. K verfügt jedoch nur noch über einen Betrag von 900.000,– €, den Rest hat er in Kölner Nachtlokalen bereits ausgegeben. Im Blick auf § 818 III ist K deshalb der Ansicht, nur 900.000,– € zurückzahlen zu müssen. Wie hoch ist die Rückzahlungspflicht des K bemessen?

... €

**180** Der V verkauft und übereignet dem K wirksam eine dem E gehörende Sache. Wie ist die Rechtslage?

a) E kann als Eigentümer von K die Herausgabe der Sache gemäß § ... verlangen
b) E kann von V den Verkaufserlös als ungerechtfertigte Bereicherung nach § ... herausverlangen, hat jedoch gegenüber K keine Ansprüche
c) E kann den Kaufvertrag nach § ... wegen arglistiger Täuschung anfechten.

**181** Den Kühen des Bauern B gelingt es unbemerkt, sich von ihrer ordentlich umzäunten Weide einen Weg zu dem saftigen Wiesengelände des Nachbarn N zu bahnen. Kann N Ersatz für das Gras verlangen?

a) Ja, von den Kühen, § ...
b) Ja, von B, § ...
c) Nein.

**182** Frau L entleiht von E einen diesem gehörenden, von E vorerst nicht mehr benötigten Kinderwagen. L übergibt und übereignet den Kinderwagen schenkweise an die schwangere S, die gutgläubig Frau L für die Eigentümerin hält. E, dessen Frau nunmehr selber wieder die Geburt eines Kindes erwartet, möchte den Kinderwagen zurückhaben. E kann den Kinderwagen

a) gemäß § 985
b) gemäß § 816 Abs. 1 S. 2
c) überhaupt nicht

herausverlangen.

## 11. Unerlaubte Handlungen

**183** K hat von V dessen Hund gekauft. Vor Übereignung und Übergabe wird der Hund durch Unachtsamkeit des D tödlich überfahren. Kann D auf Schadensersatz in Anspruch genommen werden?

a) Ja, von V
b) Ja, von K
c) Ja, von V und K
d) Nein, weder von V noch von K.

**184** Der Fahrer F des Busunternehmers U verursacht durch leichtes Versehen einen Verkehrsunfall, bei dem sowohl Fahrgäste als auch dritte Personen Schaden erleiden. F kann auf Ersatz in Anspruch genommen werden

a) nur von den Fahrgästen
b) nur von den Dritten
c) von beiden Gruppen
d) von niemandem.

**185** Der sorgfältig ausgewählte und überwachte, an sich sehr zuverlässige Fahrer F des Busunternehmers U verursacht durch leichtes Versehen einen Verkehrsunfall, bei dem sowohl Fahrgäste als auch dritte Personen zu Schaden kommen. U kann nach BGB auf Schadensersatz in Anspruch genommen werden

a) nur von den Fahrgästen
b) nur von den Dritten
c) von beiden Gruppen
d) von niemandem.

**186** Welche der nachfolgenden Aussagen trifft zu?

a) Die Haftung nach dem ProdHaftG kommt nach dessen § ... grundsätzlich auch neben anderen Haftungsgründen, z.B. des Deliktsrechts, in Betracht
b) Wie das bürgerlich-rechtliche Deliktsrecht, so sind auch die Vorschriften des ProdHaftG nach dessen § ... zwingendes Recht
c) Nach § ... ProdHaftG haften nur Hersteller, niemals aber Händler („Produzentenhaftung")
d) Der Grundsatz der Totalreparation gilt gemäß § ... ProdHaftG nicht für eine Schadensersatzpflicht nach diesem Gesetz
e) Ist eine Sache nicht fehlerhaft i.S. des kaufrechtlichen Gewährleistungsrechts, so kann sie auch nicht fehlerhaft i.S. von § 3 ProdHaftG sein, also keine Schadensersatzpflicht nach § 1 ProdHaftG auslösen.

**187** Um dem Assistenten A einmal richtig die Meinung sagen zu können, lässt sich der schüchterne Student S mit Wodka, Gin und Asbach-Uralt „volllaufen", weil er aus Erfahrung weiß, wie „mutig" er unter starkem Alkoholeinfluss ist. Nach vollem Einsetzen der Alkoholwirkung schlägt S den A anlässlich dessen Sprechstunde nieder.

a) A hat gegen S mangels Tatbestandsmäßigkeit keinen Schadensersatzanspruch
b) A hat gegen S keinen Schadensersatzanspruch, weil dessen Verhalten zwar tatbestandsmäßig i.S. des § ... ist, aber der Rechtfertigungsgrund „......" vorliegt
c) A hat gegen S einen Schadensersatzanspruch aus § ... obwohl S zum Zeitpunkt des Schlages zurechnungsunfähig ist, weil er sich schuldhaft in eben diese Zurechnungsunfähigkeit versetzt hat (§ ...).

**188** Die Haftung für den so genannten Verrichtungsgehilfen ist

a) eine Haftung für fremdes Verschulden, weshalb das Verschulden des Geschäftsherrn hier ohne jede Bedeutung ist
b) eine Haftung für vermutetes eigenes Verschulden des Geschäftsherrn
c) eine der Bürgschaft ähnliche Art des Einstehenmüssens.

**189** Aus Rache für die in der Zivilrechtsklausur erhaltene nicht ausreichende Note beschuldigt Studentin S, angeregt durch die Lektüre des Romans „Der Campus", Prof. P wider besseres Wissens öffentlich der Vergewaltigung in dessen Dienstzimmer. Prof. P hat gegen S

a) keinerlei Ansprüche („spezielles Berufsrisiko")
b) Schadensersatzansprüche aus § ... und § ...
c) Anspruch auf Schadensersatz in Form eines ebenso öffentlichen Widerrufs mit Entschuldigung durch S
d) Anspruch auf eine Geldentschädigung wegen des immateriellen Schadens, der auch nach Widerruf und Entschuldigung bei Prof. P zurückbleibt, gemäß § ....

**190** Infolge leichtester Fahrlässigkeit verliert der Fuhrunternehmer Fridolin die Herrschaft über den von ihm gesteuerten Lastzug und prallt gegen einen Tragepfeiler der Dortmunder Hänge-Bahn. Infolgedessen stürzt ein zufällig diesen Streckenabschnitt befahrender, glücklicherweise unbesetzter Zug ab. Ist Fridolin gemäß § 823 Abs. 1 der Eisenbahnbetriebsgesellschaft zum Schadensersatz verpflichtet und, wenn ja, in welchem Umfang?

a) Für solch ein Unglück haftet Fridolin nach bürgerlichem Deliktsrecht überhaupt nicht
b) Fridolin muss wegen seiner ganz geringen Schuld nur für die Instandsetzung des Pfeilers aufkommen
c) Fridolin muss nicht nur für die Instandsetzung des Pfeilers, sondern auch für die Bergung des Zuges aufkommen
d) Fridolin haftet für die Reparatur des Zuges
e) Fridolin haftet der Gesellschaft für die Kosten einer public-relations-Aktion, durch die der eingetretene Vertrauensschwund der Benutzer in die Betriebssicherheit der Hänge-Bahn aufgefangen werden soll.

## 12. Besitz (insbesondere Arten, Erwerb und Verlust)

**191** Unmittelbarer Besitz ist

a) eine rein rechtliche Beziehung zu einer Sache
b) eine rein tatsächliche Beziehung zu einer Sache, die rechtlich nicht geschützt wird
c) eine im Normalfall tatsächliche Sachbeziehung, die vom Gesetzgeber aber mit gewissen Rechtswirkungen ausgestattet ist.

**192** D stiehlt dem E eine diesem gehörende chinesische Vase und verleibt sie seiner einschlägigen Sammlung ein. Er ist jetzt

a) unrechtmäßiger Eigentümer (durch Aneignung)
b) unrechtmäßiger Besitzer
c) rechtmäßiger Besitzer und Eigentümer der Vase.

**193** Bauer B lässt über längere Zeit hinweg Ackergeräte auf dem weit vom Hof entfernten Felde stehen. Wie sind die Besitzverhältnisse zu beurteilen?

a) B ist immer noch unmittelbarer Besitzer (§ ...)
b) B ist wegen der Entfernung nur mittelbarer Besitzer (§ ...)
c) B ist nicht mehr Besitzer.

**194** U unterschlägt das ihm vom Eigentümer E nur geliehene Buch. Nach mehr als 10 Jahren ist U

a) Eigentümer (kraft Ersitzung)
b) Eigenbesitzer
c) Fremdbesitzer
d) weder Eigentümer noch Besitzer.

**195** Sogenannter mittelbarer Besitzer ist

a) der Vermieter des vertragstreuen Mieters einer Sache
b) der Bauer bezüglich der auf dem Feld verbleibenden Ackergeräte
c) ein sechsjähriges Kind im Hinblick auf sein Spielzeug.

**196** A hat ein Zimmer seiner von B gemieteten Wohnung an den C untervermietet; Besitzer der Wohnung sind nun

a) nur A und C
b) nur C
c) A, B und C
d) weder A noch B und C, weil die Wohnung keine Sache ist.

**197** Die Aufgabe des Besitzes an einer beweglichen Sache durch Wegwerfen ist

a) ein Rechtsgeschäft
b) ein Realakt
c) eine rechtsgeschäftsähnliche Handlung.

## 13. Eigentum (insbesondere Erwerb und Verlust)

**198** Eigentumserwerb an einem Grundstück

a) setzt notwendig Eintragung des Erwerbers im Grundbuch voraus
b) setzt bei rechtsgeschäftlichem Erwerb Eintragung im Grundbuch voraus
c) bedarf notwendig der notariell beurkundeten Auflassung
d) ist immer wirksam (z.B. also auch in den Fällen des § 105), wenn die Eintragung des Erwerbers im Grundbuch auf Grund notarieller Beurkundung der Auflassung erfolgt
e) ist immer wirksam (z.B. also auch in den Fällen des § 105), wenn die Eintragung des Erwerbers im Grundbuch auf Grund notarieller Beurkundung des Kaufvertrages erfolgt.

**199** Der Käufer erwirbt an der gekauften beweglichen Sache Eigentum

a) grundsätzlich bereits mit dem wirksamen Abschluss des Kaufvertrages
b) immer, wenn er die tatsächliche Gewalt über die gekaufte Sache erlangt
c) wenn Verkäufer und Käufer sich über den Eigentumsübergang einigen und der Verkäufer dem Käufer den Besitz einräumt.

**200** Die Eigentumsübertragung an einem zugelassenen Auto durch den Eigentümer erfordert

a) den Abschluss eines Kaufvertrages und die Übergabe der Zulassungsbescheinigung Teil II
b) den Abschluss eines Kaufvertrages sowie Übereignung nach § 929
c) lediglich den Abschluss des Kaufvertrages, während es auf die Übergabe der zugehörigen Zulassungsbescheinigung Teil II nicht ankommt
d) Einigung über den Eigentumswechsel an dem Auto und dessen Übergabe.

**201** Unsere Rechtsordnung lässt den Eigentumserwerb an beweglichen Sachen vom Nichtberechtigten

a) überhaupt nicht
b) stets
c) nur bei Gutgläubigkeit des Erwerbers, dies grundsätzlich auch bei gestohlenen oder abhanden gekommenen Gegenständen
d) nur bei Gutgläubigkeit des Erwerbers unter der weiteren grundsätzlichen Voraussetzung, dass die Gegenstände nicht ohne oder gegen den Willen des Eigentümers in den Besitz des Verfügenden gelangten

zu.

**202** Gutgläubigen Eigentumserwerb vom Nichtberechtigten gibt es

a) nur bei beweglichen Sachen
b) auch bei Grundstücken
c) überhaupt nicht.

**203** E leiht dem A für zwei Wochen ein ihm gehörendes neues Buch, in das er auf die erste Seite groß und deutlich seinen Namen geschrieben hat. Nach Ablauf der Leihzeit gibt A das Buch nicht zurück, sondern veräußert es für 10,– € seinem Freund B, der es dringend benötigt. Ist B Eigentümer des Buches geworden?

a) Nein, weil A nicht gutgläubig war
b) Nein, weil B nicht gutgläubig war
c) Nein, weil das Buch dem E abhanden gekommen ist
d) Nur, wenn B bei Übergabe des Buches die Namenseintragung des E übersehen hat
e) Ja.

**204** Der Rentner Rüstig (R) hat sich von seinem Skatbruder Siegfried (S) ein Fahrrad geliehen. Er veräußert dies im eigenen Namen mit der wahrheitswidrigen Behauptung, er sei von S zur Veräußerung gemäß § 185 Abs. 1 ermächtigt, an seinen Nachbarn (N). N zweifelt nicht an den Worten des R.

a) N hat auf jeden Fall gutgläubig Eigentum an dem Fahrrad erworben
b) N ist nicht Eigentümer geworden, da R mangels Verfügungsbefugnis durch die nicht erfolgte Ermächtigung gar keinen wirksamen Kaufvertrag mit N abschließen konnte
c) N ist nicht Eigentümer geworden, da der gute Glaube an die Verfügungsbefugnis hier nicht geschützt wird
d) N hat nur dann gutgläubig Eigentum erworben, wenn er sich so über die Erteilung der Ermächtigung erkundigt hat, dass sein Irrtum als nicht grob fahrlässig erscheint.

**205** L entleiht von E ein diesem gehörendes Fahrrad und verkauft, übergibt und übereignet es an den hinsichtlich des Eigentums gutgläubigen K. E kann das Fahrrad von K

a) gemäß § 985
b) gemäß § 812 Abs. 1 S. 1
c) gemäß § 816 Abs. 1 S. 1
d) überhaupt nicht

herausverlangen.

**206** Dieb D verkauft die dem E gestohlene Sache an den hinsichtlich des Eigentums gutgläubigen K. K ist nach dinglicher Einigung und Übergabe seitens des D

a) Eigentümer und unmittelbarer Besitzer
b) nicht Eigentümer, aber unmittelbarer Besitzer
c) Eigentümer, nicht aber Besitzer
d) Eigentümer und mittelbarer Besitzer
e) weder Eigentümer noch Besitzer

der Kaufsache.

**207** Der Dieb D stiehlt dem E einen Geldschein. Mit diesem Geld bezahlt D eine Schuld gegenüber G, der von dem Diebstahl nichts wissen konnte. Hat G Eigentum an dem Schein erworben?

a) Ja, infolge gutgläubigen Erwerbes
b) Nein, denn bei gestohlenen Sachen hilft dem G Gutgläubigkeit nichts
c) Nein, weil an Geld überhaupt kein Eigentum möglich ist.

**208** Das Evangelische Diakonische Werk (EDW) veranstaltet eine Kleidersammlung: Spender sollen die Kleiderbündel mit einem der verteilten Zettel („Kleidersammlung des EDW") versehen und an den Straßenrand stellen. Der barmherzige B tut dies. Der gewerbliche Altkleidersammler A bemächtigt sich jedoch des Kleiderbündels, bevor es durch die EDW-Mitarbeiter eingesammelt werden kann. A ist

a) nach § … Besitzer und nach § … Eigentümer des Kleiderbündels geworden
b) nach § … Besitzer des Kleiderbündels, nicht jedoch Eigentümer geworden, weil die … über den Eigentumswechsel fehlte
c) weder Besitzer noch Eigentümer des Kleiderbündels geworden
d) gemäß § … Eigentümer des herrenlosen Kleiderbündels geworden.

**209** Durch Fäkalien, die aus Eisenbahnzügen der Deutschen Bahn AG in den unter einer Brücke gelegenen Garten von Gabriele fallen, wird sie gelegentlich beim Genuss des 5-Uhr-Tees mit ihren Freundinnen gestört.

a) Gabriele hat gegen die Deutsche Bahn AG keine Ansprüche
b) Gabriele hat gegen die Deutsche Bahn AG einen Beseitigungs- und Unterlassungsanspruch nach § . …
c) Eine Duldungspflicht nach § … trifft Gabriele nicht, denn es handelt sich bei den Fäkalien durchaus nicht um „Einwirkungen, … die in solcher Höhe … vorgenommen werden", dass Gabriele an der Ausschließung solcher Einwirkungen kein anerkennenswertes Interesse haben würde (vgl. § …).

**210** Der 4-jährige Hänsel und seine 8-jährige Schwester Gretel spielen in Nachbars Garten, was dem Nachbarn nicht gefällt. Der Nachbar will wissen, ob er Unterlassungsansprüche besitzt.

a) Nur gegen Gretel, weil sie wenigstens beschränkt geschäftsfähig und deliktsfähig ist
b) Gegen Gretel, aber auch gegen Hänsel, wenn dieser weiß, dass er ohne Zustimmung des Nachbarn dessen Grundstück nicht betreten darf
c) Gegen Gretel, aber auch gegen Hänsel, wobei das Alter der Kinder keine Rolle spielt
d) Weder gegen Hänsel noch gegen Gretel (nur gegen deren Eltern).

## 14. Kreditsicherung

**211** S schuldet dem G aus Vertrag 1.500,– €. Für diese Schuld hat sich B verbürgt. Als S den Vertrag wirksam anficht, verlangt G von B Zahlung. Zu Recht?

a) Ja
b) Nein (Bürgschaft ist gegenüber der Hauptschuld ...)
c) Nein, es sei denn, dass B bei Übernahme der Bürgschaft von dem Anfechtungsrecht des S wusste.

**212** B hat sich für eine Kaufpreisschuld seiner Schwester S in Höhe von 8.000,– € gegenüber G verbürgt. Was kann G tun, wenn S die Zahlung des Kaufpreises grundlos verweigert?

a) G sollte zunächst die Zwangsvollstreckung gegen S versuchen, § ...
b) G kann sich problemlos sofort an B wenden, § ...
c) G kann sich nur an S wenden, denn die Bürgschaft ist sittenwidrig, § ....

**213** Zur Finanzierung seines Eigenheimbaues nimmt Bauherr H von der Bank B einen Kredit auf. Das Vertragsformular, das die Rückzahlungspflicht des Darlehensnehmers im Einzelnen regelt, sieht auch die Unterschrift des „Ehegatten des Darlehensnehmers" vor. Demzufolge unterschreibt nicht nur H, sondern auch seine Ehefrau E. Welchen Zweck verfolgt B damit?

a) E soll nur über die finanziellen Belastungen ihres Ehegatten in Kenntnis gesetzt werden, damit sie durch sparsame Haushaltsführung den H in die Lage versetzt, seine Rückzahlungspflichten zu erfüllen
b) B will erreichen, dass § ... eingreift, um gemäß § ... nach Gutdünken sowohl gegen H als auch gegen E vorgehen zu können
c) B will erreichen, dass § ... eingreift, um auch gegen E vorgehen zu können, wenn eventuelle Vollstreckungsversuche gegen H vergeblich bleiben sollten
d) B verfolgt keinen bestimmten rechtlichen Zweck, sondern folgt lediglich einer Übung des Wirtschaftsverkehrs, immer beide Ehepartner unterzeichnen zu lassen.

**214** Verkauf und Übereignung von Waren erfolgt oft unter Eigentumsvorbehalt. Diese Regelung wird vorgenommen,

a) weil die Vertragsparteien den Abschluss des Kaufvertrages noch überdenken wollen
b) weil der Verkäufer eine Sicherung dadurch erhalten soll, dass er die Waren bei Nichtbezahlung des Käufers wieder zurücknehmen kann
c) weil der Käufer erst überprüfen will, ob er die Waren wegen Sachmängeln zurückgeben möchte.

**215** Der Käufer einer unter Eigentumsvorbehalt verkauften, übergebenen und bedingt übereigneten Sache ist regelmäßig

a) Inhaber eines schuldrechtlichen Anspruchs auf Einräumung des unmittelbaren Besitzes und auf unbedingte Übereignung
b) bereits Eigentümer der Sache, doch kann der Verkäufer die Sache noch zurückverlangen, wenn der Käufer seine Verpflichtungen nicht erfüllt
c) Inhaber eines „Anwartschaftsrechtes".

**216** X verkauft und übereignet an Y am 1.3. unter Eigentumsvorbehalt ein Schmuckstück (§§ 929 S. 1, 158 Abs. 1), das er später, am 4.3., gemäß § 931 noch einmal, diesmal an Z, übereignet. Von der vorangegangenen Übereignung unter Eigentumsvorbehalt an Y weiß Z nichts. Am 10.3. zahlt Y den geschuldeten Kaufpreis vollständig an X. Nunmehr

a) ist Y Eigentümer
b) kann Z von Y Herausgabe gemäß § 985 verlangen
c) kann X von Y Herausgabe gemäß § 812 Abs. 1 S. 1, 1. Alt. verlangen.

**217** Baustoffhändler H liefert dem Bauherrn B unter Eigentumsvorbehalt – den B ausdrücklich auch über den Einbau hinaus anerkennt – Schamottsteine, die alsbald in das neu zu errichtende Haus eingebaut werden. Das Eigentum des H an diesen Steinen

a) ist erloschen
b) besteht fort, weil H und B dies ausdrücklich so vereinbart haben
c) bestünde auch ohne eine solche besondere Vereinbarung fort.

**218** Die Übereignung eines Grundstückes unter Eigentumsvorbehalt ist

a) von der Zustimmung des zuständigen Katasteramtes abhängig
b) überhaupt nicht möglich, weil es nach dem Gesetz eine bedingte Übereignung von Grundstücken nicht gibt
c) möglich, weil alle Rechtsgeschäfte mit Bedingungen (§§ 158 ff.) versehen werden können.

**219** Zur Sicherung seiner Kaufpreisforderung vereinbart der Verkäufer V eines Grundstücks mit dem Käufer K einen Eigentumsvorbehalt. Wenn K sich nach seiner Eintragung im Grundbuch – wie befürchtet – tatsächlich als säumiger Schuldner erweist, kann V

a) als Eigentümer u.a. Herausgabe des Grundstücks von K verlangen
b) den K allenfalls auf Zahlung des Kaufpreises verklagen
c) von K die Rückübereignung des Grundstücks verlangen.

**220** Eines der nachfolgenden Rechtsinstitute zur Kreditsicherung ist in seinem Bestand von der zu sichernden Schuld rechtlich unabhängig (nicht akzessorisch). Welches?

a) Pfandrecht an beweglichen Sachen
b) Hypothek
c) Grundschuld
d) selbstschuldnerische Bürgschaft.

**221** Großhändler Gustav hat an die Einzelhändlerin Edith Ware mit einem Zahlungsziel von mehreren Wochen verkauft und unter „verlängertem" Eigentumsvorbehalt übereignet, ihr aber Verfügungsbefugnis im Rahmen des ordnungsgemäßen Geschäftsganges erteilt. Edith veräußert die Ware an den Verbraucher Viktor weiter. Dieser zahlt den von ihm geschuldeten Kaufpreis natürlich an Edith. Gustav hat den ihm von Edith geschuldeten Kaufpreis bislang noch nicht erhalten.

a) Viktor ist weder Eigentümer geworden noch ist seine Zahlungspflicht erloschen
b) Viktor ist zwar nicht Eigentümer geworden, doch ist seine Zahlungspflicht jedenfalls nach § … erloschen
c) Viktor ist Eigentümer gemäß §§ … geworden, Gustav hat sein Eigentumsrecht also verloren, und außerdem ist die Zahlungspflicht des Viktor jedenfalls nach §§ … erloschen.

**222** Ein Grundstück kann

a) nur mit einem einzigen Grundpfandrecht belastet werden
b) mit mehreren Grundpfandrechten belastet werden, sofern sie für eine einzige Person bestellt worden sind
c) mit mehreren Grundpfandrechten zu Gunsten verschiedener Personen belastet werden.

**223** Gibt der Gläubiger eines vertraglich bestellten Pfandrechts an einer beweglichen Sache diese dem Schuldner zurück, so erlischt das Pfandrecht

a) stets
b) nur, wenn die Parteien nichts Gegenteiliges vereinbaren
c) nie.

**224** Die Sicherungsübereignung ist – von ihrem wirtschaftlichen Zweck her gesehen –

a) vollumfängliche Übereignung
b) bloße Besitzverschaffung
c) Einräumung eines besitzlosen Pfandrechts.

**225** A übereignet dem B zur Sicherung einer Zahlungspflicht eine kleinere, mobile Maschine seines Betriebes, und zwar in der Form des § 929 S. 1. Diese Übereignung ist

a) rechtlich ausgeschlossen, weil die Sicherungsübereignung nur nach § 930 (Besitzkonstitut) erfolgen kann

b) rechtlich ausgeschlossen, weil der Sicherungszweck hier ebenso gut durch die Bestellung eines Pfandrechts erfolgen kann
c) rechtlich zwar möglich, wirtschaftlich jedoch nicht sehr sinnvoll.

**226** Fuhrunternehmer F möchte seiner Bank B für einen umfangreichen Kredit Sicherheiten bieten. Bezüglich der Lastkraftwagen des F bietet sich dafür

a) ein Eigentumsvorbehalt
b) eine Verpfändung
c) eine Sicherungsübereignung
d) eine Sicherungsabtretung

an.

**227** V will dem K nur den Motor seines VW-Autos, das V aber auch weiterhin benutzen möchte, zur Sicherheit wegen einer Darlehensschuld nach § 930 übereignen. Ist dies rechtlich möglich?

a) Ja, ohne Einschränkung
b) Ja, sofern sich V entschließt, den Motor auszubauen, um ihn nach Übereignung wieder einzubauen
c) Nein, denn so genannte wesentliche Bestandteile können nicht Gegenstand besonderer Rechte sein.

**228** Der Darlehensschuldner D hat der Bank B zur Sicherung des Kredits sein Auto, mit dem D jedoch auch weiterhin täglich zur Arbeit fährt, übereignet. Zwischen D und B wurde vereinbart, dass B nach Tilgung der Darlehensschuld das „Sicherungsgut dem Sicherungsgeber zurückzuübertragen hat". Wann wird D wieder Eigentümer des Autos?

a) In dem Augenblick, in dem er seine Darlehensschuld getilgt hat
b) Bereits dann, wenn sich B mit D über den Eigentumsübergang einigt
c) Erst dann, wenn sich B mit D über den Eigentumsübergang einig wird und B dem D das Auto übergibt.

# II. Handelsrecht i.e.S.*

## 1. Grundlagen

**229** Das Handelsrecht des HGB gilt grundsätzlich

a) für die Sektoren Produktion, Handel und Dienstleistung
b) nur für die Sektoren Produktion und Handel
c) lediglich für den Sektor Handel

im wirtschaftlichen Sinn.

* §§ ohne Zusatz sind solche des HGB.

**230** Welcher der folgenden Begriffe ist der Oberbegriff?

a) Unternehmer
b) Gewerbetreibender
c) Kaufmann.

**231** Welche der nachfolgenden Aussagen ist zutreffend?

a) Jeder Unternehmer betreibt ein Gewerbe
b) Jeder Einzelkaufmann betreibt ein Gewerbe
c) Jeder Gewerbetreibende ist ein Kaufmann
d) Jeder Unternehmer ist ein Kaufmann.

## 2. Kaufmann

**232** Wer kein Gewerbe betreibt, kann

a) nur nach § 1 Abs. 2
b) nur nach § 2
c) nur nach § 3
d) nach § 6
e) niemals

Kaufmann sein.

**233** Ein selbstständiger Handwerker ist als Einzelunternehmer

a) nie
b) stets
c) manchmal

Kaufmann i.S. des HGB.

**234** Ein selbstständiger Rechtsanwalt ist „als solcher"

a) manchmal
b) stets
c) nie

Kaufmann i.S. der §§ 1-3.

**235** Ob ein gewerbliches Unternehmen i.S. von § 1 Abs. 2 „nach Art oder Umfang einen in kaufmännischer Weise eingerichteten Geschäftsbetrieb nicht erfordert", bemisst sich

a) nach dem Gesamtbild des Gewerbebetriebes
b) allein nach dem Umsatz
c) nur nach der Zahl der Beschäftigten
d) ausschließlich nach der Vielfalt der Erzeugnisse.

**236** Bauer Baumann bewirtschaftet einen großen, „florierenden" landwirtschaftlichen Betrieb, ohne aber in das Handelsregister eingetragen zu sein. Er ist

a) Kaufmann gemäß § 1 Abs. 2
b) Kaufmann gemäß § 3 Abs. 2
c) Kaufmann gemäß § 3 Abs. 3
d) überhaupt kein Kaufmann.

**237** Die Eintragung in das Handelsregister hat hinsichtlich der Erlangung der Kaufmannseigenschaft

a) stets
b) manchmal
c) nie

konstitutive Wirkung.

**238** Der 2-jährige Peter ist Alleinerbe eines in das Handelsregister eingetragenen kaufmännischen Unternehmens geworden, das nunmehr von seinen Eltern in seinem Namen und auf seine Rechnung geführt wird. Wer ist jetzt der entsprechende Kaufmann?

a) Nur Peter
b) Nur seine Eltern
c) Peter zusammen mit seinen Eltern.

**239** Apotheker Abele betreibt eine „florierende", in das Handelsregister eingetragene Apotheke. Eines Tages entschließt er sich, eine längere berufliche „Auszeit" zu nehmen, um in der Abgeschiedenheit nepalesischer Klöster „zu sich selbst zu finden". Er verpachtet daher seine Apotheke für 5 Jahre an einen Studienfreund, den Apotheker Baumann. Der entsprechende Kaufmann ist jetzt

a) immer noch allein Abele
b) nur Baumann
c) Abele zusammen mit Baumann.

**240** Eine oHG betreibt nach (neuem) Handels- bzw. Gesellschaftsrecht

a) immer
b) meistens
c) nie

ein Handelsgewerbe.

**241** Der nicht in das Handelsregister eingetragene Bäcker- und Konditormeister Dampf ist Inhaber eines kleinen, nicht „florierenden" Geschäfts. Er nimmt seine Frau als Geschäftspartnerin auf und führt es jetzt – was auch nach außen hin in Erscheinung tritt – gemeinsam mit ihr, ohne dass sich an dessen bescheidenem Zuschnitt oder an der fehlenden Registereintragung etwas ändert. Diese Personengesellschaft betreibt

a) ein „istkaufmännisches" („musskaufmännisches")
b) ein „kannkaufmännisches"
c) gar kein

Handelsgewerbe.

**242** Im abgelegenen Hintertupfingen gibt es eine „klitzekleine" Antennengenossenschaft, deren einziger Zweck in der Anschaffung und Unterhaltung einer hochwertigen Satellitenantenne besteht. Die Tätigkeit dieser nur aus 10 Mitgliedern bestehenden, in das Genossenschaftsregister eingetragenen Genossenschaft erfordert keinen nach Art und Umfang in kaufmännischer Weise eingerichteten Geschäftsbetrieb. Ist die Genossenschaft trotzdem ein Kaufmann?

a) Ja, nach § 1 Abs. 2
b) Ja, nach § 6 Abs. 1
c) Ja, nach § 17 Abs. 2 GenG i.V. mit § 6 Abs. 2
d) Nein.

## 3. Handelsregister

**243** Die Eintragung einer eintragungspflichtigen Tatsache ins Handelsregister hat

a) immer
b) manchmal
c) niemals

konstitutive (rechtsbegründende) Wirkung.

**244** Die Einsicht in das Handelsregister ist

a) jedem, aber nur zu Informationszwecken
b) nur demjenigen, der ein besonderes rechtliches Interesse dartut
c) uneingeschränkt jedem

gestattet.

**245** Die Bekanntmachung einer Handelsregistereintragung erfolgt jetzt

a) immer noch allein in Papierform, also gedruckt
b) nur noch elektronisch
c) überhaupt nicht mehr.

**246** Wem gegenüber wirkt nach h.M. die Vorschrift des § 5?

a) Grundsätzlich für und gegen Jedermann im Privatrechtsverkehr, ohne Rücksicht auf den guten Glauben
b) Nur zu Gunsten von Gutgläubigen
c) Auch zu Gunsten von Bösgläubigen; nur der fälschlich noch eingetragene Firmeninhaber selbst kann sich nicht auf § 5 berufen.

**247** Großhändler G gewinnt in der Lotterie 1 Million € und hängt seinen Beruf sofort an den Nagel, um Privatier zu werden, bleibt aber noch 4 Monate im Handelsregister eingetragen. Kann sich der Verkäufer V, mit dem er während dieser Interimszeit einen – nach außen nicht als Handelsgeschäft in Erscheinung tretenden – Vertrag schließt und der die Verhältnisse des G genau kennt, nach h.M. darauf berufen, G gelte (noch) als Kaufmann?

a) Ja, wegen § 344
b) Ja, auf Grund von § 5
c) Nein.

**248** Der Gutglaubensschutz des Handelsregisters gemäß § 15 wirkt nach h.M.

a) nur im geschäftlichen, insbes. rechtsgeschäftlichen Verkehr, insoweit aber nicht nur zwischen eingetragenen Kaufleuten
b) nur im geschäftlichen, insbes. rechtsgeschäftlichen Verkehr, und nur zwischen eingetragenen Kaufleuten
c) in jeder Hinsicht, jedoch nur zwischen eingetragenen Kaufleuten
d) in jeder Hinsicht, und nicht nur zwischen eingetragenen Kaufleuten.

**249** Welcher Art ist die Publizität des Handelsregisters nach § 15?

a) § 15 beschränkt sich in allen seinen Absätzen auf den Schutz des guten Glaubens an das Nichtbestehen von nicht eingetragenen Tatsachen („negative Publizität")
b) § 15 schützt allein den guten Glauben an die Richtigkeit eingetragener oder bekannt gemachter Tatsachen („positive Publizität")
c) Absatz 1 bewirkt „negative", Absatz 3 „positive" Publizität
d) Momente einer „positiven" und einer „negativen" Publizität kommen gleichermaßen in allen Absätzen des § 15 zum Ausdruck.

**250** § 15 HGB schützt in den Absätzen 1, 2 S. 2 und 3

a) auch den bösgläubigen Dritten
b) nur den gutgläubigen Dritten, wobei der Umfang des guten Glaubens stets derselbe ist
c) nur den gutgläubigen Dritten, aber mit teilweise unterschiedlichem Umfang des guten Glaubens
d) noch nicht einmal den gutgläubigen Dritten.

**251** Greift § 15 Abs. 1 auch zu Gunsten desjenigen Gutgläubigen ein, der gar nicht Einblick in das Handelsregister genommen hat?

a) Ja, im Interesse eines wirksamen Verkehrsschutzes
b) Nein, denn hier fehlt es an der tatsächlichen Grundlage eines Vertrauensschutzes
c) Eigentlich nicht, aber zu Gunsten des Gutgläubigen spricht die rechtliche Vermutung seiner Einsichtnahme.

**252** Der Prinzipal (Chef) widerruft eine schriftlich erteilte, aber nicht in das Handelsregister eingetragene Prokura durch schriftliche Erklärung. Dieser Widerruf ist

a) in vollem Umfang wirksam, da seine Eintragung nur deklaratorischen Charakter besitzt
b) nur gegenüber gutgläubigen Dritten gemäß § 15 Abs. 1 unwirksam,
c) generell unwirksam, da seine Eintragung in das Handelsregister noch aussteht
d) irrelevant, da die Prokura mangels Eintragung ihrer Erteilung in das Handelsregister ohnehin unwirksam war.

**253** Die X-oHG hat dem P Prokura erteilt, diese Erteilung jedoch zwischen Anmeldung und Eintragung wirksam angefochten. Auf Grund der entsprechenden Anmeldung der X-oHG wird die – in Wahrheit unwirksame – Prokuraerteilung an P in das Handelsregister eingetragen und bekannt gemacht. Daraufhin schließt P mit dem gutgläubigen K namens der X-oHG einen Vertrag. Dieser ist nach h.M.

a) rechtsgültig gemäß § 15 Abs. 1
b) rechtsgültig gemäß § 15 Abs. 2 S. 2
c) rechtsgültig gemäß § 15 Abs. 3
d) unwirksam.

**254** Aus der A-oHG scheidet der Gesellschafter C mit Wirkung vom 1.6. aus, während die oHG unter den übrigen Gesellschaftern fortgesetzt wird. Das Ausscheiden wird am 17.6. im Handelsregister eingetragen und am 18.6. bekannt gemacht. Am 16.6. wird Lieferant L Gläubiger der oHG; er weiß zwar nicht definitiv, dass C ausgeschieden ist, hätte dies aber ohne größere Schwierigkeiten in Erfahrung bringen können. L will jetzt C auf Zahlung des entsprechenden Kaufpreises in Anspruch nehmen. Muss C dafür haften?

a) Ja
b) Nein, da das Ausscheiden schon mit Wirkung vom 1.6. erfolgt war
c) Nein, da L am 16.6. vom Ausscheiden des C hätte Kenntnis haben können und müssen.

**255** Wie zuvor, jedoch wird L nunmehr nicht schon am 16.6., sondern erst am 17.6. Gläubiger der oHG. Muss C jetzt entsprechend haften?

a) Nein, da das Ausscheiden schon mit Wirkung vom 1.6. erfolgt war
b) Nein, da das Ausscheiden am selben Tag im Handelsregister eingetragen wurde
c) Ja.

**256** Wie zuvor, jedoch wird L jetzt nicht schon am 17.6., sondern erst am 24.6. Gläubiger der oHG. Muss C nunmehr entsprechend haften?

a) Ja
b) Nein, da das Ausscheiden schon vor dem 24.6. im Handelsregister eingetragen war
c) Nein, da L bösgläubig ist.

## 4. Firma

**257** Elektrogroßhändler Emil Ebner schließt unter seiner im Handelsregister eingetragenen einzelkaufmännischen Firma mehrere Kaufverträge mit dem Lieferanten L ab. L kann für seine Kaufpreisforderungen

a) nur das Geschäftsvermögen
b) nur das Privatvermögen
c) das Geschäfts- und das Privatvermögen Emil Ebners

in Anspruch nehmen.

**258** Anton Abele will sein soeben gegründetes kaufmännisches Einzelunternehmen in das Handelsregister eintragen lassen. Da ihn die meisten seiner Freunde und Bekannten nicht Anton, sondern „Toni" nennen, möchte er „Toni Abele" firmieren. Ist das firmenrechtlich zulässig?

a) Uneingeschränkt ja
b) Nur mit Genehmigung der Industrie- und Handelskammer
c) Nein.

**259** Anton Abele stellt als Einzelunternehmer mit wenigen Mitarbeitern Kunststoffteile her. Er will sein nicht „florierendes" Unternehmen in das Handelsregister eintragen lassen. Kann er „Deutsche Kunststoffwerke Anton Abele e.K." firmieren?

a) Nein
b) Nur mit Genehmigung der Industrie- und Handelskammer
c) Uneingeschränkt ja.

**260** Max Miraculix will einen Handel mit Zaubereiartikeln betreiben. Dürfte er dabei „Abrakadabra Zaubereiartikel" firmieren?

a) Nein, weil sein Name in der Firma nicht enthalten ist
b) Nein, weil der Zusatz „e.K." fehlt
c) Ja.

**261** Abele, Baumann und Cuno schließen sich zu einer oHG zusammen. Kann diese „Abele, Baumann & Cuno" firmieren?

a) Nein, es fehlt der Gesellschaftszusatz „oHG"
b) Nein, es fehlt der Gesellschaftszusatz „& Co."
c) Ja.

**262** Lehmann gründet mit den Kommanditisten Schulze und Werner eine Kommanditgesellschaft. Diese darf firmieren

a) „Lehmann & Co."
b) „Lehmann KG."
c) „Werner & Co."
d) „Lehmann, Schulze & Co."
e) „Lehmann, Werner & Co."
f) „Schulze, Werner & Co."

**263** Der Grundsatz der Firmenbeständigkeit (Firmenkontinuität) hat

a) meistens
b) nie
c) stets

Vorrang vor dem Grundsatz der Firmenklarheit bzw. Firmenwahrheit.

**264** Anton Abele betreibt unter seinem Namen ein in das Handelsregister eingetragenes einzelkaufmännisches Unternehmen. Er nimmt Bauer als seinen Partner (Kommanditisten) auf, wodurch eine KG entsteht. Abele möchte aber seine alte Firma „Anton Abele" völlig unverändert beibehalten. Dies ist

a) ohne weiteres zulässig
- b) absolut unzulässig
c) nur zulässig, falls ein das Nachfolgeverhältnis andeutender Zusatz hinzugefügt wird.

**265** Wie zuvor, nur tritt jetzt nach kurzer Zeit die Anton Abele Geschäftsführungs-GmbH als alleiniger persönlich haftender Gesellschafter an die Stelle von Abele, der neben Bauer Kommanditist wird. Diese KG darf jetzt firmieren

a) „Anton Abele"
b) „Anton Abele & Co. KG"
- c) „Anton Abele GmbH & Co. KG".

**266** Die Firma kann

- a) stets nur zusammen mit dem Handelsgeschäft, für das sie geführt wird
b) grundsätzlich überhaupt nicht
c) auch ohne das Handelsgeschäft, für das sie geführt wird

übertragen werden.

**267** Wer ein Handelsgeschäft mit Firma übernimmt,

a) muss
b) soll
- c) kann

i.d.R. der alten Firma einen das Nachfolgeverhältnis andeutenden Zusatz anfügen.

## 5. Haftung bei Übertragung des Unternehmens

**268** Fix übernimmt von Fox das unter der Firma „Franz Fox Lederwaren e.K." betriebene Handelsgeschäft. Fix führt das Geschäft unter der Firma „Franz Fox Lederwaren, Nachfolger Theo Fix e.K." fort. Vereinbarungsgemäß soll Fix für die Geschäftsverbindlichkeiten des Fox nicht haften. Diese Vereinbarung wird jedoch nicht im Handelsregister eingetragen. Kann Gläubiger G, der von einem Freund des Fix vom Haftungsausschluss erfahren hat, Fix trotzdem für eine noch zu Zeiten des Fox begründete Geschäftsverbindlichkeit in Anspruch nehmen?

a) Nein, weil Fix die bisherige Firma nicht unverändert fortführt
b) Nein, weil G der Haftungsausschluss bekannt ist
c) Nur, wenn Fox zahlungsunfähig ist
- d) Ja.

**269** Veräußert ein Einzelkaufmann sein Handelsgeschäft mit Firma und führt der Erwerber die bisherige Firma fort, so haftet/haften für die bis dahin begründeten Geschäftsverbindlichkeiten (Altschulden) des Veräußerers ohne abweichende Vereinbarung

a) nur der Erwerber
b) nur der Veräußerer
c) der Erwerber und der Veräußerer.

**270** Tritt jemand als persönlich haftender Gesellschafter in das Geschäft eines Einzelkaufmanns ein, so kann hinsichtlich der bis dahin im Betrieb des Geschäfts entstandenen Verbindlichkeiten mit Drittwirkung

a) kein Haftungsausschluss erfolgen
b) die neu gebildete Gesellschaft als Ganze die Haftung ausschließen, jedoch nur, wenn sie die frühere Firma nicht fortführt
c) die neu gebildete Gesellschaft die Haftung auch bei Firmenfortführung ausschließen.

**271** Anton Abele bringt sein Autohaus in die „Anton Abele-oHG" ein, die soeben durch den Eintritt seines bewährten Mitarbeiters Bruno Baumann in sein bisheriges einzelkaufmännisches Geschäft entstanden ist. Diese oHG soll für die früheren Geschäftsverbindlichkeiten Abeles nur in Höhe von maximal 500,– € pro Altgläubiger haften; eine entsprechende Vereinbarung wird alsbald in das Handelsregister eingetragen und bekannt gemacht. Kunde König besitzt eine einschlägige Altforderung in Höhe von 1.000,– € und verlangt deren vollständige Begleichung von der oHG, die aber nur 500,– € zahlen will. Die oHG muss König

a) gar nichts
b) 500,– €
c) 1.000,– €

zahlen.

## 6. Prokura und Handlungsvollmacht

**272** Prokura und Handlungsvollmacht unterscheiden sich

a) überhaupt nicht, denn Handlungsvollmacht ist lediglich die deutsche Übersetzung des Wortes Prokura
b) dadurch, dass die Handlungsvollmacht umfassender ist als die Prokura
c) dadurch, dass die Prokura umfassender ist als die Handlungsvollmacht.

**273** Der Prokurist ist

a) gesetzlicher
b) rechtsgeschäftlicher
c) organschaftlicher

Vertreter des Inhabers des Handelsgeschäfts.

**274** Eine Prokura darf erteilt werden

a) immer nur vom Inhaber des Handelsgeschäfts
b) bei längerer Abwesenheit des Geschäftsinhabers ausnahmsweise auch von einem Prokuristen
c) auch vom Vormund des Geschäftsinhabers.

**275** Die wirksame Prokuraerteilung setzt

a) lediglich eine ausdrückliche Erklärung
b) in jedem Fall die Schriftform
c) stets die Eintragung in das Handelsregister

voraus.

**276** Geschäftsmann G will den P gegen dessen Willen zu seinem Prokuristen machen. Diese Prokuraerteilung wäre

a) voll wirksam
b) voll unwirksam
c) schwebend unwirksam, bis P seiner Ernennung zum Prokuristen zustimmt.

**277** Der Prokurist einer „florierenden" Fischgroßhandlung kann namens seines Unternehmens wirksam

a) Änderungen der Firma zur Eintragung im Handelsregister anmelden
b) die Unternehmensbilanz unterzeichnen
c) einen Posten Pelzmäntel kaufen.

**278** Die Prokura ermächtigt

a) zur Erteilung einer Prokura
b) zur Eingehung von Wechselverbindlichkeiten
c) zur Vornahme höchstpersönlicher Rechtsgeschäfte, z.B. einer Eheschließung,

im Namen des betreffenden Kaufmanns.

**279** Ein Prokurist ist ohne besondere Ermächtigung nicht befugt,

a) eine Handlungsvollmacht zu erteilen
b) Kredite zu vergeben
c) Grundstücke zu belasten
d) branchenfremde Geschäfte vorzunehmen.

**280** Die Vertretungsmacht des Prokuristen kann rechtsgeschäftlich

a) wie die normale Vertretungsmacht des BGB gegenüber Dritten (formlos) eingeschränkt werden
b) mit Wirkung gegenüber Dritten nur eingeschränkt werden, wenn diese – ihrem Inhalt nach beliebigen – Beschränkungen im Handelsregister eingetragen worden sind
c) mit Wirkung gegenüber Dritten grundsätzlich nicht beschränkt werden.

**281** P ist Prokurist der großen Buchhandlung B. Er gibt beim Verlag X, mit dem er ständig für B in Geschäftsverbindung steht, ausnahmsweise eine Bücherbestellung für sich selbst auf. Den üblichen Bestellzettel unterschreibt P wie immer mit seinem Namen ohne Hinweis auf seine Prokura. Als die Bücher bei B eintreffen, will P sie nicht mehr haben. Muss B die Bücher abnehmen und zahlen?

a) Nein, da P die Bestellung nicht im Namen der B aufgegeben hat
b) Nein, da P mit der Bestellung seine Vertretungsmacht überschritten hat
c) Ja, weil die Umstände ergeben, dass P die Bestellung im Namen der B aufgab
d) Nur, wenn sie die Bücher ohne Mühe im Rahmen ihres Geschäftsbetriebes verkaufen kann.

**282** Der Anstellungsvertrag des Prokuristen P mit dem Einzelkaufmann E läuft bis zum Jahr 2015. Wegen unzutreffender entehrender Pressemeldungen über das Privatleben seines Prokuristen P widerruft E die Prokura vorzeitig. Dieser Widerruf ist

a) wirksam, da die Pressemeldungen über P dem E trotz ihrer Unwahrheit schaden können und daher ein – stets erforderlicher – wichtiger Grund zum Widerruf vorliegt
b) wirksam, da eine solche Prokura ohne Rücksicht auf die weitere Dauer der Anstellung jederzeit frei widerruflich ist
c) unwirksam, da der mit den unwahren Pressemeldungen begründete Widerruf sittenwidrig ist
d) unwirksam, da eine Prokura während der Dauer des Anstellungsverhältnisses nicht widerrufen werden kann.

**283** Eine Handlungsvollmacht kann grundsätzlich erteilt werden

a) nur vom Inhaber des kaufmännischen Unternehmens
b) auch von seinem Prokuristen
c) auch von einem anderen Handlungsbevollmächtigten.

**284** Der Handlungsbevollmächtigte eines umsatzschwachen, in das Handelsregister eingetragenen Einzelhandelsgeschäfts gewährt namens seines Unternehmens einem Lieferanten ein Darlehen i.S. von § 488 Abs. 1 BGB in Höhe von 50.000,– €. Dieser Darlehensvertrag, von dem der Geschäftsinhaber noch nichts weiß, ist

a) voll wirksam
b) voll unwirksam
c) schwebend unwirksam.

**285** Wie zuvor, nur gewährt der betreffende – „normale" – Handlungsbevollmächtigte jetzt das Darlehen nicht, sondern er nimmt es im Namen seines Unternehmens bei dem Lieferanten auf. Der entsprechende Darlehensvertrag ist

a) voll wirksam
b) voll unwirksam
c) schwebend unwirksam.

**286** Der Handlungsbevollmächtigte einer Bank kann namens dieser auch ohne besondere Ermächtigung

a) ein Grundstück belasten
b) eine Wechselverpflichtung eingehen
c) eine Scheckverpflichtung eingehen
d) einen Prozess führen.

**287** In der Schalterhalle einer großen Bank ist in einem deutlich sichtbaren Aushang an augenfälliger Stelle u.a. vermerkt, dass der Handlungsbevollmächtigte Hilf lediglich befugt ist, Darlehen bis zur Höhe von 25.000,– € allein zu gewähren. Er gewährt jedoch namens der Bank einem Kegelbruder, der die Beschränkung nicht kannte, ein Darlehen in Höhe von 50.000,– €. Dieser Darlehensvertrag ist (zunächst)

a) schwebend unwirksam
b) voll unwirksam
c) voll wirksam.

## 7. Handelsgeschäfte im Allgemeinen (§§ 343-372)

**288** Das HGB spricht an vielen Stellen vom „Handelsgeschäft". Es versteht darunter

a) das kaufmännische Unternehmen
b) bestimmte Rechtsgeschäfte
c) eine konkrete Betriebsstätte (jemand geht „ins Geschäft").

**289** Die Vorschriften der §§ 343 ff. finden Anwendung

a) ausschließlich dann, wenn mindestens einer der Geschäftsbeteiligten Kaufmann ist und das Geschäft zum Betrieb seines Handelsgewerbes gehört
b) auf jeden am Geschäft beteiligten Gewerbetreibenden sowie auf sog. Freiberufler
c) grundsätzlich auch auf solche Kommissionäre, Frachtführer, Spediteure und Lagerhalter, die keine Kaufleute i.S. der §§ 1 ff. sind.

**290** Ein umsatzstarker Teppichhändler mietet ein größeres Geschäftslokal an, da das bisherige zu klein geworden ist. Dieser Mietvertrag ist

a) ein Handelsgeschäft, obwohl er nicht zu den Geschäften gehört, die Gegenstand der Unternehmung sind
b) kein Handelsgeschäft, sondern Privatgeschäft
c) eine Mischform zwischen Handels- und Privatgeschäft, auf die aber nur die bürgerlichrechtlichen Vorschriften Anwendung finden.

**291** Für welche der beiden Vertragsparteien gelten – im Grundsatz – die Regeln des HGB über die Handelsgeschäfte?

a) Nur für den kaufmännischen Partner
b) Auch für den nichtkaufmännischen Partner
c) Ein diesbezüglicher Grundsatz existiert nicht.

**292** Ein beiderseitiges Handelsgeschäft (z.B. im Sinne des § 346)

a) ist begriffsnotwendig ein Vertrag
b) kann auch ein einseitiges Rechtsgeschäft (z.B. Anfechtung einer Willenserklärung) sein
c) liegt nach der Gesetzessystematik nur bei einem im HGB ausdrücklich geregelten Vertragstyp (Handelskauf, Kommission etc.) vor.

**293** Kann ein Vertrag, der nach § 362 Abs. 1 zu Stande gekommen ist, nach h.M. wegen Irrtums angefochten werden?

a) Ja, sofern sich der Irrtum auf den Inhalt des Antrags bezog
b) Ja, sofern sich der Irrtum auf die Rechtsfolgen des Schweigens bezog
c) Nein.

**294** Die A-oHG bestellt bei dem Kaufmann B fernmündlich 10.000 Osterhasen zum Stückpreis von 1,– €. B nimmt das Angebot an. Am nächsten Tag bestätigt B den Vertragsschluss schriftlich, nennt jedoch einen Stückpreis von 1,10 €, weil er glaubt, dieser Preis sei vereinbart worden. Die A-oHG antwortet darauf nicht. Nach Lieferung verlangt B Zahlung von 11.000,– €.

a) Die A-oHG muss überhaupt nicht zahlen, da B in seinem Schreiben von dem vereinbarten Preis nachträglich abgewichen ist
b) Die A-oHG muss 11.000,– € zahlen, da sie auf das Schreiben des B nicht geantwortet hat und deshalb den Stückpreis von 1,10 € gegen sich gelten lassen muss
c) Die A-oHG muss nur 10.000,– € zahlen, da der Vertrag zum Stückpreis von 1,– € abgeschlossen wurde.

**295** Wie zuvor, nur wird jetzt von B ein Stückpreis von 2,– € bestätigt. Muss A 20.000,– € zahlen?

a) Nein, denn es liegt jetzt überhaupt keine wirksame Preisvereinbarung vor
b) Ja, denn dem Bestätigungsschreiben wurde nicht widersprochen
c) Nein, sondern nur 10.000,– €.

**296** Der Vertrag über die Bestellung einer Bürgschaft ist

a) entsprechend dem Grundsatz der Vertragsfreiheit immer formlos
b) immer nur bei Beachtung der Schriftform
c) unter bestimmten Voraussetzungen formlos

wirksam.

**297** Die A-AG, die ein Bankgeschäft betreibt, hat sich für eine Verbindlichkeit ihres Kunden B gegenüber C verbürgt. Als C sofort die A in Anspruch nehmen möchte, erhebt diese die Einrede der Vorausklage. Greift diese Einrede durch?

a) Ja
b) Nur, wenn die A nicht auf sie verzichtet hat
c) Nein.

**298** Dieb D gibt dem Kaufmann K, welcher mit Musikinstrumenten handelt, eine Viola in Verkaufskommission. D hat die Viola zuvor vom Eigentümer E entwendet. K verkauft das Instrument im eigenen Namen an den Bratschisten B und übergibt es ihm. B erkennt das Instrument als dem E gehörend, nimmt aber gutgläubig an, dieser habe den K mit dem Verkauf beauftragt. Ist B Eigentümer geworden?

a) Nein, da K nicht Eigentümer der Geige war, §§ …
b) Ja, da gemäß §§ … der gute Glaube des R an die Verfügungsbefugnis des K geschützt wird
c) Nein, da das Instrument dem Eigentümer abhanden gekommen ist, §§ ….

## 8. Handelskauf (insbesondere Sachmängelhaftung)

**299** Die X-GmbH bestellt bei der Y-oHG eine nach ihren Plänen erst noch herzustellende Spezial-Rohrbiegemaschine. Trotz Aufforderung legt die X-GmbH aber die Konstruktionspläne wegen Organisationsmängeln nicht vor. Die X-GmbH befindet sich nunmehr

a) im Gläubigerverzug wegen einer unterlassenen Mitwirkungshandlung (§§ 293 ff., 295 S. 2 BGB)
b) im Schuldnerverzug bezüglich der vorzunehmenden sog. Spezifikation gemäß § 375 Abs. 2
c) weder im Schuldner- noch im Gläubigerverzug.

**300** Der Fixhandelskauf ist ein Handelskauf, bei dem

a) das Geschäft mit der rechtzeitigen Erfüllung steht und fällt
b) der Kauf für beide Teile ein Handelsgeschäft sein muss
c) die Lieferzeit immer kalendermäßig bestimmt sein muss (zeitlich „fixiert").

**301** Kaufmann Karl kauft zum Zwecke der Betriebserweiterung ein Grundstück. Es handelt sich hierbei um einen

a) Handelskauf
b) bürgerlichrechtlichen Kauf, nicht um ein Handelsgeschäft
c) Kauf, der zwar kein Handelskauf, wohl aber ein Handelsgeschäft ist.

**302** Die K-oHG rügt den Mangel einer ihr von der G-GmbH verkauften und übergebenen Sache, indem sie am letzten Tage der Rügefrist, einem Freitag, ein entsprechendes Schreiben zur Post gibt. Dieses Schreiben erreicht die GmbH am nächsten Montag. Die Rüge der oHG ist

a) noch rechtzeitig, sodass die oHG alle Gewährleistungsrechte hat
b) verspätet, sodass die oHG keine Gewährleistungsrechte mehr hat
c) an sich verspätet, aber die oHG darf wegen der nur geringfügigen Verspätung nur noch mindern, jedoch nicht Nacherfüllung verlangen oder gar zurücktreten.

**303** Welche Rechtsstellung hat der Käufer, der einen erkennbaren Sachmangel entgegen § 377 Abs. 1 nicht unverzüglich reklamiert hat?

a) Der Käufer verliert gemäß § ... etwa bestehende Gewährleistungsrechte nach § 437 BGB und muss den vollen Kaufpreis entrichten
b) Der Käufer verliert gemäß § ... das Recht auf Nacherfüllung und das Rücktrittsrecht, kann aber den Kaufpreis entsprechend herabsetzen („mindern")
c) Die Unterlassung der Reklamation wirkt sich auf die Rechtsstellung des Käufers in keinem Fall aus, da es sich bei § 377 Abs. 1 um eine bloße Obliegenheit handelt, nicht jedoch um eine echte Rechtspflicht.

**304** Macht sich der Käufer, der die Untersuchungs- und Rügelast des § 377 verletzt, dem Verkäufer gegenüber schadensersatzpflichtig?

a) Ja, denn diese Vorschrift bezweckt den Schutz des Verkäufers
b) Ja, sofern die Unterlassung der Untersuchung und Rüge schuldhaft erfolgt ist
c) Nein, denn diese Vorschrift umschreibt eine bloße Obliegenheit des Käufers.

**305** Die V-AG verkauft der K-oHG 1 Tonne gemahlenen schwarzen Pfeffer, liefert aber stattdessen versehentlich am 1.2. eine Mischung, die zu 60 % gemahlene Kokosnussschalen enthält. Die K-oHG bemerkt trotz ordnungsgemäßer Wareneingangskontrolle noch am 1.2. diese Abweichung erst am 20.2., rügt sie aber dann sofort. Sie kann jetzt

a) gegenüber der V-AG mangels rechtzeitiger Rüge keine Gewährleistungsrechte mehr geltend machen
b) von der V-AG nur noch Minderung des Kaufpreises verlangen
c) vom Kaufvertrag zurücktreten
d) Lieferung von 1 Tonne schwarzen Pfeffer (ohne Kokosnussschalen o.Ä.) verlangen, sofern dies der V-AG möglich ist.

# III. Gesellschaftsrecht*

## 1. Grundlagen

**306** Sog. Personengesellschaften (besser: Gesamthandsgesellschaften) – soweit sie als solche nach außen in Erscheinung treten – und juristische Personen unterscheiden sich u.a. darin, dass nach der gesetzlichen Regelung – also unter Nichtberücksichtigung eventueller Abreden – für die Gesellschaftsverbindlichkeiten

a) die Mitglieder juristischer Personen nie persönlich haften
b) die Mitglieder juristischer Personen stets persönlich haften
c) zumindest ein Gesellschafter einer Personengesellschaft persönlich haftet
d) die Gesellschafter einer Personengesellschaft nie persönlich haften.

---

* §§ ohne Zusatz sind solche des HGB.

**307** Nach h.M. ist keine juristische Person

a) der eingetragene Verein
b) die offene Handelsgesellschaft
c) die Aktiengesellschaft
d) die Kommanditgesellschaft auf Aktien
e) die Europäische Wirtschaftliche Interessenvereinigung
f) die Partnerschaftsgesellschaft.

**308** Wie viele Gesellschafter müssen folgende sog. Personengesellschaften mindestens, wie viele dürfen sie höchstens haben?

a) GbR, oHG, KG, EWIV, Partnerschaftsgesellschaft: keine Mindest- und Höchstanzahl der Gesellschafter
b) GbR, oHG, KG, EWIV, Partnerschaftsgesellschaft: mindestens 2, höchstens 7 Gesellschafter
c) GbR, oHG, KG, EWIV, Partnerschaftsgesellschaft: mindestens 3, höchstens 7 Gesellschafter
d) GbR, oHG, KG, EWIV, Partnerschaftsgesellschaft: mindestens 2 Gesellschafter, keine Begrenzung nach oben
e) GbR, oHG, KG, EWIV, Partnerschaftsgesellschaft: immer nur 2 Gesellschafter.

**309** Das Problem der „fehlerhaften Gesellschaften" liegt darin,

a) inwieweit die tatsächliche Abweichung eines Gesellschaftsvertrages von gesetzlich vorgesehenen Gesellschaftsformen rechtlich zulässig ist
b) ob von „Gesellschaft" auch dann noch gesprochen werden kann, wenn unter den Beteiligten gar keine auf gemeinschaftliche Tätigkeit abzielenden Abmachungen getroffen worden sind
c) inwieweit nach außen in Vollzug gesetzte Gesellschaften, deren rechtsgeschäftliche Grundlagen fehlerhaft (anfechtbar, nichtig) sind, wie rechtlich intakte Gesellschaften behandelt werden müssen.

**310** Die „gesellschaftliche (oder: gesellschaftsrechtliche) Treuepflicht"

a) deckt sich mit dem allgemeinen Gebot des § 242 BGB, Treu und Glauben zu wahren
b) verlangt von allen Gesellschaftern besondere Rücksichtnahme auf die persönlichen Belange von Mitgesellschaftern
c) ist grundsätzlich nur für die Angehörigen sog. Personengesellschaften anzuerkennen.

**311** Offene Handelsgesellschaft und bürgerlichrechtliche Gesellschaft unterscheiden sich

a) überhaupt nicht
b) dadurch, dass die oHG im Gegensatz zur GbR eine juristische Person ist
c) durch den Gesellschaftszweck.

**312** Ali, Brigitte und Choon-Ho betreiben, ohne im Handelsregister eingetragen zu sein, nebenberuflich in bescheidenem Umfang ein gemeinschaftliches Reisebüro. Ali hatte sich gesellschaftsvertraglich verpflichtet, einen PC als Einlage zu leisten, kommt dieser Verpflichtung aber nicht nach. Wer ist befugt, für die Gesellschaft auf die Erfüllung dieser Verpflichtung durch Mahnung, Klageerhebung etc. hinzuwirken?

a) Gemäß § ... alle Gesellschafter zusammen; doch weil Ali nicht gegen sich selber vorgehen wird, ist Ali „fein raus"
b) Gemäß § ... nur Brigitte und Choon-Ho gemeinschaftlich
c) In einer Situation wie der vorliegenden ausnahmsweise nach h.M. Brigitte und Choon-Ho auch einzeln, (sog. actio ...).

**313** Gegenstand der primären Betätigung eines eingetragenen Vereins kann sein

a) ein Handelsgewerbe
b) ein Gewerbe
c) die Verfolgung kultureller Zwecke.

**314** Welche Zwecke dürfen im Rahmen einer AG verfolgt werden?

a) Nur wirtschaftliche Zwecke
b) In der Regel nur wirtschaftliche Zwecke; die Verfolgung z.B. kultureller Zwecke bedarf der behördlichen Genehmigung
c) Die AG ist an keinerlei besonderen Zweck gebunden.

## 2. GbR

**315** Ein als sog. Personengesellschaft organisiertes Architekturbüro möchte einen Prokuristen bestellen. Ist dies nach h.M. rechtlich möglich?

a) Nein
b) Ja, ohne weiteres
c) Nur dann, wenn der gemeinschaftliche Betrieb wegen seiner Größe eine nach kaufmännischen Gesichtspunkten geführte Organisation benötigt
d) Nur nach Eintragung im Handelsregister
e) Nur nach Eintragung im Partnerschaftsregister.

**316** Die bürgerlichrechtlichen Gesellschafter haften

a) grundsätzlich auch als Gesamtschuldner
b) grundsätzlich nur mit dem gemeinschaftlichen, gesamthänderisch gebundenen Vermögen
c) ohne besondere Vereinbarung mit dem Gläubiger überhaupt nicht.

**317** A, B und C gründen eine kleine, ohne Mitarbeiter betriebene Detektei in der Rechtsform der KG. In dem Zeitraum zwischen Geschäftsaufnahme und Registereintragung gilt sie im Außenverhältnis als

a) oHG
b) KG

c) GbR
d) stille Gesellschaft.

**318** Trifft die Gesellschafter einer GbR grundsätzlich eine Pflicht, über die ursprünglich vereinbarten Beiträge hinaus weitere Beitragsleistungen zu erbringen, wenn die Verfolgung des Gesellschaftszwecks dies erfordert?

…, gemäß § …

**319** Wie unterscheiden sich Vertretungsmacht und Geschäftsführungsbefugnis bei der GbR?

a) Gar nicht, beide Begriffe sind inhaltlich deckungsgleich
b) Geschäftsführungsbefugnis setzt im Gegensatz zur Vertretungsmacht ein Handelsgewerbe i.S. des § 1 Abs. 2 voraus
c) Vertretungsbefugnis betrifft das Außenverhältnis der Gesellschaft, Geschäftsführungsbefugnis das Innenverhältnis.

**320** Schließt ein Gesellschafter einer GbR ohne Mitwirkung der übrigen Gesellschafter einen Vertrag mit einem Dritten namens der Gesellschaft ab, so ist dieser Vertrag (namentlich z.B. ein Kaufvertrag)

a) völlig unwirksam (nichtig)
b) schwebend unwirksam
c) voll gültig.

## 3. oHG und Partnerschaftsgesellschaft

**321** Gesellschaftszweck einer offenen Handelsgesellschaft kann

a) nur ein Handelsgewerbe i.S. des § 1 Abs. 2
b) jeder wirtschaftliche oder nichtwirtschaftliche Zweck
c) auch der Betrieb eines jeden kannkaufmännischen Handelsgewerbes

sein.

**322** Die h.M. in Literatur und Rechtsprechung erblickt in der oHG

a) infolge des § 124 Abs. 1 eine juristische Person
b) eine Vereinigungsform, deren Vermögenszuständigkeit nach dem Gesamthandsprinzip geordnet ist
c) eine Rechtsgemeinschaft i.S. der §§ 741 ff. BGB.

**323** Kann eine oHG als solche Mitglied einer GmbH sein?

a) Nein, weil die oHG-Gesellschafter gerade unbeschränkt haften
b) Nein, weil die oHG nach h.M. keine eigene Rechtspersönlichkeit besitzt
c) Ja, aber nur weil die oHG vom Gesetz (§ …) in gewisser Weise als selbstständige Einheit anerkannt wird
d) Ja, weil sie als Gesamthandsgesellschaft (sog. Personengesellschaft) selber rechtsfähig ist, also ein eigenes Rechtssubjekt darstellt.

**324** Volker, Waltraud und Astrid sind Betriebswirte und betreiben seit Januar 2010 gemeinschaftlich eine leider nicht florierende Unternehmensberatung unter der im Partnerschaftsregister eingetragenen Bezeichnung „Volker & Partner".

a) Es handelt sich dabei um eine GbR
b) Es handelt sich hierbei um eine oHG
c) Es handelt sich hierbei um eine Partnerschaft
d) Die Eintragung hat dabei nur deklaratorische Bedeutung
e) Volker, Waltraud und Astrid haften in jedem Fall für die Schulden der Gesellschaft persönlich als Gesamtschuldner.

**325** Für den „Beginn der Geschäfte" im Sinne von § 123 Abs. 2

a) ist stets das Handeln aller Gesellschafter erforderlich
b) genügt das Handeln eines Gesellschafters, auch wenn die anderen Gesellschafter widersprechen
c) genügt stets das Handeln des oder der vertretungsberechtigten Gesellschafter
d) genügt das Handeln eines vertretungsberechtigten Gesellschafters, sofern die anderen zustimmen.

**326** Bei welcher Art von handelsrechtlicher Vertretungsmacht ist von Gesetzes wegen der Umfang am größten?

a) Bei der Vertretungsmacht des Gesellschafters einer oHG
b) Bei der Prokura
c) Bei der Handlungsvollmacht.

**327** Die X-oHG hat von Z eine Lagerhalle gemietet. Zur Vertretung der X-oHG sind die Gesellschafter A und B nur gemeinsam ermächtigt. Z möchte eine Kündigung gegenüber der Gesellschaft aussprechen. Genügt hierfür eine Erklärung gegenüber A?

a) Ja, gemäß § ...
b) Nur, wenn B sein Einverständnis hiermit erklärt (§ ...)
c) Nein, gemäß § ... bedarf es einer Erklärung gegenüber A und B.

**328** Die selbstständige Prokuraerteilung durch einen oHG-Gesellschafter ist grundsätzlich

a) nach außen wirksam
b) nach außen unwirksam
c) bis zu ihrer Eintragung ins Handelsregister schwebend unwirksam.

**329** B tritt als persönlich haftender Gesellschafter in die A-oHG ein. Die Gesellschaft wird in B-oHG umbenannt. Haftet B für die vor seinem Eintritt begründeten Verbindlichkeiten der Gesellschaft?

a) Ja, gemäß §§ ...
b) Nein, gemäß §§ ...
c) Nur, wenn kein Ausschluss der Haftung des B im Handelsregister eingetragen und bekannt gemacht ist (vgl. § ...).

**330** Die aus den Gesellschaftern A, B und C bestehende oHG schuldet dem G 3.000,– €. Nach Eintritt der Fälligkeit verlangt G vom Gesellschafter B vollständige Erfüllung. B meint jedoch, er sei zu nichts verpflichtet. Ist B im Recht?

a) Ja, er haftet „persönlich" überhaupt nicht
b) Nein, er muss seinen Anteil von 1.000,– € zahlen
c) Nein, er muss 3.000,– € leisten.

**331** Wie zuvor. Der in Anspruch genommene B erklärt weiterhin, G müsse jedenfalls zunächst versuchen, für seine Forderung das Gesellschaftsvermögen heranzuziehen, bevor er sich an das Privatvermögen des B halten könne. Hat B recht?

a) Ja, denn gemäß § 128 „haftet" B für die Verbindlichkeit der Gesellschaft, aber er „schuldet" nicht
b) Ja, denn die Privathaftung des Gesellschafters entspricht der Haftung des Bürgen (vgl. § 771 BGB)
c) Nein, G kann sogleich den B und dessen Privatvermögen in Anspruch nehmen.

**332** Aus der A-oHG scheidet der Gesellschafter C am 1.6. aus, während die oHG unter den übrigen Gesellschaftern fortgesetzt wird. Das Ausscheiden wird am 20.6. im Handelsregister eingetragen und am 25.6. bekannt gemacht. Am 15.5. hat Lieferant L mit der oHG einen Kaufvertrag abgeschlossen, in dessen Rahmen Gesellschafter A am 30.7. gegenüber L schuldhaft eine Pflichtverletzung begeht. Kann L den ihm durch diese Pflichtverletzung entstandenen Schaden nach h.M. von C ersetzt verlangen?

a) Uneingeschränkt ja
b) Nein
c) Nur, wenn L von dem Ausscheiden des C am 30.7. Kenntnis hatte.

## 4. KG

**333** Muss die „Pflichteinlage" des beschränkt haftenden Gesellschafters einer KG notwendig in Geld bestehen?

a) Ja, denn § 161 Abs. 1 spricht ausdrücklich von „Betrag"
b) Nein, notwendig ist nur, dass die Hafteinlage geldmäßig ausgedrückt werden kann, damit die Haftungsgrenze gegenüber den Gesellschaftsgläubigern festgesetzt wird
c) Ohne Einschränkung nein.

**334** Mit Zustimmung aller Gesellschafter beginnt die A-KG, die ein Handelsgewerbe nach § 1 Abs. 2 betreibt, ihre Geschäfte bereits vor Eintragung in das Handelsregister. Kommanditist K, der seine Einlage sofort voll geleistet hat, haftet für bis zur Eintragung begründete Verbindlichkeiten gegenüber Gutgläubigen persönlich

a) überhaupt nicht
b) nur bis zur Höhe seiner Einlage
c) in vollem Umfang.

**335** Unter einer „atypischen" KG versteht man eine KG, bei der

a) auf der Kommanditistenseite sehr viele, untereinander meist gar nicht bekannte Gesellschafter vorhanden sind (sog. …-KG)
b) entgegen dem gesetzlichen Leitbild der KG gemäß § 164 den Kommanditisten Geschäftsführungsbefugnisse und dann auch Vertretungsbefugnisse durch Erteilung von Handlungsvollmacht oder gar Prokura eingeräumt wurden
c) die Kommanditeinlagen über 100.000,– € je Kommanditist betragen.

## 5. Stille Gesellschaft

**336** Adelheid hat sich gesellschaftsvertraglich am Handelsgewerbe des Berthold mit einer in das Vermögen des Berthold übergegangenen Vermögenseinlage beteiligt und dabei vertraglich mehr Rechte eingeräumt erhalten, als nur die abschriftliche Mitteilung des Jahresabschlusses zu verlangen und dessen Richtigkeit unter Einsicht der Geschäftsbücher und Geschäftspapiere zu prüfen. Adelheid ist somit

a) Kommanditist
b) typischer stiller Gesellschafter
c) atypischer stiller Gesellschafter
d) Kreditgeber.

## 6. GmbH/UG

**337** § 54 S. 2 BGB besitzt im Recht der Handelsgesellschaften zwei deutliche Parallelbestimmungen. Um welche Normen (Angabe des Gesetzes nicht vergessen!) handelt es sich?

§§ …

**338** Bei den Handelsgesellschaften mit juristischer Persönlichkeit, namentlich bei der GmbH und der AG, werden deren unterschiedliche Entwicklungsstadien mit Vorgründungsgesellschaft und Vorgesellschaft bezeichnet. Unter Vorgesellschaft versteht man demnach die Gesellschaft nach … und … Eintragung im Handelsregister.

**339** Wie sich aus § … GmbHG ergibt, sind bei Gründung einer GmbH als Stammeinlagen

a) nur Sacheinlagen
b) auch Sacheinlagen
c) nur Geldeinlagen

zugelassen.

**340** Existenzgründer G möchte sein Unternehmen aus Haftungsgründen unbedingt in der Rechtsform einer juristischen Person führen, verfügt aber weder über die zur GmbH-Gründung erforderlichen 25.000,– € noch über dementsprechende Sachwerte. Seine Versuche, Mitgesellschafter oder andere Kapitalgeber zu finden, sind erfolglos geblieben. In dieser Lage

a) muss G auf die Realisierung seiner Geschäftsidee verzichten
b) kann G eine Einmann-GbR gründen, da diese kein gesetzlich vorgeschriebenes Mindestkapital braucht
c) kann G eine UG (haftungsbeschränkt) gründen, da diese kein gesetzlich vorgeschriebenes Mindestkapital braucht.

**341** Geschäftsführer einer GmbH können sein:

a) Gesellschafter
b) Nicht-Gesellschafter
c) Beschränkt Geschäftsfähige
d) Juristische Personen.

**342** Notwendige Organe einer GmbH sind:

a) die Gesamtheit der Gesellschafter
b) der (oder die) Geschäftsführer
c) der Vorstand
d) der Verwaltungsrat
e) der Beirat
f) der Aufsichtsrat.

**343** Das Stammkapital einer GmbH beträgt 50.000,– €, das Gesellschaftsvermögen 270.000,– €. Gläubiger X hat gegen die GmbH eine Forderung aus Liefervertrag über 250.000,– €. In welcher Höhe haftet die GmbH für diese ihre Verbindlichkeit?

… €.

**344** Nachschusspflichten auf gesellschaftsvertraglicher Grundlage sind zulässig für Gesellschafter

a) der GbR
b) der oHG
c) der KG, aber nur für die Komplementäre
d) der GmbH
e) der AG.

**345** „Gesellschaft mit beschränkter Haftung" ist

a) eine gesetzlich festgelegte, im Grunde aber wenig glückliche, die rechtliche Konstruktion nicht zutreffend beschreibende Bezeichnung
b) eine rechtlich präzise Beschreibung dieser Gesellschaftsform
c) ein ungenauer Sprachgebrauch auch für die Kommanditgesellschaft und die Partnerschaftsgesellschaft.

## 7. AG

**346** Der Vorstand einer AG wird bestellt durch

a) die Gesellschafter (Aktionäre) in ihrer Hauptversammlung
b) die Gesellschafter außerhalb der Hauptversammlung
c) den Aufsichtsrat
d) den Verwaltungsrat.

**347** Die Vertretung der AG

a) ist ausschließlich Sache des Vorstandes
b) obliegt für gesetzlich bestimmte Fälle dem Aufsichtsrat
c) kann durch die Satzung der Hauptversammlung zugewiesen werden.

**348** Kann der Aufsichtsrat einer AG über die Auswahl der Vorstandsmitglieder hinaus (vgl. § 84 AktG) Einfluss auf die einzelnen konkreten Maßnahmen der Geschäftsleitung nehmen?

a) Nein, der Aufsichtsrat ist gemäß § … ausnahmslos auf die Überwachung der Geschäftsführung, also auf die nachträgliche Überprüfung, beschränkt
b) Ja, gemäß § …, und zwar auch dann, wenn die Satzung kein Zustimmungserfordernis enthält
c) Ja, gemäß § …, wenn und soweit die Satzung die Geschäftsführung des Vorstandes von der Zustimmung des Aufsichtsrates abhängig macht.

**349** Nach welcher Norm muss sich die AG ein zum Schadensersatz verpflichtendes Verhalten ihrer Organe zurechnen lassen?

§ … 31 BGB

**350** Die Mitgliedschaft in einer Aktiengesellschaft wird nach der gesetzlichen Regel übertragen

a) durch Übereignung der Aktienurkunde
b) durch Einigung über den Mitgliedswechsel und Übergabe der Aktienurkunde
c) durch bloße Übergabe der Aktienurkunde
d) lediglich durch Einigung über den Mitgliedswechsel, während die Übergabe der Aktienurkunde nur rechtsbezeugend (deklaratorisch) wirkt.

# IV. Übergreifende Aufgaben

Die nachfolgenden 25 Aufgaben behandeln Fragen des wirtschaftsnahen Bürgerlichen Rechts und des Handelsrechts *themenübergreifend* anhand konkreter Fallsituationen. Jeder Aufgabe sind fünf Aussagen (aufgeführt unter a) bis e)) zugeordnet, die daraufhin überprüft werden müssen, ob sie zutreffen oder nicht – nur die zutreffenden Aussagen sind zu markieren. Pro Aufgabe sind fünf Minuten Bearbeitungszeit vorgesehen, es ist jeweils mindestens eine der zugeordneten Aussagen zutreffend. Die Aufgaben sind ganz überwiegend Abschlussprüfungen zu den Grundzügen des Wirtschaftsprivatrechts an der Universität Paderborn entnommen.

### 351 Der Rücktritt

Käufer K ist vom – wirksam geschlossenen – Kaufvertrag mit Verkäufer V wegen eines bestehenden Sachmangels der Kaufsache wirksam zurückgetreten. K hatte den Kaufpreis bereits bezahlt.

a) Die Entstehung eines Rücktrittsrechts des Käufers wegen Mängeln der Kaufsache setzt voraus, dass der Verkäufer das Vorliegen des Sachmangels zu vertreten hat.
b) Durch das von K wirksam ausgeübte Rücktrittsrecht wandelt sich das bestehende vertragliche Schuldverhältnis in ein sachenrechtliches Rechtsverhältnis um.
c) Durch das von K wirksam ausgeübte Rücktrittsrecht wandelt sich das bestehende vertragliche Schuldverhältnis in ein Rückgewährschuldverhältnis um.
d) K kann von V nach wirksamer Erklärung des Rücktritts Rückzahlung des bereits entrichteten Kaufpreises verlangen, Zug um Zug gegen Rückgabe der (bei K befindlichen) Kaufsache.
e) V kann von K Ersatz des sogenannten Vertrauensschadens verlangen, da es ja K war, der den bestehenden Kaufvertrag durch seine Rücktrittserklärung aufgelöst hat.

### 352 Das Notebook

Am Mittag schließt Student K mit Student V in der Mensa der Universität einen Kaufvertrag über ein gebrauchtes, dem V gehörendes Notebook, das sich in der Wohnung des V befindet. Abredegemäß soll K dort am Abend erscheinen und das Notebook gegen Bezahlung des Kaufpreises ausgehändigt erhalten. Während K und V am Nachmittag Lehrveranstaltungen besuchen, entwendet der unbekannte Einbrecher D das Notebook aus der Wohnung des V und nimmt es an sich. Erst am Abend bemerken K und V den Einbruchdiebstahl und die Entwendung des Notebooks.

a) Am Abend des fraglichen Tages ist V (noch immer) Eigentümer des Notebooks.
b) Am Abend des fraglichen Tages ist K Eigentümer des Notebooks.
c) Am Abend des fraglichen Tages ist D Eigentümer des Notebooks.
d) Ein Notebook ist eine Sache i.S. des BGB.
e) Soweit davon auszugehen ist, dass der Verbleib des Notebooks dauerhaft nicht aufgeklärt werden kann, ist der Anspruch des K gegen V auf Übereignung des Notebooks erloschen.

### 353 Die Schieferplatten

Am 1.6. kauft Kaufmann K bei Kaufmann V 100 näher bezeichnete Schieferplatten (40 cm × 40 cm) zum Stückpreis von 10 €. Zugleich wird Anlieferung der Ware im Geschäft des K am 5.6. vereinbart. Am 2.6. entdeckt K bei Kaufmann D identische Platten, die zu 8 € pro Stück angeboten werden. K kauft sogleich 100 Platten bei D und erklärt gegenüber V im Anschluss per E-Mail „die Anfechtung des Kaufvertrages vom 1.6.", da er (K) sich über die „hoffnungslos überteuerten" Preise bei V geirrt habe, was ihm erst durch die „marktkonforme Preisgestaltung" des D klar geworden sei.

a) V kann von K trotz der erklärten Anfechtung Zahlung des Kaufpreises Zug um Zug gegen Übereignung der Ware verlangen, da der am 1.6. geschlossene Kaufvertrag weiterhin gültig ist.
b) V kann von K angesichts der erfolgreichen Anfechtung der Willenserklärung des K nicht mehr Zahlung des Kaufpreises, sondern nur noch Ersatz des Vertrauensschadens verlangen.
c) K kann zwar seine zum Kaufvertragsschluss mit V führende Willenserklärung nicht wirksam anfechten, jedoch liegt wegen der überhöhten Preisgestaltung des V ein Sachmangel der Kaufsache vor, der K zur Ausübung der Käuferrechte wegen Sachmängeln nach § 437 BGB berechtigt.
d) D kann von K Zahlung des Kaufpreises wegen des am 2.6. zwischen D und K geschlossenen Kaufvertrags Zug um Zug gegen Übereignung der Platten verlangen.
e) Die Erklärung einer Anfechtung per E-Mail ist grundsätzlich unwirksam, weshalb die Anfechtung der Willenserklärung des K gegenüber V bereits aus *diesem* Grund unbeachtlich ist.

## 354 Der Industriestaubsauger

Einzelkaufmann E, der ein Geschäft für Schreibwaren betreibt, erteilt seinem Angestellten A mündlich eine „Vollmacht für den Betrieb des Handelsgewerbes", die A lediglich berechtigen soll, namens des E im Geschäft vorrätige Ware an Kunden zu verkaufen und, falls die Vorräte erschöpft sind, neue Schreibwaren von Großhändlern einzukaufen. In Abwesenheit des E schließt A namens des E in den Geschäftsräumen mit Verkäufer V einen Kaufvertrag über einen Industriestaubsauger, da A der Meinung ist, E benötige einen solchen für die Geschäftsräume. E ist mit dem Kaufvertrag definitiv nicht einverstanden, da er – was A nicht wusste – beabsichtigt, künftig ein Reinigungsunternehmen mit der Reinigung der Geschäftsräume zu beauftragen und kein Bedarf für den Staubsauger besteht. Bisher hatte V weder mit E noch mit A Verträge abgeschlossen und er kannte auch nicht die Einzelheiten der dem A eingeräumten Vollmacht.

a) Da E Kaufmann nach HGB ist, muss die oben angesprochene „Vollmacht für den Betrieb des Handelsgewerbes" nach § 140 BGB in eine Prokura nach §§ 48 ff. HGB umgedeutet werden.
b) V kann von E verlangen, dass er dem zwischen A und V vereinbarten Vertrag zustimmt; in der Folge kann V sodann Kaufpreiszahlung von E verlangen.
c) Wegen des Kaufgeschäfts über den Staubsauger kann V den A wahlweise auf Vertragserfüllung oder auf Schadensersatz in Anspruch nehmen.
d) Eine Vollmacht ist eine auf Rechtsgeschäft beruhende Vertretungsmacht.

e) Da die oben angesprochene Vollmacht von E lediglich mündlich und damit nicht formwirksam erteilt wurde, stehen V Ansprüche weder gegen E noch gegen A zu.

**355 Fixe Transistoren**

Geschäftsführer G der K-GmbH, einer Herstellerin von Computerzubehör, kauft namens der GmbH beim Großhändler V, der ein im Handelsregister eingetragenes einzelkaufmännisches Unternehmen betreibt, am 1.6. 1.000 näher bezeichnete Transistoren, laut schriftlichem Vertrag *„zur Anlieferung am 10.6. fix"*. Am späten Nachmittag des 10.6. ist die Ware noch nicht am Geschäftssitz der K eingetroffen.

a) Zwischen K und V wurde ein Handelsgeschäft i.S. der §§ 343 ff. HGB abgeschlossen.
b) Zwischen K und V wurde ein Handelsgeschäft i.S. der §§ 22 ff. HGB abgeschlossen.
c) Zwischen G und V wurde ein Handelsgeschäft i.S. der §§ 343 ff. HGB abgeschlossen.
d) Die zwischen K und V vertraglich getroffene Abrede stellt ein sogenanntes relatives Fixgeschäft dar.
e) Falls K mit Ablauf des 10.6. noch immer auf Lieferung der Ware besteht, muss sie ihr fortbestehendes Erfüllungsverlangen sofort dem V anzeigen (bzw. durch einen Vertreter anzeigen lassen).

**356 Der Rollkoffer**

Kurz vor Antritt einer Urlaubsreise hat Frau K im Geschäft des Händlers H einen fabrikneuen Rollkoffer gekauft. Während des Urlaubs fallen zwei der vier Rollen ab, ohne dass der Koffer durch Frau K oder Dritte beschädigt oder manipuliert wurde. Nach ihrer Rückkehr aus dem Urlaub geht K im Geschäft des H vorbei und verlangt unter Vorlage des Koffers, der abgefallenen Rollen sowie des Kassenbons ein neues Kofferexemplar gegen Rückgabe des alten inklusive der abgefallenen Rollen. H behauptet, der Koffer habe seine Geschäftsräume in einwandfreiem Zustand verlassen, was K mit dem Koffer im Urlaub gemacht habe, sei „ihre Sache" und brauche ihn nicht zu interessieren. Er werde den Koffer „unter keinen Umständen zurücknehmen". Im Vertrag wurden keine besonderen Regelungen hinsichtlich Mängelgewährleistungsrechten vereinbart.

a) K kann von H Übereignung eines neuen, mangelfreien Kofferexemplars verlangen, Zug um Zug gegen Rückgabe des erworbenen Kofferexemplars nebst Rollen.
b) Anstelle der Nachlieferung kann K von H auch Reparatur des erworbenen Koffers verlangen, wobei die anfallenden Reparaturkosten von H zu tragen sind.
c) Angesichts des geschilderten Verhaltens des H könnte K auch, anstatt Nacherfüllung zu verlangen, vorbehaltlich einer entsprechenden Erklärung ohne Weiteres vom Kaufvertrag mit H zurücktreten.

d) K stehen gegen H keine Rechte wegen Mängeln des erworbenen Koffers zu, da vorliegend nicht sämtliche tatbestandlichen Voraussetzungen für die Entstehung solcher Rechte gegeben sind.
e) Durch eine entsprechende einzelvertraglich ausgehandelte Regelung mit K hätte H auch das mangelbedingte Nacherfüllungsrecht gänzlich ausschließen und K stattdessen auf Rücktritts- und Minderungsrechte wegen Sachmängeln verweisen können.

**357 Die Abtretung**

Kaufmann V steht gegen Kaufmann K eine noch nicht erfüllte Kaufpreisforderung in Höhe von 500 € zu. Da V dringend liquide Mittel benötigt, verkauft er die Forderung, ohne Wissen des K, zum Preis von 400 € an D und tritt sie wirksam an diesen ab. In Unkenntnis der Abtretung zahlt K, nach Durchsicht seiner noch ausstehenden Verbindlichkeiten, kurz darauf 500 € per Banküberweisung auf das Konto des V, dem der Betrag gutgeschrieben wird. Wenige Tage später meldet sich D bei K, legt die Abtretung der Forderung offen und verlangt von K Zahlung in Höhe von 500 € an sich. Zwischen K und V wurde kein Abtretungsverbot vereinbart.

a) K braucht den von D begehrten Betrag in Höhe von 500 € nicht zu zahlen, da K die Kaufpreisforderung durch Zahlung an V trotz erfolgter Abtretung bereits wirksam erfüllt hat.
b) Da die Kaufpreisforderung zum Zeitpunkt der Zahlung durch K nicht länger V zustand, hat K auf eine nicht (mehr) bestehende Schuld geleistet. Deshalb muss K Zahlung in Höhe von 500 € an D leisten, K kann jedoch die an V gezahlten 500 € von diesem zurückverlangen.
c) Die Abtretung der Kaufpreisforderung von V an D stellt ein Verfügungsgeschäft dar.
d) Die Abtretung der Kaufpreisforderung von V an D ist bereits deshalb unwirksam, da K als Forderungsschuldner von der Abtretung nichts wusste und nicht darin eingewilligt hat. Aus diesem Grund ist D nicht berechtigt, von K Zahlung in Höhe von 500 € zu fordern.
e) D kann weiterhin Zahlung von K verlangen, allerdings nur in Höhe von 400 €, da er (D) für den Erwerb der Kaufpreisforderung ja auch lediglich 400 € an V bezahlt hat.

**358 Die Gastwirtstische**

Gastwirt G möchte zehn Holztische aus seinem Gastraum neu lackieren lassen und vereinbart mit Schreiner S vertraglich, dass dieser die Tische mit einem näher bezeichneten, von S selbst herzustellenden Öl-Wachs-Gemisch zum Gesamtpreis von 1.000 € fachgerecht lackieren soll. Vier Wochen nach Rückgabe und Abnahme der Tische sowie Zahlung der Vergütung stellt sich heraus, dass die Tischoberflächen verkleben und daher Anlass zu Beanstandungen durch Gäste wegen beschmutzter Kleidungsstücke bieten. Ursache für die Verklebungen ist die fehlerhafte Zusammensetzung des Gemischs durch S. S bestreitet rundweg jegliche Fehler und behauptet stattdessen (unzutreffend), G habe die

Tische offenbar falsch gelagert oder im Freien bei Regenfeuchte stehen lassen und sei daher „selbst schuld". Er (S) werde jedenfalls „keinerlei Rechte des G wegen der Lackierung der Tische zugestehen".

a) G ist berechtigt, auf Kosten des S eine geeignete Neulackierung der Tische selbst vorzunehmen oder durch einen Dritten vornehmen zu lassen.
b) G kann von S einen angemessenen Vorschuss für die im Zuge der erforderlichen nochmaligen Neulackierung mutmaßlich anfallenden Kosten verlangen.
c) Anstelle einer Selbstbeseitigung des Mangels könnte G die Tische im derzeitigen Zustand behalten und, nach entsprechender Erklärung gegenüber S, die vereinbarte Vergütung unter Beachtung des Mangels anteilig herabsetzen und die Differenz zur Höhe der bereits gezahlten Vergütung von S zurückverlangen.
d) Indem S eine wesentliche, ihm obliegende vertragliche Pflicht – die ordnungsgemäße Zusammenstellung des anschließend aufzubringenden Gemischs – fehlerhaft erfüllt hat, ist der Vertrag nichtig geworden, weshalb S und G gegeneinander keine Ansprüche aus dem Vertrag mehr zustehen.
e) Vier Wochen nach Rückgabe der Tische kann G überhaupt keine auf Vertrag beruhenden Rechte wegen der Lackierung mehr gegenüber S geltend machen, da eine Mängelrüge zu diesem Zeitpunkt verspätet ist.

### 359 Im Buchladen

Frau K möchte sich im Buchladen der B nach einer passenden Lektüre für die Urlaubsreise umsehen. Der bei B angestellte Mitarbeiter M ist gerade dabei, die Buchregale umzuräumen. Da sich ein größeres Buch im obersten Regal verkantet hat, zieht M mit unnötig brachialer Gewalt daran, um es herauszubekommen. Plötzlich löst sich das Buch unvermittelt, fliegt quer durch den Geschäftsraum und trifft die vor Regalen stehende und Bücher sichtende K am Kopf. K erleidet dadurch schwere Kopfverletzungen, welche im Krankenhaus behandelt werden müssen. Nach ihrer Genesung verlangt K von B immateriellen Schadensersatz wegen der im Buchladen erlittenen Körperverletzung.

a) K ist berechtigt, von B Schadenersatz nach §§ 437 Abs. 3, 280 Abs. 1 BGB in Verbindung mit § 278 BGB zu verlangen.
b) K ist berechtigt, von B Schadensersatz nach §§ 311 Abs. 2, 280 Abs. 1, 241 Abs. 2 BGB in Verbindung mit § 278 BGB zu verlangen.
c) Ein Anspruch auf Schadensersatz steht K gegen B ausschließlich nach deliktsrechtlichen Vorschriften, nicht jedoch aufgrund vertraglicher oder vorvertraglicher Pflichtverletzung zu.
d) B braucht überhaupt keinen Schadensersatz an K zu leisten, wenn und soweit sie (B) beweisen kann, dass sie M sorgfältig ausgewählt, angeleitet und bei der Ausübung seiner Tätigkeiten überwacht hat und M ansonsten immer sorgfältig und besonnen gearbeitet hat.
e) Sollte es zu einem Gerichtsprozess kommen, wird die Höhe des Schmerzensgeldes, falls B zur Zahlung von Schmerzensgeld verpflichtet sein sollte, nach billigem Ermessen des zuständigen Gerichts festgelegt.

## 360 Der Aufstrich

Hersteller H erwirbt jeweils auf kaufvertraglicher Grundlage 400 kg Nüsse von N und 800 kg Kakaobohnen von K, um daraus – unter Hinzufügung weiterer Zutaten – Schoko-Nuss-Creme als Brotaufstrich zu produzieren. Der Wert des Aufstrichs übersteigt den Wert der verwendeten Zutaten deutlich. Nach Herstellung des Aufstrichs stellt sich bei Überprüfung der Unternehmensfinanzen heraus, dass H zwar die von N erworbenen Nüsse, jedoch nicht die von K erworbenen Bohnen bezahlen kann. Laut Kaufvertrag mit K hat H das Eigentum an den Kakaobohnen „unter dem Vorbehalt vollständiger Kaufpreiszahlung" erworben, wobei H jedoch „zur Veräußerung und Verwendung der Kaufsache im ordentlichen Geschäftsverkehr" gegen Vorausabtretung der bei Weiterveräußerung erlösten Kaufpreisforderungen berechtigt sein soll. Hingegen wurde vertraglich nicht vereinbart, dass K Eigentümer des durch Verarbeitung hergestellten Produkts (etwa im Wege eines vorweggenommenen Besitzkonstituts) werden soll.

a) H ist Alleineigentümer des von ihm hergestellten Aufstrichs, mit allen darin befindlichen Stoffen, geworden.
b) K und N sind neben H anteilig Miteigentümer des von H hergestellten Aufstrichs geworden.
c) Durch Herstellung des Aufstrichs hat zwar N das Eigentum an den Nüssen verloren, hingegen ist K weiterhin Eigentümer der Kakaobohnen geblieben.
d) K kann von H auch nach Herstellung des Aufstrichs weiterhin Zahlung des Kaufpreises für die Kakaobohnen verlangen. Daneben steht K gegen H ein Anspruch auf Wertersatz für den Eigentumsverlust an den Kakaobohnen nach bereicherungsrechtlichen Grundsätzen zu, wenn und soweit die tatbestandlichen Voraussetzungen einer Eingriffskondiktion gegeben sind.
e) Wenn und soweit H finanziell nicht in der Lage ist, die von K erworbenen Kakaobohnen zu bezahlen, ist der Kaufpreiszahlungsanspruch des K gegen H wegen Unmöglichkeit erloschen.

## 361 Der Prokurist der GmbH

Geschäftsführer G der XY-GmbH (kurz: XY) hat vor einigen Wochen namens der GmbH den engagierten Mitarbeiter P zum Prokuristen der XY ernannt. Die Prokuraerteilung wurde in das Handelsregister korrekt eingetragen und bekannt gemacht. Zugleich wurde der zwischen P und der XY bestehende Arbeitsvertrag wirksam um eine Klausel ergänzt, wonach P als Prokurist nur Geschäftsvorfälle bis zu einem Finanzierungsvolumen von maximal 10.000 € ohne Rücksprache mit der Geschäftsführung vornehmen darf, in allen anderen Fällen bedarf er der vorherigen Zustimmung der Geschäftsführung. Nachdem P eine Reihe von für die GmbH unvorteilhaften Geschäften vorgenommen hat, entzieht G namens der XY P die Prokura wieder, was jedoch nicht zur Eintragung ins Handelsregister angemeldet wird. Im Bewusstsein des Widerrufs der Prokura schließt P als Prokurist und in Vertretung der XY mit Fahrzeughändler H einen Kaufvertrag über einen Firmenwagen zu 20.000 €. H, der in der Vergangenheit schon häufiger

Verträge mit der XY geschlossen hat, hatte bei Vertragsschluss noch nicht vom Widerruf der Prokura erfahren.

a) G konnte dem P überhaupt nicht wirksam Prokura erteilen, da nicht er (G), sondern die XY Inhaber des Handelsgeschäfts ist.
b) Eine Beschränkung der Vertretungsberechtigung eines Prokuristen ist im Innenverhältnis zwischen dem Kaufmann und dem Prokuristen zulässig.
c) Die Prokura stellt eine auf Rechtsgeschäft beruhende Vertretungsmacht dar.
d) H kann von der XY Zahlung des Kaufpreises in Höhe von 20.000 € verlangen, Zug um Zug gegen Übereignung des Wagens.
e) Die XY braucht den Kaufpreis nicht an H zu bezahlen, da G bereits vor Abschluss des Kaufvertrages namens der XY die zuvor bestehende Prokura des P wirksam widerrufen hat.

**362 Die Zementsäcke**

B ist Inhaber eines im Handelsregister eingetragenen Einzelhandelsgeschäfts für Baustoffzubehör in Paderborn. Er schreibt der G-GmbH (kurz: G), einer Großhändlerin für Baustoffe, mit der B schon seit Jahren zusammenarbeitet, folgende E-Mail über sein geschäftlich genutztes E-Mail-Fach:

*Hiermit bestelle ich aus Ihrem Sortiment nochmals 100 Säcke Zement à 50 Liter Modell „Trittfest" des Herstellers Steinhart (Artikelnummer X123456) gemäß Ihrer Preisliste Nr. 14 vom 2.1.2016. Lieferung bis 10.4.2016 an meinen Ihnen bekannten Geschäftssitz.*

*Paderborn, den 2.4.2016 // (Name des B)*

Die E-Mail kommt zwar im für die Verkaufsabteilung vorgesehen elektronischen Postfach der G an, wird dort jedoch über Wochen hinweg nicht gelesen, da der zuständige Mitarbeiter im Verkauf kurzfristig erkrankt und die stellenplanmäßige Vertretung mit dem Abruf der eingegangenen E-Mails überfordert ist. Die von B bestellte Ware ist tatsächlich in der oben genannten Preisliste der G aufgeführt.

a) Die E-Mail des B stellt eine Einladung des B an die G zur Abgabe eines (Verkaufs-)Angebots dar.
b) Die E-Mail des B stellt ein wirksames Angebot zum Abschluss eines Kaufvertrages gegenüber der G dar.
d) Die E-Mail des B stellt deshalb keine Willenserklärung zum Abschluss eines Kaufvertrages dar, weil darin nicht sämtliche vertragswesentlichen Bestandteile hinreichend genau bezeichnet werden.
d) Soweit sich die G (bzw. ein vertretungsberechtigter Mitarbeiter derselben) nicht bis einschließlich 10.4.2016 bei B meldet und den Abschluss des Vertrages ablehnt, kommt zwischen B und der G zum 11.4.2016 ein Kaufvertrag mit dem in der E-Mail des B bezeichneten Inhalt zustande.
e) Da die E-Mail im elektronischen Postfach der G nachweislich nicht vor dem 11.4.2016 abgerufen wurde, fehlt es am Zugang der von B abgesendeten Willenserklärung (gerichtet auf Abschluss eines Kaufvertrages mit der G).

**363 Die offene Forderung**

Im Jahr 2016 schuldet Kaufmann A dem Kaufmann B Kaufpreiszahlung in Höhe von 500 € aus einem im Jahr 2012 geschlossenen und seitens des B ordnungsgemäß erfüllten Kaufvertrag, bei dessen Abschluss keine Abtretungsverbote vereinbart wurden. B möchte die ausstehende Kaufpreiszahlung endlich geltend machen, bisher hat er weder mit A Verhandlungen über den Bestand oder die Durchsetzung des Anspruchs geführt noch gerichtliche Schritte zu dessen Geltendmachung eingeleitet.

a) Der Anspruch des B gegen A auf Kaufpreiszahlung ist im Jahr 2016 bereits durch Zeitablauf erloschen.
b) Gegen die Verjährungseinrede des A kann B den Anspruch auf Kaufpreiszahlung im Jahr 2016 nicht mehr gerichtlich durchsetzen.
c) B kann seine gegen A gerichtete Kaufpreisforderung im Jahr 2016 wirksam an einen Dritten abtreten.
d) Soweit die Abtretung wirksam ist, geht die Inhaberschaft an der abgetretenen Forderung auf den Neugläubiger (sog. Zessionar) über.
e) B kann den Kaufpreiszahlungsanspruch gegen A im Jahr 2016 nur noch dann durchsetzen, falls A im Zeitpunkt der Inanspruchnahme (noch) zahlungsfähig ist.

**364 Die Hundenäpfe**

K, Inhaber eines einzelkaufmännischen Geschäfts für Haustierbedarf in Minden, schließt am 20.5.2016 mit der Großhändlerin V-GmbH (kurz: V) einen Vertrag über die Lieferung von 500 näher bezeichneten Fressnäpfen für Hunde. Darin wird vereinbart: *„Lieferung fix am 1.6.2016. Zahlung nach Wareneingang"*. Am Abend des 1.6.2016 ist die bestellte Ware aufgrund fehlerhafter Personalplanung bei der V noch nicht bei K eingetroffen. Da K – wie man bei der V weiß – die Näpfe seinen Kunden vor allem im Hinblick auf eine am 5.6.2016 in Minden stattfindende Hundeleistungsschau anbieten möchte, erwägt er am Abend des 1.6., die benötigten Näpfe kurzfristig bei Händler H zu beschaffen, was allerdings im Vergleich zu den vertraglichen Bedingungen mit der V Mehrkosten in Höhe von 100 € verursachen würde.

a) Falls K nach Ablauf des 1.6.2016 doch noch Interesse an der Ware der V hat, muss er sein fortbestehendes Leistungsinteresse gemäß einer Vorgabe im HGB sofort der V anzeigen.
b) K kann erst dann vom Kaufvertrag mit der V zurücktreten, nachdem er der V eine ausreichend bemessene Frist zur Lieferung der Ware gesetzt hat und diese Frist erfolglos verstrichen ist.
c) Angesichts der Nichteinhaltung der fix vereinbarten Lieferfrist durch die V kann K nunmehr von der V kraft Gesetzes Schadensersatz in Höhe des doppelten Kaufpreises der Näpfe fordern.
d) Soweit K (bei weiterhin ausbleibender Lieferung durch die V) die Näpfe am 2.6.2016 bei H bestellt, kann er die Mehrkosten in Höhe von 100 € von

V ersetzt verlangen, falls er der V kein fortbestehendes Leistungsinteresse anzeigt.

e) Vertragliche Ansprüche des K gegen die V kommen bereits deshalb nicht in Betracht, da der Zeitraum zwischen dem Vertragsschluss und der Lieferung der Ware nicht ausreichend bemessen und aus diesem Grund kein wirksamer Vertragsschluss gegeben ist.

### 365 Rosenmontag

Der im Paderborner Handelsregister eingetragene Kaufmann K (der einen Blumenhandel betreibt) kauft beim im Handelsregister eingetragenen Kaufmann V (einem Floristikgroßhändler) 1.000 rote Rosen Güteklasse I, wobei Anlieferung am 8.2.2016 (Karnevalsmontag) um 9 Uhr am Geschäftssitz des K vereinbart wird. V trifft mit seinem Transportfahrzeug pünktlich und mit ordnungsgemäßer Ware beladen am Geschäftssitz des K ein, jedoch trifft V den K dort nicht an. Denn K steht in einem karnevalsumzugsbedingten Stau und eine mobiltelefonische Kommunikation ist zwischen K und V gerade aufgrund Überlastung des Telekommunikationsnetzes nicht möglich. Da K keine Mitarbeiter beschäftigt, macht sich V nach einer Stunde erfolgloser Wartezeit mit der Ware auf den Rückweg in sein Lager.

a) Indem K die ihm am 8.2.2016 um 9 Uhr an seinem Geschäftssitz angebotene Ware nicht angenommen hat, sind die zwischen K und V bestehenden vertraglichen Primäransprüche erloschen.
b) Indem K die ihm am 8.2.2016 um 9 Uhr an seinem Geschäftssitz angebotene Ware nicht angenommen hat, ist Unmöglichkeit der Leistung eingetreten.
d) V hat gegen K einen Anspruch auf Ersatz der Benzinkosten für die „erfolglose" Anfahrt am Morgen des 8.2.2016.
d) Zwischen K und V wurde ein Handelskauf i.S. der §§ 373 ff. HGB über die 1.000 Rosen vereinbart.
e) Sollte V mit seinem Transporter auf dem Weg zurück in sein Lager in einen Verkehrsunfall verwickelt werden, bei dem die transportierten Rosen zerstört werden, würde er auf jeden Fall seinen Anspruch gegen K auf Kaufpreiszahlung verlieren.

### 366 Die Hollywoodschaukel

Geschäftsführer G der K-GmbH (kurz: K) kauft namens der K bei der V-GmbH (kurz: V), welche Gartenmöbel herstellt und vertreibt, eine näher bezeichnete Gartenschaukel Modell „Hollywood" in Farbe alpinweiß. Im Vertrag werden keine Regelungen für den Fall des Eintretens vertraglicher Pflichtverletzungen getroffen. Nach Bezahlung der Ware wird aufgrund einer versehentlichen Fehlzuordnung im Lager der V eine qualitativ einwandfreie Schaukel „Hollywood" an die K (fristgerecht) ausgeliefert, allerdings in Farbe lindgrün. Die Farbabweichung fiel zunächst niemandem bei der K auf, da G zum Zeitpunkt der Anlieferung auf einer mehrwöchigen Geschäftsreise weilte, die Mitarbeiter der K über die Bestellung nicht informiert waren und sie die gelieferte Schaukel deshalb für unbestellte Ware hielten. Erst vier Wochen nach Lieferung wird die Farbabweichung von G namens der K-GmbH gegenüber der V beanstandet.

a) Der Abschluss des Kaufvertrags mit der V ist von der Vertretungsmacht des G gedeckt.
b) Vier Wochen nach Lieferung kann die K gegen den Willen der V keinen Anspruch auf Nachlieferung einer weißen Schaukel (Zug um Zug gegen Rückgabe der gelieferten grünen Schaukel) durchsetzen.
c) Aufgrund der erheblichen Farbabweichung der gelieferten Schaukel gegenüber der vertraglichen Festlegung ist die K ohne weiteres berechtigt, vom Kaufvertrag mit der V zurückzutreten.
d) Aufgrund der Fehlzuordnung im Lager der V steht der K gegen die V ein Anspruch auf Schadensersatz in Gestalt der Aufhebung des Kaufvertrages einschließlich Rückzahlung des Kaufpreises zu.
e) Die Lieferung einer lindgrünen Schaukel bedeutet, wenn vertraglich eine alpinweiße geschuldet wird, eine Eigentumsverletzung i.S. der deliktischen Haftung zu Lasten der K als Käuferin.

## 367 Der Fahrraddiebstahl

Im Jahre 2002 wird das markant aussehende Fahrrad des E von unbekannten Dieben gestohlen. Über nicht mehr nachvollziehbare Absatzkanäle gelangt das Gebrauchtrad zum Fahrradhändler F, der es – in Unkenntnis des Diebstahls – im Jahre 2003 von einem Kunden erwirbt und 2004 an X weiterveräußert, wobei X den F für den Eigentümer des Rades halten durfte. Im Februar 2016 entdeckt E „sein" Fahrrad im Vorgarten des X. E kann anhand von Bildern, Versicherungsunterlagen, Zeugenaussagen und Polizeiberichten beweisen, dass ihm das derzeit im Besitz des X befindliche Fahrrad anno 2002 gestohlen wurde und es sich zum Tatzeitpunkt in seinem (des E) Eigentum befand.

a) Der im Jahr 2004 zwischen F und X geschlossene Kaufvertrag über das Fahrrad war unwirksam.
b) Im Jahr 2004 konnte X das Eigentum am Fahrrad von F nicht wirksam durch Rechtsgeschäft erwerben.
c) Unter Berufung auf sein Eigentum kann E von X auch noch im Jahr 2016 die Herausgabe des Fahrrads verlangen.
d) Angenommen, E hätte das Fahrrad – bei im Übrigen unverändertem Sachverhalt – bereits im Jahr 2013 bei X entdeckt: Zu diesem Zeitpunkt hätte E (unter Berufung auf sein Eigentum) die Herausgabe des Fahrrades an sich von X verlangen können.
e) Zwar konnte X anno 2004 von F das Eigentum am Fahrrad nicht nach Vorschriften des BGB, wohl aber aufgrund von Vorschriften des HGB erwerben.

## 368 Vase und Einbrecher

K möchte im Einzelhandelsgeschäft der V eine schöne Vase zum Preis von 600 € erwerben. Da K den Kaufpreis nicht sofort bezahlen kann, vereinbaren K und V, dass K die Vase sofort kauft und mitnimmt, er jedoch den Kaufpreis in zwölf aufeinanderfolgenden Monatsraten à 50 € (zahlbar erstmals zum kommenden Monatsersten) erbringt und V bis zur vollständigen Bezahlung des Kaufpreises Eigentümerin bleibt. K stellt die Vase in seinem Wohnhaus auf, wo sie zwei Monate nach Erwerb durch einen ebenso unbekannten wie unachtsamen Einbrecher versehentlich zerstört wird, was durch Videoaufzeichnung nachverfolgt werden kann. Eventuelle Ansprüche gegen Haftpflicht- oder Schadensversicherungsunternehmen bestehen nicht, besondere Abreden über den Eigentumsvorbehalt wurden im Vertrag nicht getroffen.

a) Aufgrund der Zerstörung der Vase braucht K die weiteren Kaufpreisraten nicht mehr an V zu bezahlen.
b) Aufgrund der Zerstörung der Vase ist V berechtigt, den Rücktritt von dem mit K geschlossenen Kaufvertrag zu erklären.
c) Zum Zeitpunkt der Zerstörung der Vase steht V gegen den (bislang unbekannten) Einbrecher ein Anspruch auf Schadensersatz wegen der Zerstörung der Vase zu.
d) Die Wirksamkeit des zwischen K und V geschlossenen Kaufvertrags wird durch die spätere Zerstörung der Vase nicht berührt.
e) Aufgrund der einbruchdiebstahlbedingten Zerstörung der Vase kann K den mit V geschlossenen Kaufvertrag wirksam anfechten und auf diese Weise Rückzahlung des Kaufpreises gegen Rückgabe der Vasenscherben verlangen.

**369 Der Einzelkaufmann**

Kaufmann K ist im Handelsregister unter der Handelsfirma *K Im- und Export e. K.* eingetragen. Frau F möchte dem einzelkaufmännisch geführten Handelsgeschäft des K beitreten.

a) In seiner Eigenschaft als Kaufmann nach dem HGB ist K zugleich Unternehmer i.S. des § 14 BGB.
b) Der auf Willensübereinstimmung beruhende Beitritt der F zum Handelsgeschäft des K setzt den wirksamen Abschluss eines Rechtsgeschäfts zwischen F und K voraus.
c) Durch den Eintritt der F in das einzelkaufmännische Handelsgeschäft von K entsteht eine Handelsgesellschaft.
d) F müsste im Falle eines Beitritts zum einzelkaufmännischen Unternehmen für Verbindlichkeiten, die – vor ihrem Beitritt – im Handelsgeschäft des K entstanden sind, zwingend persönlich haften.
e) Der beabsichtigte Beitritt der F ist rechtlich überhaupt nicht möglich, da es sich bei dem kaufmännischen Unternehmen des K erkennbar um ein *einzel*kaufmännisches Unternehmen handelt.

**370 Hundebedarf**

Einzelkauffrau K ist Inhaberin eines Handelsgeschäfts für exklusiven Hundebedarf. Zur Bestellung ihrer Waren von Lieferanten verwendet sie regelmäßig die von ihr ausgearbeiteten „generellen Einkaufsbedingungen". Klausel Ziffer 11 dieser Bedingungen lautet:

*„Soweit das Rechtsgeschäft für beide Vertragsparteien einen Handelskauf im Sinne der §§ 343 ff. HGB darstellt, wird das gesetzliche Erfordernis der Mängelrüge einvernehmlich abbedungen".*

K weist in ihren Bestellschreiben gegenüber ihren Lieferanten stets auf die Geltung ihrer generellen Einkaufsbedingungen hin, verbunden mit dem Hinweis, diese würden „bei Bedarf zur Verfügung gestellt".

a) Die generellen Einkaufsbedingungen der K stellen Allgemeine Geschäftsbedingungen i.S. der §§ 305 ff. BGB dar.
b) Die generellen Einkaufsbedingungen der K können auf die oben geschilderte Weise wirksam in Verträge, die sie (als Käuferin) mit Unternehmern i.S. des § 14 BGB abschließt, einbezogen werden.
d) Durch Klausel Ziffer 11 wird K als Käuferin unter den in der Klausel genannten Voraussetzungen wirksam von einer Untersuchungs- und Rügeobliegenheit hinsichtlich Mängeln der Kaufsache befreit.
d) Soweit K mit einzelnen Vertragspartnern gesonderte Absprachen trifft, gehen diese den einzelnen Klauseln der generellen Einkaufsbedingungen der K vor.
e) Die Auslegung einer unklar gefassten Klausel in Allgemeinen Geschäftsbedingungen geht zu Lasten des Verwenders dieser Bedingungen.

## 371 Der Grundstückskauf

Kaufmann K möchte ein weiteres Betriebsgrundstück erwerben. Er einigt sich vorab mit Verkäufer V, der ein geeignetes Grundstück anbietet, auf einen Kaufpreis von 300.000 €. Um Grunderwerbssteuern und Notargebühren zu sparen, geben die Vertragsparteien vor dem Notar übereinstimmend einen Kaufpreis von 200.000 € an, sodass ein Kaufvertrag über diese Kaufpreishöhe notariell beurkundet wird. Nach Abschluss des notariellen Kaufvertrages besteht V auf Zahlung von 300.000 €; derweil hat K, der für das Grundstück definitiv bloß 200.000 € zahlen möchte, sogleich nach Vertragsschluss ein Gutachten über die Prüfung der Bebaubarkeit des Grundstücks bei einem Architekten in Auftrag gegeben (gegen eine Vergütung von 5.000 €). Bisher sind weder die Auflassung des Grundstücks noch die Eintragung des K im Grundbuch, die nach §§ 873 ff., 925 f. BGB für einen Eigentumserwerb des Grundstückskäufers erforderlich sind, erfolgt.

a) K kann von V Übereignung des Grundstücks Zug um Zug gegen Zahlung eines Kaufpreises von 200.000 € verlangen.
b) V kann vom (insoweit nicht zahlungswilligen) K Zahlung von 300.000 € verlangen Zug um Zug gegen Übereignung des Grundstücks.
c) Grundstücke sind Sachen i.S. des BGB.
d) Der zwischen K und V abgeschlossene Grundstückskaufvertrag stellt, seine Wirksamkeit unterstellt, keinen Handelskauf i.S. der §§ 373 ff. HGB dar.
e) Der zwischen K und dem Gutachter abgeschlossene Vertrag stellt einen Werkvertrag i.S. der §§ 631 ff. BGB dar.

### 372 Der Rasenmäher

Am 1.6.2015 schließen V und K einen Kaufvertrag über einen dem V gehörenden Rasenmäher, der in einem Schuppen auf dem Grundstück des V untergebracht ist, zum Kaufpreis von 500 €. Da die K den Rasenmäher nicht in ihrem Pkw *Smart for two* abtransportieren kann, vereinbart K mit V, dass sie den Rasenmäher zwar gleich bezahlen, jedoch erst am 3.6. gegen 18 Uhr mit einem größeren Pkw abholen wird. Im Laufe des 2.6. kommt es aufgrund unvorhergesehener starker, „sintflutartiger" Regenfälle zu einer Überschwemmung des am Grundstück des V vorbeifließenden Flusses, der den Schuppen samt Inhalt mit sich reißt. Dabei wird auch der Rasenmäher mitgerissen und durch Schlammmassen zerstört. In der Vergangenheit kam es noch nie zu Überschwemmungen dieses Flusses. Dennoch hatte der vorsichtige V u.a. eine Hochwasserversicherung abgeschlossen, der Schadensversicherer zahlt daraus an V 600 € wegen des Rasenmähers.

a) Der zwischen V und K geschlossene Kaufvertrag ist als von Anfang an nichtig anzusehen, da die von V geschuldete Leistung des Rasenmähers nicht mehr ordnungsgemäß erbracht werden kann.
b) K kann von V den bereits bezahlten Kaufpreis zurückfordern.
c) K kann von V Ersatz für die (Fahrt-)Kosten, die ihr im Zusammenhang mit der Anfahrt am 1.6. entstanden sind und die sich nunmehr als nutzlos herausstellen, verlangen.
d) K kann von V wegen der erbrachten Versicherungsleistung Zahlung in Höhe von 100 € verlangen.
e) V muss am Markt einen vergleichbaren Rasenmäher beschaffen und diesen K anstelle des durch das Hochwasser zerstörten Exemplars übereignen.

### 373 Die Druckmaschine

D, Inhaber eines Druckereibetriebes, kauft von der Großhändlerin G-GmbH (kurz: G) eine neue Druckmaschine des Herstellers H; im Vertrag ist Anlieferung „am 1.7." vereinbart. Durch schlechtes Auftragsmanagement bei G wird die Maschine erst zum 8.7. bei D angeliefert. Noch am selben Tag nimmt D sie erstmals in Betrieb, doch kommt es sogleich zu einem Zwischenfall, der zum Ausfall der Maschine und zur Vernichtung von in der Maschine befindlichem Papier, das im Eigentum des D steht, im Wert von 200 € führt. Ursache für den Zwischenfall war ein – weder für D noch für G erkennbarer – Fehler eines Sensors im Inneren der Maschine, der von einem sogleich über die G angeforderten Servicetechniker umgehend fachgerecht behoben wird. Um die Produktion aufrecht zu erhalten hatte D bereits am 2.7. eine Ersatzmaschine eines Spezialanbieters angemietet, für die er in der Zeit zwischen 2.7. und 8.7. 1.000 € Miete zahlen musste.

a) D kann von G Ersatz für die Mietkosten (1.000 €) für die Anmietung der Ersatzmaschine in der Zeit vom 2.7. bis 8.7. verlangen.
b) Der Anspruch des D gegen G auf Lieferung der Maschine bestand am Morgen des 2.7. fort.

c) D kann von G keinen Schadensersatz für das bei dem oben genannten Vorfall vernichtete Papier (in Höhe von 200 €) verlangen.
d) D war am 8.7., nach Eintritt des oben beschriebenen Zwischenfalls, nicht berechtigt, sogleich und ohne Weiteres vom Kaufvertrag mit G zurückzutreten.
e) Zwischen D und G ist kein Verbrauchsgüterkauf zustande gekommen.

### 374 Der Kühlschrank

K kauft vom Elektromarkt V-GmbH (kurz: V) einen fabrikneuen Kühlschrank des Herstellers H „unter Eigentumsvorbehalt". Vertragsgemäß zahlt er den Kaufpreis in 30 Monatsraten zu je 30 € ab. Nach dem Vertrag gelten die gesetzlichen Regelungen für einen Kauf unter Eigentumsvorbehalt.

a) Damit ist zwischen K und V ein Kaufvertrag zustande gekommen, dessen Geltung von der vollständigen Kaufpreiszahlung abhängig gemacht wird.
b) Der Übergang des Eigentums am Kühlschrank von V an K steht unter der aufschiebenden Bedingung der vollständigen Kaufpreiszahlung.
c) Als Vorbehaltskäufer kann K Übergabe der Kaufsache erst dann fordern, wenn er den Kaufpreis vollständig bezahlt hat.
d) Ein Eigentumsvorbehalt kann lediglich an beweglichen Sachen, jedoch nicht an Grundstücken vereinbart werden.
e) *Angenommen, K wurde der Kühlschrank unmittelbar nach Vertragsschluss übergeben*: Falls K mit der Zahlung der Monatsraten erstmalig in Verzug gerät, kann V den bereits übergebenen Kühlschrank sofort und unmittelbar zurückverlangen.

### 375 Der Goldring

Goldschmied G erwirbt von V einen näher gekennzeichneten Goldbarren zum Kaufpreis von 1.000 € (was dem Marktwert entspricht). G stellt aus diesem Goldbarren unter Hinzufügung weiterer Komponenten einen Ring her (Marktwert des Rings: 1.500 €), den er zum Kaufpreis von 1.700 € an die K verkauft und übereignet. Später stellt sich heraus, dass der von G verarbeitete Goldbarren vor einiger Zeit nachweislich dem Millionär M gestohlen wurde, was V, der den Goldbarren von einem unbekannten Dritten erwarb, ebenso wenig wissen konnte wie G und K.

a) Zwischen G und V ist kein wirksamer Kaufvertrag über den Goldbarren zustande gekommen.
b) Zwischen G und K ist ein wirksamer Kaufvertrag über den Ring zustande gekommen.
c) M kann von K Herausgabe des Rings verlangen.
d) G hatte (zwischenzeitlich) das Eigentum am Goldbarren aufgrund gesetzlicher Anordnung erlangt.
e) G hat das Eigentum am Ring durch Rechtsgeschäft erlangt.

Teil B

# Lösungen

## Lösungsübersicht

| | | | | | |
|---|---|---|---|---|---|
| 1 | d | 39 | b | 77 | a |
| 2 | c | 40 | a | 78 | c |
| 3 | c | 41 | a | 79 | d |
| 4 | b | 42 | c | 80 | c |
| 5 | d | 43 | c | 81 | c |
| 6 | d | 44 | c | 82 | c |
| 7 | b | 45 | c | 83 | c |
| 8 | c | 46 | d | 84 | b |
| 9 | a | 47 | a | 85 | c |
| 10 | c | 48 | c | 86 | a |
| 11 | a | 49 | c | 87 | a |
| 12 | c | 50 | c | 88 | a |
| 13 | a | 51 | c | 89 | a |
| 14 | d | 52 | a | 90 | c |
| 15 | a | 53 | d | 91 | b |
| 16 | c | 54 | a | 92 | d |
| 17 | a | 55 | d | 93 | b |
| 18 | b | 56 | a | 94 | b |
| 19 | b | 57 | c | 95 | b |
| 20 | c | 58 | a | 96 | a |
| 21 | d | 59 | a | 97 | c |
| 22 | b | 60 | b | 98 | a |
| 23 | a | 61 | a | 99 | c |
| 24 | b | 62 | b | 100 | c |
| 25 | c | 63 | a | 101 | a |
| 26 | b | 64 | b | 102 | a |
| 27 | b | 65 | d | 103 | d |
| 28 | a | 66 | c | 104 | d |
| 29 | c | 67 | a | 105 | b |
| 30 | c | 68 | c | 106 | b |
| 31 | a | 69 | c | 107 | c |
| 32 | c | 70 | c | 108 | c |
| 33 | a | 71 | d | 109 | a |
| 34 | a | 72 | b | 110 | c |
| 35 | c | 73 | a | 111 | c |
| 36 | b | 74 | b | 112 | b |
| 37 | b | 75 | a | 113 | a |
| 38 | b | 76 | d | 114 | a |

| | |
|---|---|
| 115 | b |
| 116 | Gestaltungs-, Form- |
| 117 | a, § 267 Abs. 1, § 293 f.; d, Sittenwidrigkeit, § 138 Abs. 1 |
| 118 | b, § 397 Abs. 1 |
| 119 | a, c |
| 120 | b |
| 121 | b, § 242 |
| 122 | a |
| 123 | a, b, e, f |
| 124 | a, c, f, g |
| 125 | a, c, d (§ 328) |
| 126 | b, §§ 362 Abs. 1, 407 Abs. 1; d, § 816 Abs. 2 |
| 127 | b |
| 128 | b, § 280 Abs. 1; c, § 823 Abs. 1 |
| 129 | c |
| 130 | b, § 275 Abs. 1; c, § 326 Abs. 2 S. 1 |
| 131 | c |
| 132 | c |
| 133 | c |
| 134 | c |
| 135 | § 311a Abs. 2; b |
| 136 | c |
| 137 | c, § 311a Abs. 1 |
| 138 | § 311a Abs. 1; c |
| 139 | § 311a Abs. 1; c |
| 140 | d |
| 141 | c |
| 142 | a |
| 143 | a |
| 144 | a |
| 145 | a |
| 146 | a, § 287 S. 2 |
| 147 | b |
| 148 | c, e |
| 149 | d |
| 150 | c |
| 151 | a, § 323 Abs. 1/ Abs. 2 Nr. 2 |
| 152 | b, c |
| 153 | c |
| 154 | c, e |
| 155 | c |
| 156 | a, § 823 Abs. 1; b, § 280 Abs. 1 i.V. mit § 278, § 831 Abs. 1 S. 1, Exkulpation |
| 157 | a, § 823 Abs. 1; b, § 280 Abs. 1 i.V. mit § 278, § 831 Abs. 1 S. 1, Exkulpation |
| 158 | c |
| 159 | b, § 275 |
| 160 | a |
| 161 | a |
| 162 | a, b, c |
| 163 | d, § 300 Abs. 1 |
| 164 | a, § 304 |
| 165 | d |
| 166 | d |
| 167 | b |
| 168 | a, b |
| 169 | c, §§ 275 Abs. 1, 326 Abs. 1 S. 1 |
| 170 | c |
| 171 | b |
| 172 | c |
| 173 | b |
| 174 | § 646, Vollendung |
| 175 | a |
| 176 | a |
| 177 | c, § 434 Abs. 1 S. 1, §§ 535 f. |
| 178 | d |
| 179 | 1 Million € |
| 180 | b, § 816 Abs. 1 S. 1 |
| 181 | b, § 812 Abs. 1 S. 1, 2. Alt. |
| 182 | b |
| 183 | a |
| 184 | c |
| 185 | a |
| 186 | a, § 15 Abs. 2; d, §§ 10 f. |
| 187 | c, § 823 Abs. 1, § 827 S. 2 |
| 188 | b |
| 189 | b, § 823 Abs. 1, § 826; c; d, § 253 Abs. 2 analog |
| 190 | c, d, e |
| 191 | c |
| 192 | b |
| 193 | a, § 856 Abs. 2 |
| 194 | b |
| 195 | a |
| 196 | c |
| 197 | b |
| 198 | b |
| 199 | c |
| 200 | d |
| 201 | d |
| 202 | b |
| 203 | b |
| 204 | c |
| 205 | d |
| 206 | b |
| 207 | a |
| 208 | b, § 854 Abs. 1, Einigung |
| 209 | b, § 1004 Abs. 1; c, § 1004 Abs. 2, § 905 S. 2 |
| 210 | c |
| 211 | b, akzessorisch |
| 212 | a, § 771 |
| 213 | b, § 427, § 421 |
| 214 | b |
| 215 | c |
| 216 | a |
| 217 | a |
| 218 | b |
| 219 | a |
| 220 | c |
| 221 | c, §§ 929 S. 1, 185 Abs. 1; §§ 362 Abs. 1, 407 Abs. 1 |
| 222 | c |
| 223 | a |
| 224 | c |
| 225 | c |
| 226 | c |
| 227 | a |
| 228 | b |
| 229 | a |
| 230 | a |
| 231 | b |
| 232 | d |
| 233 | c |
| 234 | c |

| | | | | | |
|---|---|---|---|---|---|
| 235 | a | 283 | b | 330 | c |
| 236 | d | 284 | c | 331 | c |
| 237 | b | 285 | c | 332 | a |
| 238 | a | 286 | c | 333 | b |
| 239 | b | 287 | a | 334 | c |
| 240 | b | 288 | a, b | 335 | a, (Publikums-); b |
| 241 | c | 289 | c | 336 | c |
| 242 | c | 290 | a | 337 | § 11 Abs. 2 GmbHG, § 41 Abs. 1 S. 2 AktG |
| 243 | b | 291 | b | 338 | Gründung, vor |
| 244 | a | 292 | b | 339 | § 5 Abs. 4 GmbHG, b |
| 245 | b | 293 | a | 340 | c |
| 246 | a | 294 | b | 341 | a, b |
| 247 | c | 295 | c | 342 | a, b |
| 248 | a | 296 | c | 343 | 250.000,– € |
| 249 | c | 297 | c | 344 | a, b, d |
| 250 | c | 298 | c, §§ 366 Abs. 1, 935 Abs. 1 S. 1 | 345 | a |
| 251 | a | 299 | a, b | 346 | c |
| 252 | b | 300 | a | 347 | b |
| 253 | c | 301 | c | 348 | c, § 111 Abs. 4 S. 2 AktG |
| 254 | a | 302 | a | 349 | § 31 BGB |
| 255 | c | 303 | a, § 377 Abs. 2 | 350 | a |
| 256 | c | 304 | c | 351 | c, d |
| 257 | c | 305 | d | 352 | a, d, e |
| 258 | c | 306 | c | 353 | a, d |
| 259 | a | 307 | b, e, f | 354 | c, d |
| 260 | b | 308 | d | 355 | a, d, e |
| 261 | a | 309 | c | 356 | a, b, c |
| 262 | b | 310 | c | 357 | a, c |
| 263 | a | 311 | c | 358 | a, b, c |
| 264 | b | 312 | c, actio pro socio | 359 | b, e |
| 265 | c | 313 | c | 360 | a, d |
| 266 | a | 314 | c | 361 | b, c, d |
| 267 | c | 315 | a | 362 | b |
| 268 | d | 316 | a | 363 | b, c, d |
| 269 | c | 317 | c | 364 | a, d |
| 270 | c | 318 | Nein, § 707 BGB | 365 | c, d |
| 271 | b | 319 | c | 366 | a, b |
| 272 | c | 320 | b | 367 | b, d |
| 273 | b | 321 | c | 368 | c, d |
| 274 | c | 322 | b | 369 | a, b, c |
| 275 | a | 323 | d | 370 | a, b, d, e |
| 276 | a | 324 | c | 371 | c, d, e |
| 277 | c | 325 | d | 372 | b, d |
| 278 | b | 326 | a | 373 | a, b, c, d, e |
| 279 | c | 327 | a, § 125 Abs. 2 S. 3 | 374 | b, d |
| 280 | c | 328 | a | 375 | b |
| 281 | c | 329 | a, §§ 130, 128 | | |
| 282 | b | | | | |

# I. Bürgerliches Recht*

## 1. Grundlagen

1 **Lösung:** d

Zwar ist unser Privatrecht überwiegend gesetzlich geregelt, insbes. durch die großen Kodifikationen des BGB und des HGB mit ihren zahlreichen Nebengesetzen (z.B. VerschG, WEG, AktG, GmbHG, GenG, ScheckG). Jedoch zählt auch das historisch ältere, aus der Rechtsüberzeugung der Betroffenen fließende Gewohnheitsrecht zu den anerkannten Quellen des heutigen Privatrechts (s. nur Art. 2 EGBGB, dessen Begriff „Rechtsnorm" das Gewohnheitsrecht mit umfasst); ihm verdankten wir z.B. bis zum Inkrafttreten des Schuldrechtsmodernisierungsgesetzes am 1.1. 2002 die nunmehr im BGB zu findenden Rechtsinstitute der positiven Vertragsverletzung (s. insbes. unten Nrn. 154 ff.) und des Verschuldens bei Vertragsschluss (s. unten Nrn. 159, 161 ff.). Daneben existiert *ferner,* aber keineswegs ausschließlich, das sog. Richterrecht, das durch staatsgerichtliche Grundsatzentscheidungen geschaffen wird. Innerhalb gewisser Grenzen ist diese richterliche „Fortbildung des Rechts" trotz des Verfassungsgrundsatzes der Gewaltenteilung auch legal und legitim (so ausdrücklich § 132 Abs. 4 GVG).

2 **Lösung:** c

Trotz seines äußeren Standortes innerhalb der Eingangsnormen des 2. Buchs des BGB stellt § 242 eine Generalklausel dar, die auch außerhalb des Schuldrechts überall dort anwendbar ist, „wo zwischen mehreren Personen eine rechtliche Sonderverbindung besteht", etwa auch im Sachenrecht, im Verfahrensrecht (Beispielsfall: Gegenüber einer Schiedsklage wendet der Beklagte die Unwirksamkeit der Schiedsabrede ein. Wird er daraufhin vor dem staatlichen Gericht verklagt, so verbietet ihm § 242 dort den Einwand, es liege doch eine wirksame Schiedsabrede vor, weshalb der fragliche Rechtsstreit vor ein Schiedsgericht gehöre.) und im sonstigen öffentlichen Recht. Der „Grundsatz von Treu und Glauben ... beherrscht das gesamte Rechtsleben" *(Brox/Walker,* AT, § 7 Rdnr. 1). Er ist indes keine „allgemeine Billigkeitsnorm ..., die es dem Richter gestattete, sich über gesetzliche Wertungen hinwegzusetzen", und dient „deshalb nicht dazu, selbstständig neue Rechtsinstitute zu schaffen; seine Aufgabe besteht vielmehr vornehmlich darin, bereits vorhandene Rechtssätze oder Rechtsbeziehungen nach ihrem Sinn und Zweck näher auszuformen oder die Grenzen einer formal gegebenen Rechtsstellung aufzuzeigen" *(Brox/Walker,* aaO, Rdnrn. 2 und 3).

3 **Lösung:** c

Die Verjährung bewirkt insbes. im Gegensatz zur Erfüllung (s. § 362) oder Aufrechnung (s. nur § 389) nicht den Wegfall der betreffenden Forderung, sondern gibt dem Schuldner nur eine Einrede, d.h. ein Leistungsverweigerungsrecht

* §§ ohne Zusatz sind solche des BGB.

(s. § 214 Abs. 1). Macht er davon Gebrauch – was in seinem Belieben steht und jedenfalls früher teilweise als „unfein" empfunden wurde –, wird die verjährte Forderung lediglich zu einer sog. Naturalobligation, deren Realisierung durch den Gläubiger nicht mehr möglich ist, die aber vom Schuldner noch erfüllt werden kann (s. § 214 Abs. 2). Beruft sich der Schuldner dagegen nicht auf die Verjährung, bleibt die fragliche Forderung normal durchsetzbar (s.a. *Schünemann*, S. 67).

**4 Lösung:** b

Das deutsche Privatrecht enthält im Gegensatz zu vielen anderen Rechten als Ausprägung der Privatautonomie u.a. auch das Prinzip der Testierfreiheit, d.h. das Recht einer natürlichen Person (also eines Menschen), grundsätzlich nach Belieben durch sog. Verfügung von Todes wegen – insbes. ein Testament – zu bestimmen, wer Erbe ihres Vermögens sein soll. Dabei ist es prinzipiell auch möglich, den Ehepartner oder die gemeinsamen Kinder vollständig zu „enterben", also einen Dritten zum alleinigen Erben einzusetzen (ein derartiges Testament, das z.B. die Geliebte eines verheirateten Erblassers als Alleinerbin bestimmt, kann allerdings u.U. sittenwidrig und damit nach § 138 Abs. 1 nichtig sein, vgl. nur *Rüthers/Stadler*, § 26 Rdnr. 31). Die dem Erblasser besonders nahe stehenden Personen (speziell Ehepartner und Kinder) haben aber das sog. Pflichtteilsrecht, das ihnen einen – lediglich schuldrechtlichen – Ausgleichsanspruch gegen den Erben auf Zahlung „der Hälfte des Wertes des [ohne das fragliche Testament angefallenen] gesetzlichen Erbteils" gewährt (s. §§ 2303 ff.).

## 2. Rechtssubjekte (insbesondere Rechtsfähigkeit)

**5 Lösung:** d

Die Rechtsfähigkeit betrifft allein die – primäre – Ebene der *Innehabung* von Rechten und Pflichten, also die Fähigkeit, Rechtssubjekt zu sein. Erst danach stellt sich die – sekundäre – Frage, ob ein Rechtssubjekt auch in der Lage ist, derartige Rechte und Pflichten durch *eigenes Verhalten* – unerlaubte Handlungen, Tathandlungen (Realakte), Rechtsgeschäfte etc. – *zu begründen*; sie wird durch die Lehre von den Handlungsfähigkeiten, insbes. der Geschäfts- und Deliktsfähigkeit, beantwortet (s. unten Nrn. 12 ff. und *Schünemann*, S. 21 f.).

**6 Lösung:** d

Die Erbfähigkeit setzt grundsätzlich die Rechtsfähigkeit voraus. Rechtsfähig sind generell nur Rechts*subjekte*. Tiere zählen aber, obwohl auch sie Lebewesen sind und § 90a S. 1 sie nicht (mehr) den Sachen zuordnet (vgl. aber S. 3), nicht zu den Rechtssubjekten. Deshalb sind sie nicht rechts- und damit nicht erbfähig. Der Erblasser kann „Lord" jedoch z.B. durch eine sog. Auflage i.S. der §§ 1940, 2192 ff. testamentarisch bedenken, d.h. den Erben oder einen Vermächtnisnehmer verpflichten, sich um das Pferd zu kümmern, insbes. es mit eigens dafür bestimmten Mitteln bis zu dessen Tod zu versorgen.

7 **Lösung:** b

Die Erbfähigkeit ist – wie eben erwähnt – ein Teil der Rechtsfähigkeit. Sie steht also grundsätzlich nur Rechtssubjekten zu. Infolge dessen bestimmt § 1923 Abs. 1, dass Erbe als natürliche Person prinzipiell nur sein kann, „wer zur Zeit des Erbfalls [schon oder noch] lebt". Allerdings statuiert das BGB in einigen Fällen, in denen es für die betreffende „Leibesfrucht" vorteilhaft ist, eine Art Vorverlegung der menschlichen Rechtsfähigkeit zu Gunsten desjenigen, der im fraglichen Zeitpunkt zwar „noch nicht lebte, aber bereits gezeugt war": Das ist insbes. hier in § 1923 Abs. 2 der Fall, aber z.B. auch in § 844 Abs. 2 S. 2. Voraussetzung für das entsprechende Erbrecht oder den betreffenden Unterhaltsanspruch ist jedoch stets, dass die „Leibesfrucht" auch wirklich anschließend die Rechtsfähigkeit erlangt, also lebend geboren wird (s. nur § 1).

8 **Lösung:** c

Die Rechtsfähigkeit natürlicher Personen endet – was im BGB nicht geregelt ist, weil es als Selbstverständlichkeit betrachtet wurde – stets, aber auch nur mit dem medizinischen Tod. Den Verlust der menschlichen Rechtsfähigkeit durch staatliche „Friedloslegung" oder durch den „bürgerlichen Tod", d.h. den Eintritt in ein Kloster, gibt es bei uns heute nicht mehr. Die Feststellung dieses medizinischen Todes einer Person und damit des Verlustes ihrer Rechtsfähigkeit ist an sich normalerweise unproblematisch, da die betreffende Person ja „im Lande" ist. Schwieriger wird es in den Fällen, in denen Jemand verschollen ist, d.h. wenn sein „Aufenthalt während längerer Zeit unbekannt ist, ohne dass Nachrichten darüber vorliegen, ob er in dieser Zeit noch gelebt hat oder gestorben ist, sofern nach den Umständen hierdurch ernstliche Zweifel an seinem Fortleben begründet werden" (so § 1 Abs. 1 VerschG). Hat die Wahrscheinlichkeit des Todes der betreffenden Person ein größeres Ausmaß angenommen, dann kann der Verschollene – damit entsprechende Erbschafts- oder Versorgungsregelungen in Kraft treten können – auf Antrag in einem förmlichen Aufgebotsverfahren gerichtlich für tot erklärt werden. Diese Todeserklärung begründet gemäß § 9 Abs. 1 S. 1 VerschG die – widerlegliche – „Vermutung, dass der Verschollene in dem ... [in ihr] festgestellten Zeitpunkt gestorben ist". Hat der Verschollene die Todeserklärung aber überlebt, so ist seine Rechtsfähigkeit selbstverständlich durch diese Erklärung nicht beendet worden. Er kann dann – als nach wie vor existentes Rechtssubjekt – gemäß § 30 Abs. 1 VerschG „ihre Aufhebung beantragen". Selbst wenn ihm das nicht gelingen sollte, weil seine entsprechende Identität nicht mehr beweisbar ist, bleibt er dennoch bis zu seinem medizinischen Tod ein rechtsfähiger Mensch.

## 3. Rechtsobjekte (insbesondere Sachen)

9 **Lösung:** a

Die fraglichen Bäume waren unmittelbar vor dem Einpflanzen in den Park des F bewegliche Sachen, der Park dagegen eine Immobilie. Nach § 946 erstreckt sich das Eigentum an einem Grundstück auch auf eine bewegliche Sache, die mit dem

Grundstück so verbunden wird, dass sie dessen „wesentlicher Bestandteil" wird. Gemäß § 94 Abs. 1 S. 2 wird eine „Pflanze" – als die auch ein solcher Baum ohne Rücksicht auf seine Höhe gilt – grundsätzlich „mit dem Einpflanzen wesentlicher Bestandteil des Grundstücks". Sie kann dann nach § 93 nicht mehr „Gegenstand besonderer Rechte", etwa eines fremden Eigentums, sein (vgl. dazu auch unten Nrn. 217 und 227). Eine der Ausnahmen des § 95 (s. unten Nr. 10) liegt hier nicht vor.

10 **Lösung:** c

An sich wird – wie eben dargelegt – eine Pflanze nach § 94 Abs. 1 S. 2 „mit dem Einpflanzen wesentlicher Bestandteil" des betreffenden Grundstücks. Wird dagegen eine Sache „nur zu einem vorübergehenden Zweck mit dem Grund und Boden verbunden", wie hier die sämtlich zum Weiterverkauf bestimmten Jungtannen, die folglich im Gärtnereigrundstück nur zeitweilig „geparkt" bzw. „zwischengelagert" werden, dann erlangt sie gemäß § 95 Abs. 1 S. 1 ausnahmsweise gerade nicht die Eigenschaft eines (wesentlichen) Grundstücksbestandteils. Sie bleibt als sog. Scheinbestandteil vielmehr rechtlich eine selbstständige bewegliche Sache. Auf einen näheren zeitlichen Zusammenhang zwischen Ein- und Auspflanzen, also auf eine relativ kurze Dauer der „vorübergehenden" Verbindung mit dem betreffenden Grundstück, kommt es dabei nicht an – so fallen auch entsprechende Grundstücksverbindungen auf Grund eines für die Dauer von 20 Jahren abgeschlossenen Pachtvertrages noch unter die Ausnahmeregelung des § 95 Abs. 1 S. 1.

11 **Lösung:** a

Ein Erbbaurecht ist gemäß § 1 Abs. 1 ErbbauRG von 1919/2007 „das veräußerliche und vererbliche Recht ..., auf oder unter der Oberfläche ... [eines fremden] Grundstücks ein Bauwerk zu haben". Das auf Grund eines derartigen Erbbaurechts anschließend errichtete Bauwerk gilt nach § 12 Abs. 1 S. 1 ErbbauRG „als wesentlicher Bestandteil des Erbbaurechts", nicht jedoch des Grundstücks, auf dem es errichtet wurde. Sein Eigentümer ist also gerade nicht der Eigentümer des betreffenden Grundstücks, sondern der Inhaber des Erbbaurechts, eben der Erbbauberechtigte (vgl. *Wolf/Wellenhofer*, § 2 Rdnr. 31). Auch hier, beim Verhältnis von Gebäudeeigentum und Grundstückseigentum, liegt also letztlich eine Ausnahme vom Prinzip des § 94 Abs. 1 vor, ebenso wie beim § 95 (s. dazu oben Nr. 10). Ähnliches gilt übrigens auch für das Wohnungseigentum, d.h. „das Sondereigentum an einer Wohnung ..." (vgl. dazu nur § 1 Abs. 2 WEG).

## 4. Rechtlich erhebliche Handlungen im Allgemeinen (insbesondere Geschäftsfähigkeit)

12 **Lösung:** c

Die Aneignung (Okkupation) bewirkt den Eigentumserwerb des Handelnden, ist also rechtlich vorteilhaft. Deshalb müssen an die Handlungsvoraussetzungen keine so hohen Anforderungen gestellt werden: Die Aneignung ist kein Rechtsgeschäft, sondern ein bloßer Realakt (s. *Schünemann*, S. 200), sodass – wie bei Realakten (Tathandlungen) generell – der entsprechende „natürliche" Handlungswille genügt. Daher können auch beschränkt Geschäftsfähige oder gar Geschäftsunfähige grundsätzlich rechtswirksam durch eine solche Aneignung Eigentum an beweglichen Sachen erwerben.

13 **Lösung:** a

Das Spiegelbild der rechtlich vorteilhaften Aneignung (s. oben Nr. 12) ist die Dereliktion, also die bewusste Aufgabe des Eigentums an einer Sache – sie bedeutet einen rechtlichen Nachteil. Um Geschäftsunfähige und beschränkt Geschäftsfähige vor voreiligen wirksamen Dereliktionsakten zu schützen, hat § 959 rechtsgeschäftlichen Charakter (s. *Schünemann*, S. 200): Neben dem Realakt Besitzaufgabe – für den isoliert gesehen wiederum der entsprechende „natürliche" Wille ausreicht – enthält die Dereliktion noch das Element Eigentumsverzicht, und dies stellt eine Willenserklärung dar. Da insbes. die §§ 107 und 110 hier nicht helfend eingreifen, bedarf es zur entsprechenden Rechtsgültigkeit grundsätzlich der vollen Geschäftsfähigkeit des Handelnden.

14 **Lösung:** d

Der Besitzerwerb gemäß § 854 Abs. 1 ist kein Rechtsgeschäft, sondern ein Realakt; er erfordert wie die Besitzausübung lediglich einen dahin gehenden „natürlichen" Willen des Besitzers, den durchaus auch ein Geschäftsunfähiger haben kann. Ein Geschäftsunfähiger kann ferner – etwa auf Grund Erbfalls oder in Folge des entsprechenden Handelns seiner gesetzlichen Vertreter – Eigentümer von Sachen *sein*. Er kann jedoch wegen § 105 Abs. 1 nicht durch *eigenes Handeln* Eigentum gemäß § 929 *erwerben*, da die dort geregelten Übereignungen sämtlich Rechtsgeschäfte sind. Das gilt freilich uneingeschränkt nur dann, wenn dieser Geschäftsunfähige minderjährig – also noch nicht 7 Jahre alt – ist, denn für volljährige Geschäftsunfähige besagt § 105a S. 1, dass sie „ein Geschäft des täglichen Lebens, das mit geringwertigen Mitteln bewirkt werden kann," auf Grund des Bewirkens der entsprechenden Leistungen prinzipiell in vollem Umfang (also auch bezüglich einer damit verbundenen Übereignung) rechtsgültig vornehmen können.

15 **Lösung:** a

V ist nach § 104 Nr. 2 geschäftsunfähig, seine hinsichtlich der beiden Rechtsgeschäfte Kaufvertrag (s. § 433) und Übereignung (s. § 929) abgegebenen Willenserklärungen sind an sich gemäß § 105 Abs. 1 also nichtig. Der soeben (s. oben Nr. 14) angesprochene § 105a S. 1 stellt zwar eine Ausnahme dar, gilt aber nur bei einem „Geschäft des täglichen Lebens, das mit geringwertigen Mitteln bewirkt werden kann", wozu der Verkauf eines alten Gemäldes gerade nicht gehört, ganz abgesehen davon, dass bei einem solchen Verkauf wegen der mangelnden Einsichtsfähigkeit des Geschäftsunfähigen auch „eine ... erhebliche ... Gefahr" für dessen Vermögen i.S. von § 105a S. 2 bestehen dürfte. An dieser Doppelnichtigkeit vermag auch das sog. Abstraktionsprinzip (vgl. unten Nrn. 86 und

199) nichts zu ändern, denn es bewirkt zwar die grundsätzliche Bestandsunabhängigkeit von Verpflichtungs- und Erfüllungsgeschäft, kann jedoch vom Erfordernis eines formell gültigen Erfüllungs- bzw. Verfügungsgeschäfts nicht dispensieren, und an diesem fehlt es hier gerade.

16 **Lösung:** c

An sich ist – wie eben erörtert – ein derartiger Geisteskranker nach § 104 Nr. 2 geschäftsunfähig, weswegen seine Willenserklärungen gemäß § 105 Abs. 1 grundsätzlich nichtig sind. Wie sich aber schon aus dem Wortlaut des § 104 Nr. 2 („wer sich in einem ... Zustand ... *befindet* ...") ergibt, gilt das nicht für solche Willenserklärungen, die in einem Augenblick abgegeben werden, in dem dieser Defekt ausnahmsweise gerade nicht vorlag (vgl. auch *Rüthers/Stadler*, § 23 Rdnr. 4).

17 **Lösung:** a

Schwebende Unwirksamkeit als Rechtsfolge eines Vertragsschlusses gibt es grundsätzlich nur bei beschränkt Geschäftsfähigen (s. §§ 108, 109) und beim Handeln eines Vertreters ohne Vertretungsmacht (s. §§ 177, 178). Beides trifft auf W nicht zu, der offenbar in eigenem Namen handelt, aber gemäß § 104 Nr. 1 selbst als „Wunderkind" absolut geschäftsunfähig ist. Auch der „Taschengeldparagraph" – § 110 – hilft nicht weiter, da er ebenfalls die beschränkte Geschäftsfähigkeit voraussetzt. Nach § 105 Abs. 1 ist die Vertragsofferte des W nichtig, weshalb die Annahmeerklärung der Gegenseite ins Leere geht. Eine Ausnahme zu Gunsten der Wirksamkeit des Kaufvertrags ließe sich allenfalls dann machen, wenn man W hinsichtlich beider Willenserklärungen (Kaufvertragsangebot und -annahme) lediglich als Erklärungs- bzw. Empfangsboten seiner für ihn handelnden gesetzlichen Vertreter betrachtete. Das würde jedoch eine konkrete Kenntnis und „Botenbestellung" seitens der gesetzlichen Vertreter voraussetzen, für die sich im Sachverhalt keine hinreichenden Anhaltspunkte finden.

18 **Lösung:** b

Die Eigentumserlangung durch Übereignung – nur sie kommt hier in Betracht – erfordert gemäß § 929 S. 1 die (dingliche) Einigung des Veräußerers und des Erwerbers und ist deshalb ein Rechtsgeschäft, das zumindest die beschränkte Geschäftsfähigkeit der in eigenem Namen handelnden minderjährigen Beteiligten erfordert. Diese fehlt aber W (s. oben Nr. 17). Immerhin hatte W jedoch den „natürlichen" Willen, die tatsächliche Sachherrschaft i.S. des unmittelbaren Besitzes an der Partitur zu erlangen und auszuüben. Das reicht aus, um den Realakt Besitzerwerb (§ 854 Abs. 1) rechtswirksam vorzunehmen.

19 **Lösung:** b

Die Wirkungen der beschränkten Geschäftsfähigkeit bestehen darin, dass diesbezügliche Willenserklärungen – soweit sie einen rechtlichen Nachteil bringen (vgl. § 107) – ohne Zustimmung der gesetzlichen Vertreter i.d.R. ganz (§ 111 für einseitige Rechtsgeschäfte) oder doch schwebend unwirksam (§ 108 für Verträge) sind. Für Verträge kann sich aber deren Rechtswirksamkeit auf Grund einer besonderen Norm ergeben, z.B. nach § 110 (s. unten Nrn. 20 f.).

**20** **Lösung:** c

In dieser Aufgabenvariante ist W jetzt beschränkt geschäftsfähig (s. § 106). Deswegen kann § 110 eingreifen (s. auch unten Nr. 21). W hat den Kaufpreis voll aus seinem Taschengeld (d.h. aus den ihm grundsätzlich zur freien Verfügung überlassenen Mitteln) bezahlt, also „die vertragsmäßige Leistung [voll] bewirkt". Mithin ist der fragliche Kaufvertrag gemäß § 110 „von Anfang an" voll wirksam.

**21** **Lösung:** d

Die Legalisierungswirkung des § 110 (s. oben Nr. 20) beschränkt sich nicht auf den Kaufvertrag, sondern ergreift auch die dazugehörigen Erfüllungs- bzw. Verfügungsgeschäfte, hier also die Übereignung des Geldscheins durch W an den Verkäufer. Den (unmittelbaren) Besitz an diesem Geldschein konnte W ohnedies (s. oben Nr. 14) wirksam auf den Verkäufer übertragen.

**22** **Lösung:** b

Die hier auf den ersten Blick in Betracht kommende Norm des § 107 setzt voraus, dass der beschränkt Geschäftsfähige durch die fragliche Willenserklärung „lediglich einen rechtlichen Vorteil" erlangt. Der angestrebte Kaufvertrag brächte dem F zwar einen erheblichen *wirtschaftlichen* Vorteil, weil er nach dem Motto „Viel Ware für wenig Geld" einen Preisnachlass von 60% bedeutete. § 107 verlangt aber ausdrücklich das Vorliegen eines *rechtlichen* Vorteils. Der jedoch läge hier nicht vor, da der Kaufvertrag einen vollkommen zweiseitig verpflichtenden Vertrag darstellt, bei dem jede der beiden Vertragsparteien nicht nur Rechte erwirbt, sondern gleichzeitig und zwangsläufig *auch* komplementäre *Verpflichtungen* eingeht: F hätte mit Kaufvertragsabschluss nach § 433 Abs. 1 S. 1 zwar den Anspruch auf Übereignung und Übergabe des Fußballs erworben, hätte sich aber zugleich gemäß § 433 Abs. 2 zur Zahlung des Kaufpreises und zur Abnahme des Balles verpflichtet. Deswegen wäre der Kaufvertrag nicht schon über § 107 voll rechtswirksam. Die spezifischen Voraussetzungen der §§ 110, 112 und 113 liegen ebenfalls nicht vor. Folglich wäre der fragliche Kaufvertrag zunächst nach § 108 Abs. 1 schwebend unwirksam.

**23** **Lösung:** a

Auch hier ist § 107 relevant. Der Eigentumszuwachs Chiaras stellt einen rechtlichen Vorteil dar. Dass an dieses Eigentum die öffentlichrechtliche Folge der Hundesteuerpflicht geknüpft ist, spielt dabei ebenso wenig eine Rolle wie der Umstand, dass ein bissiger Hund vermutlich Schadensersatzverpflichtungen gemäß § 833 auslösen wird – für § 107 kommt es nach zutreffender h.M. allein auf das in Rede stehende Rechtsgeschäft (hier die Übereignung) *als solches* an, während dessen Folgen insoweit außer Betracht zu bleiben haben (vgl. nur *Rüthers/ Stadler,* § 23 Rdnr. 13).

24 **Lösung:** b

S und H haben sich offensichtlich über den entsprechenden Kauf geeinigt. Es fragt sich aber, ob dieser Vertrag wirklich rechtsgültig ist. Dem beschränkt geschäftsfähigen S als Käufer bringt der Abschluss des Kaufvertrages nicht nur einen rechtlichen Vorteil (s. oben Nr. 22). Deshalb hilft § 107 dem S nicht weiter. Auch § 110 („Taschengeldparagraph") ist unanwendbar, denn er setzt voraus, dass der beschränkt Geschäftsfähige seine fragliche Leistungsverpflichtung grundsätzlich in vollem Umfang bewirkt = erfüllt *hat;* Raten- und sonstige Kreditgeschäfte werden aus Gründen eines wohlverstandenen Schutzes beschränkt Geschäftsfähiger durch diese Ausnahmevorschrift nicht legalisiert (vgl. auch *Rüthers/Stadler,* aaO Rdnr. 25, und den Wortlaut des neuen § 105a S. 1, der für den dortigen, dem § 110 weitgehend nachgebildeten Sachverhalt ausdrücklich verlangt, dass „Leistung und Gegenleistung bewirkt *sind"* [Hervorhebung von *uns*]). In Ermangelung der entsprechenden Einwilligung seiner Eltern (s. §§ 1626 Abs. 1, 1629 Abs. 1) kann S daher den in Rede stehenden Kaufvertrag nach § 108 nur schwebend unwirksam abschließen.
(Gemäß § 1629a Abs. 1 S. 1 beschränkt sich die Haftung eines Kindes für Verbindlichkeiten aus Rechtsgeschäften, denen seine Eltern im Rahmen ihrer gesetzlichen Vertretungsmacht entsprechend zugestimmt haben, grundsätzlich „auf den Bestand des bei Eintritt der Volljährigkeit vorhandenen Vermögens des Kindes". Nach Abs. 2 derselben Vorschrift gilt das jedoch u.a. nicht für Verbindlichkeiten aus solchen Rechtsgeschäften, die – wie hier – „allein der Befriedigung seiner [d.h. des Kindes] persönlichen Bedürfnisse dienten".)

25 **Lösung:** c

Die in Rede stehende Einigung zwischen S und H hat sich auf die dingliche Seite der Transaktion bezogen. S. konnte die von § 929 dafür verlangte Einigung gemäß § 107 rechtsgültig vornehmen, da ihm die Übereignung des Geräts lediglich einen rechtlichen Vorteil bracht. Den Besitz hat er auf Grund seines diesbezüglichen „natürlichen" Willens erlangt (s. oben Nrn. 18 und 23).

26 **Lösung:** b

Der Eintritt der Volljährigkeit bzw. der unbeschränkten Geschäftsfähigkeit mit Vollendung des 18. Lebensjahrs (s. § 2) ändert den Schwebezustand des § 108 Abs. 1 nicht. Jedoch ist jetzt nach § 108 Abs. 3 nur noch der volljährig Gewordene selbst und sind nicht mehr – auch nicht neben ihm – seine (ehemaligen) gesetzlichen Vertreter zur Erteilung oder Verweigerung der Genehmigung, also der nachträglichen Zustimmung (§ 184 Abs. 1), befugt. Seine (ehemaligen) gesetzlichen Vertreter haben hier überhaupt nichts mehr zu sagen.

27 **Lösung:** b

Ein Siebzehnjähriger ist ebenfalls beschränkt geschäftsfähig. Aus einem von ihm mit einem voll Geschäftsfähigen nach § 108 schwebend unwirksam geschlossenen Vertrag kann sich der andere Teil zwar u.U. *auch* durch Anfechtung wegen

Eigenschaftsirrtums (§ 119 Abs. 2) oder durch Geltendmachung eines vereinbarten Rücktrittsrechts (§ 346) einseitig lösen. Der Partner des beschränkt Geschäftsfähigen hat aber grundsätzlich noch eine weitere und in ihren Rechtsfolgen günstigere Lösungsmöglichkeit: den Widerruf nach § 109, der jedenfalls dann zulässig ist, wenn der Partner die Minderjährigkeit seines Gegenübers nicht gekannt hat (s. auch § 109 Abs. 2), was bei einem Siebzehnjährigen eine Tatfrage ist.

**28** **Lösung:** a

Nach § 113 Abs. 1 S. 1 war S auf Grund der entsprechenden Ermächtigung ihrer Eltern (s. dazu oben Nr. 24) auch „für solche Rechtsverhältnisse unbeschränkt geschäftsfähig [geworden], welche die ... Aufhebung [dieses] ... Arbeitsverhältnisses ... betreffen". Dazu zählt auch und gerade die Kündigung (vgl. § 620 Abs. 2). Eine Ausnahme i.S. der §§ 113 Abs. 1 S. 2, 1821, 1822 liegt hier nicht vor. Die Eltern hatten ihre Ermächtigung offensichtlich weder mit einer diesbezüglichen Einschränkung versehen – was ihnen gemäß § 113 Abs. 2 frei gestanden hätte und was ratsam gewesen wäre – noch sie vor Ausspruch der Kündigung wieder zurückgenommen. Deshalb ist diese Kündigung der S voll wirksam.

**29** **Lösung:** c

Die Legalisierungswirkung des § 110 beschränkt sich zwar nicht nur auf das betreffende Verpflichtungsgeschäft, sondern erstreckt sich auch auf die entsprechenden Verfügungsgeschäfte (s. oben Nr. 21). Zu diesen gehört indessen die Anfechtung des Kaufvertrags nicht, da sie nicht auf den Vollzug, sondern gerade im Gegenteil auf die Auflösung des Verpflichtungsgeschäfts gerichtet ist. Weil die Anfechtung rückwirkend (§ 142 Abs. 1) den restlichen Erfüllungsanspruch des A aus § 433 Abs. 1 S. 1 vernichtet, ist sie rechtlich nachteilig i.S. von § 107, sodass N hierzu die Einwilligung – also die vorherige Zustimmung(§ 183 S. 1) – seiner Eltern braucht. Ohne diese ist die fragliche Anfechtung als einseitiges Rechtsgeschäft (s. nur § 143 Abs. 1) gemäß § 111 S. 1 aus Gründen der Rechtssicherheit (voll) unwirksam.

**30** **Lösung:** c

Selbst bei Vorliegen einer solchen Einwilligung statuiert § 111 S. 2 aus Gründen der Rechtsklarheit für einseitige Rechtsgeschäfte, die – wie die Anfechtung (s. wiederum § 143 Abs. 1) – „einem anderen gegenüber" vorzunehmen sind, also eine empfangsbedürftige Willenserklärung enthalten, deren Unwirksamkeit, wenn der beschränkt Geschäftsfähige „die Einwilligung nicht in schriftlicher Form vorlegt und der andere das Rechtsgeschäft aus diesem Grund unverzüglich zurückweist". Dieser Fall liegt hier vor.

**31** **Lösung:** a

Rechtslaien stehen wohl überwiegend auf dem Standpunkt, dass Minderjährige für unerlaubte Handlungen grundsätzlich nicht verantwortlich gemacht werden könnten, dass dafür vielmehr ihre Eltern als ihre gesetzlichen Vertreter einzustehen hätten. Diese Auffassung ist jedoch rechtlich falsch. Ein Minderjähriger zwischen 7 und 18 Jahren ist vielmehr nach § 828 Abs. 3 grundsätzlich dann entsprechend deliktsfähig bzw. verschuldensfähig, „wenn er bei der Begehung der [einen anderen] schädigenden Handlung ... die zur Erkenntnis der Verantwortlichkeit erforderliche Einsicht" hatte. An diese Einsicht stellt die h.M. keine sehr hohen Anforderungen: Es genügt prinzipiell ein allgemeines Verständnis des betreffenden Minderjährigen, dass sein Verhalten irgendwelche Gefahren herbeiführen kann; es wird nicht verlangt, dass er die Fähigkeit zur realen Vorstellung von den konkreten rechtlichen und wirtschaftlichen Folgen seines Handelns hat. Deshalb kommt es in praxi oft zur deliktischen Haftung Minderjähriger, ganz abgesehen davon, dass der „Millionärsparagraph" – § 829 – in seltenen Ausnahmefällen eine Billigkeitshaftung selbst an sich Deliktsunfähiger, etwa eines 5-jährigen Kindes, ermöglicht, „sofern der Ersatz des Schadens nicht von einem aufsichtspflichtigen Dritten erlangt werden kann".

Eine solche Aufsichtspflichtverletzung insbes. der Eltern setzt aber gemäß § 832 Abs. 1 grundsätzlich Verschulden voraus, wobei sich das Maß der gebotenen Aufsicht über Minderjährige nach deren Alter, Eigenart und Charakter bestimmt sowie nach dem, was verständige Eltern nach vernünftigen Anforderungen in der konkreten Situation tun müssen, um Schädigungen Dritter zu verhindern. So ist nach h.M. bei normal entwickelten Kindern im Alter von 8 oder 9 Jahren eine Überwachung auf Schritt und Tritt nicht erforderlich, auch nicht eine regelmäßige Kontrolle in kurzen, etwa halbstündigen Abständen. Vielmehr bedeutet es prinzipiell keine schuldhafte Verletzung der elterlichen Aufsichtspflicht, wenn die Eltern solchen Kindern das Spielen im Freien ohne Aufsicht auch in einem räumlichen Bereich gestatten, der ihnen ein sofortiges Eingreifen nicht ermöglicht. Zur Haftung der Eltern gemäß § 832 wird es deshalb in vielen Fällen gerade nicht kommen. § 828 Abs. 2 schränkt allerdings diese Deliktsfähigkeit Minderjähriger dahin gehend ein, dass ein Kind *erst ab 10 Jahren* für den Schaden verantwortlich ist, den es fahrlässig „bei einem Unfall mit einem Kraftfahrzeug, einer Schienenbahn oder einer Schwebebahn einem anderen zufügt".

32 **Lösung:** c

Als Sechsjähriger ist R gemäß § 828 Abs. 1 prinzipiell nicht deliktsfähig, d.h. für einen von ihm verursachten Schaden zivilrechtlich nicht verantwortlich. Eine Ausnahme bildet allein der „Millionärsparagraph" – § 829 –, allerdings nur in extremen Sonderfällen, die hier ersichtlich nicht gegeben sind.

33 **Lösung:** a

Als Zwölfjähriger ist R jetzt beschränkt deliktsfähig i.S. von § 828 Abs. 3. Das bedeutet, dass er grundsätzlich für den betreffenden Schaden *zivilrechtlich* verantwortlich ist. Etwas anderes gilt nur, „wenn er bei der Begehung der schädigenden Handlung nicht die zur Erkenntnis der Verantwortlichkeit erforderliche Einsicht" hat, was ggf. von ihm zu beweisen ist. Da die ganz h.M. an das Vorhandensein dieser Einsicht nur relativ geringe Anforderungen stellt, denen ein normal entwickelter Zwölfjähriger durchaus entspricht (s. oben Nr. 31), und da der

Sachverhalt keine Besonderheiten erkennen lässt, ist er insoweit als voll verantwortlich zu betrachten. Dass er nach § 1 Abs. 2 des Jugendgerichtsgesetzes noch nicht *strafmündig* ist, weil er das 14. Lebensjahr noch nicht vollendet hat, steht auf einem anderen Blatt: Dort geht es um die Fähigkeit, als Angeklagter in einem Strafverfahren vor Gericht zu stehen, ggf. zu einer öffentlichen Strafe verurteilt zu werden und diese zu verbüßen, hier dagegen „nur" darum, beim Geschädigten den angerichteten Schaden durch Wiederherstellung in natura oder durch finanzielle Wiedergutmachung aus der Welt zu schaffen.

**34** Lösung: a

Wer einen derartigen Blutalkoholwert hat, befindet sich „in einem die freie Willensbestimmung ausschließenden Zustand krankhafter Störung der Geistestätigkeit" und ist deshalb an sich nach § 827 S. 1 für den entsprechenden Schaden zivilrechtlich „nicht verantwortlich". Gemäß dem dortigen S. 2, 1. Halbs. gilt indessen etwas Anderes, wenn er sich zuvor schuldhaft in diesen Zustand versetzt hat. Davon ist hier auszugehen. Also ist S für den Schaden verantwortlich, „wie wenn ihm Fahrlässigkeit zur Last fiele". Bei einem „Sachschaden" liegt eine Besitz- bzw. Eigentumsverletzung vor, die gemäß § 823 Abs. 1 auch bei einer nur fahrlässigen Begehung generell zur vollen Schadensersatzpflicht führt.

**35** **Lösung:** c

Im vorliegenden Fall findet die Rückausnahme des § 827 S. 2, 2. Halbs. Anwendung: S ist ohne sein Verschulden in den seine freie Willensbildung ausschließenden Zustand geraten und somit für den fraglichen Schaden nach S. 1 zivilrechtlich nicht verantwortlich (s.a. *Schünemann*, S. 250).

## 5. Willenserklärungen (insbesondere Wirksamwerden, Stellvertretung, Anfechtung)

**36** **Lösung:** b

Bezüglich der Geschäftsfähigkeit und der Stellvertretung spielt die angesprochene Differenzierung der Willenserklärungen keine Rolle. Sie hat aber Bedeutung für deren Wirksamwerden – § 130 behandelt dort lediglich die Willenserklärungen unter Abwesenden, woraus teilweise gefolgert wird, dass für (mündliche) Erklärungen unter *An*wesenden etwas anderes zu gelten habe (Vernehmen statt Zugang, vgl. etwa *Rüthers/Stadler,* § 17 Rdnr. 56) – und vor allem für das Zustandekommen von Verträgen, denn § 147 i.V. mit § 146 differenziert hier entsprechend hinsichtlich des Erlöschens von Vertragsanträgen.

**37** **Lösung:** b

Nach zutreffender h.M. liegt eine Willenserklärung unter Anwesenden dann vor, wenn sie bei ihrer Abgabe auf unmittelbare Kenntnisnahme durch den Adressaten gerichtet ist. Der Prokurist ist ein rechtsgeschäftlicher Stellvertreter mit besonderen Vollmachten (s. nur § 49 HGB und unten Nrn. 272 ff.). Eine an ihn abgegebene Willenserklärung wirkt also gemäß § 164 Abs. 1 S. 1 und Abs. 3 „unmittelbar für und gegen den Vertretenen", ist demnach so zu qualifizieren, als wäre sie direkt gegenüber dem Adressaten selbst abgegeben worden. Deshalb ist sie eine Erklärung unter *An*wesenden.

38 **Lösung:** b

Der Auszubildende A ist jedenfalls nicht Stellvertreter des K, da es offenbar an seiner entsprechenden Bevollmächtigung fehlt. Er kann aber sog. Empfangsbote sein, sofern er im „Machtbereich" des K steht und – abstrakt oder konkret – zur Entgegennahme derartiger Erklärungen bestimmt und geeignet (s. dazu auch unten Nr. 39 und *Rüthers/Stadler,* § 17 Rdnr. 47) ist. Das wird man bei A bejahen können. Folglich ist die Vertragsofferte durch das Telefongespräch zwischen S und A aus dem „Machtbereich" des V gelangt, also abgegeben worden; in diesem Augenblick war sie jedoch noch nicht auf die unmittelbare Kenntnisnahme des Adressaten K oder eines seiner Stellvertreter gerichtet. Deswegen liegt – trotz telefonischer Übermittlung – nur eine Willenserklärung unter *Ab*wesenden vor.

39 **Lösung:** b

Die Sekretärin S befindet sich noch im Einfluss- bzw. „Herrschaftsbereich ihres Chefs V. Deswegen ist dessen Offerte durch sein Äußern der Weiterleitungsbitte noch gar nicht abgegeben worden; das geschah erst durch den Anruf der S bei K bzw. A. Eine Willenserklärung unter Abwesenden (s. oben Nr. 38) wird gemäß § 130 Abs. 1 S. 1 mit Zugang wirksam. Zugegangen ist sie, „wenn sie so in den sachlichen oder persönlichen *Herrschaftsbereich* des Empfängers gelangt ist, dass dieser unter normalen Umständen die *Möglichkeit* hat, von ihrem Inhalt *Kenntnis zu nehmen" (Rüthers/Stadler,* aaO, Rdnr. 44). Die *tatsächliche* Kenntniserlangung ist also *nicht* erforderlich. Mündliche Erklärungen gegenüber Empfangsboten (s. oben Nr. 38) gelten aber nur dann als dem Adressaten zugegangen, wenn ihr Inhalt einfach und leicht verständlich ist und die Mittelsperson erkennbar die geistige Fähigkeit zur Übermittlung besitzt. Das ist hier anzunehmen.

40 **Lösung:** a

Die Offerte des V war zwar mangels Zugangs (§ 130 Abs. 1 S. 1) bei seinem Tod noch nicht wirksam geworden. Immerhin hatte V sie offenbar – durch Einwurf in den Postbriefkasten o.Ä. – bereits abgegeben. Deshalb ist sein Tod auf „die Wirksamkeit der Willenserklärung ... ohne Einfluss" (§ 130 Abs. 2), sodass die Offerte mit Zugang bei K wirksam wurde.

41 **Lösung:** a

Im Gegensatz zum unmittelbar zuvor erörterten Sachverhalt ist jetzt nicht § 130 Abs. 2, sondern § 153 relevant. Danach hindert der Tod des V das Zustandekommen des fraglichen Kaufvertrags grundsätzlich nicht. Für das Vorliegen des Ausnahmefalls – „es sei denn, dass ein anderer Wille des Antragenden [V] anzunehmen ist" – bietet der Sachverhalt keine hinreichenden Anhaltspunkte; zudem war nur nach der „grundsätzlichen" Wirksamkeit gefragt.

**42 Lösung:** c

Die Darlehenskündigung (s. nur § 488 Abs. 3 S. 1) ist ein – aus lediglich einer Willenserklärung bestehendes – einseitiges Rechtsgeschäft, das hier unter Abwesenden erfolgt. Der nach § 130 Abs. 1 S. 1 maßgebliche Zugang erfordert – wie schon ausgeführt (s. oben Nr. 39) – nicht die tatsächliche Kenntnisnahme, sondern nur deren Möglichkeit. Dabei wird zudem generell auf „normale" Umstände abgestellt, sodass der „abnorme" Umstand der vorübergehenden Abwesenheit des S irrelevant ist (vgl. *Rüthers/Stadler,* § 17 Rdnrn. 48 ff.; S hätte im Übrigen ja – z.B. durch einen Postnachsendeantrag – Abhilfe schaffen können).

**43 Lösung:** c

Gemäß § 164 Abs. 1 wirkt eine Willenserklärung, die ein Stellvertreter im Namen des Vertretenen abgibt, generell nur dann unmittelbar für und gegen diesen, wenn der Stellvertreter Vertretungsmacht hat und hinreichend erkennbar im Namen des Vertretenen handelt. Bloßes Vorliegen der Vertretungsmacht allein reicht dafür ebenso wenig aus wie alleiniges Fremdhandeln. Auch die Kombination beider Elemente ist grundsätzlich dann nicht genügend, wenn das Fremdhandeln nicht offenkundig wird. Die wenigen Ausnahmen von diesem Offenkundigkeitsprinzip (vgl. dazu etwa *Rüthers/Stadler,* § 30 Rdnrn. 7 f.) liegen bei einem Mietvertrag, der insbes. kein „Bargeschäft des täglichen Lebens" ist, nicht vor.

**44 Lösung:** c

§ 164 Abs. 1 verlangt für eine wirksame Stellvertretung prinzipiell das Vorliegen der Vertretungsmacht und eines erkennbaren Fremdhandelns (vgl. oben Nr. 43). S hat zwar Vertretungsmacht, er macht seine Vertretereigenschaft aber nicht offenkundig. Deshalb wird V nicht Partner des fraglichen Vertrages. Vielmehr gilt der Vertrag gemäß § 164 Abs. 2 als Eigengeschäft des S. Dieser hat den Vertrag zwar nicht für sich abschließen wollen, sodass auf seiner Seite ein an sich anfechtungsrelevanter Irrtum vorläge; § 164 Abs. 2 erklärt diesen Irrtum im Interesse des Schutzes des anderen Vertragspartners jedoch für irrelevant. S bleibt mithin auf dem Vertrag „sitzen".

**45 Lösung:** c

Der Begriff „Vollmacht" bezieht sich im allgemeinen Sprachgebrauch wohl auf jede Art von Vertretungsmacht. Das BGB versteht indessen hierunter gemäß § 166 Abs. 2 S. 1 lediglich die „durch Rechtsgeschäft erteilte ... Vertretungsmacht", also nicht die gesetzliche Vertretungsmacht einschließlich der organschaftlichen. Zur Systematik der Vertretungsmacht s. *Schünemann*, § 101 Abb. 17.

**46 Lösung:** d

Nicht in jedem Fall der Abgabe einer Willenserklärung kann man sich eines Stellvertreters bedienen. Bei den sog. höchstpersönlichen Rechtsgeschäften, die sich vor allem im Bereich des Familien- und Erbrechts finden (s. nur §§ 1596 Abs. 4, 1750 Abs. 3 S. 1, 2064, 2274), ist die Stellvertretung unzulässig. Zu diesen Ausnahmefällen zählt nach § 1311 S. 1 („... persönlich ...") auch die Eheschließung.

**47 Lösung:** a

G ist gemäß § 104 Nr. 2 geschäftsunfähig. Willenserklärungen, die er in eigenem Namen abgibt, sind nach § 105 Abs. 1 nichtig. Wie sich aus § 165 ergibt, kann ein Geschäftsunfähiger auch nicht Stellvertreter sein, sodass seine diesbezügliche Willenserklärung ebenfalls nicht rechtswirksam ist.

**48 Lösung:** c

Verfügungen sind Rechtsgeschäfte, durch die ein (bestehendes) Recht unmittelbar geändert, übertragen oder aufgehoben wird (vgl. *Rüthers/Stadler,* § 16 Rdnr. 11; s. auch unten Nrn. 82 und 83). Das ist bei der bloßen Vollmachtserteilung nicht gegeben, da sie allenfalls die Voraussetzungen für derartige Verfügungen – z.B. Kündigungen, Übereignungen – des Stellvertreters schafft. Aus § 167 Abs. 1 folgt zudem, dass die Bevollmächtigung kein zweiseitiger Akt (Vertrag), sondern nur ein einseitiges Rechtsgeschäft ist, das lediglich aus einer empfangsbedürftigen Willenserklärung besteht.

**49 Lösung:** c

Prokura und Handlungsvollmacht sind besondere Formen der *rechtsgeschäftlichen* – gewillkürten – Vertretungsmacht (Vollmacht; s. nur § 166 Abs. 2 S. 1, §§ 48 Abs. 1, 54 Abs. 1 HGB). Dagegen ist der Vormund (s. dazu §§ 1773 ff., 1793 Abs. 1 S. 1) der *gesetzliche* Vertreter des (minderjährigen) Mündels.

**50 Lösung:** c

Die auf den vollen Schadensersatz – das sog. positive Interesse – gerichtete Haftung des Vertreters ohne Vertretungsmacht steht nach § 179 Abs. 1 nur wahlweise neben der Erfüllungshaftung; zudem tritt sie in den Fällen der Abs. 2 und 3 überhaupt nicht ein. Andererseits findet auch die in Abs. 2 geregelte Haftung auf den „kleinen" Schadensersatz – das sog. negative oder Vertrauensinteresse (s. unten Nrn. 67 ff.) – nicht stets statt. Hingegen haftet ein solcher Vertreter „unter Umständen", nämlich in den in § 179 Abs. 3 genannten Fällen, seinem Partner überhaupt nicht (s. näher *Schünemann*, S. 104 f. mit § 266 ff.).

**51 Lösung:** c

Der bezüglich der Existenz seiner Vertretungsmacht gutgläubige Stellvertreter haftet nach § 179 Abs. 2 grundsätzlich nur auf das sog. negative Interesse; er haftet jedoch überhaupt nicht, falls sein Partner den Mangel der Vertretungsmacht kannte oder kennen musste (Abs. 3 S. 1). In diesem Fall haftet selbst derjenige Vertreter ohne Vertretungsmacht nicht, der seinerseits vom Fehlen seiner Vertretungsmacht Kenntnis hatte. Andererseits haftet, so merkwürdig das klingt, unter Umständen als Vertreter „ohne Vertretungsmacht" auch jemand, der zwar an sich Vertretungsmacht (gehabt) hat, diese aber nicht (mehr) dartun kann (s. § 179 Abs. 1: „... sofern er nicht seine Vertretungsmacht nachweist ..."); immerhin wird dann allenfalls die abgemilderte Haftung des Abs. 2 in Betracht kommen.

**52** **Lösung:** a

V hat im Namen, wenn auch ohne Vertretungsmacht des G gehandelt. Der betreffende Kaufvertrag war daher nach § 177 Abs. 1 schwebend unwirksam. G hat durch seine Genehmigung (s. dazu nur §§ 182, 184) den Kaufvertrag sozusagen voll auf sich „übergeleitet". Daher ist er allein jetzt Gläubiger der entsprechenden Übereignungsforderung des § 433 Abs. 1 S. 1 gegen A.

**53** **Lösung:** d

V muss nur dann gemäß § 433 Abs. 2 den Kaufpreis zahlen, wenn er Partner eines dahin gehenden Kaufvertrages geworden ist. T hat als Vertreterin ohne Vertretungsmacht gehandelt, sodass der Kaufvertrag zunächst gemäß § 177 Abs. 1 schwebend unwirksam war (ihre bloß beschränkte Geschäftsfähigkeit ist nach § 165 irrelevant). V hat diesen Vertrag schließlich auch eindeutig und wirksam genehmigt, denn dazu reicht i.d.R. eine entsprechende Erklärung gegenüber dem Vertreter aus (s. § 182 Abs. 1); die Vorschrift des § 108 findet auf Willenserklärungen, die ein beschränkt Geschäftsfähiger nicht in eigenem Namen, sondern als Stellvertreter in fremdem Namen abgibt, keine Anwendung.

**54** **Lösung:** a

Nunmehr liegt der Tatbestand des § 179 vor. Aus Gründen des Schutzes beschränkt Geschäftsfähiger bewirkt Abs. 3 S. 2, dass die siebzehnjährige T überhaupt nicht zu haften braucht, da sie den fraglichen Kaufvertrag nicht mit Zustimmung ihrer Eltern abgeschlossen hat. Ob B ihre Minderjährigkeit kannte oder nicht, ist bedeutungslos.

**55** **Lösung:** d

Gemäß § 170 bleibt die Vertretungsmacht, die nach § 167 Abs. 1 Fall 2 als sog. Außenvollmacht – dieser Ausdruck ist schief, da die gesamte Stellvertretung sich stets auf das Außenverhältnis bezieht; besser wäre etwa der Terminus „Außenbevollmächtigung" – „durch Erklärung gegenüber ... dem Dritten, dem gegenüber die Vertretung stattfinden soll", erteilt wurde, „diesem gegenüber" so lange in Kraft, „bis ihm das Erlöschen von dem Vollmachtgeber angezeigt wird". Geschützt wird dabei allerdings – wie auch sonst im Allgemeinen – nicht jeder Dritte, sondern nur der gutgläubige: Gemäß § 173 genießt diesen Gutglaubensschutz derjenige nicht, der „das Erlöschen der Vertretungsmacht bei der Vornahme des Rechtsgeschäfts kennt oder kennen muss". Unter „Kennenmüssen" versteht das BGB nach § 122 Abs. 2 bereits jede fahrlässige Unkenntnis (zur Fahrlässigkeit s. § 276 Abs. 2). Demnach ist gutgläubig hier nur der, der sich in entsprechend schuldloser Unkenntnis befindet.

56 **Lösung:** a

Einseitige Rechtsgeschäfte haben häufig Gestaltungswirkungen, d.h. sie ändern unmittelbar die bestehende Rechtslage (vgl. nur *Rüthers/Stadler,* § 5 Rdnr. 8, § 16 Rdnr. 4). Deshalb gilt für sie in besonderem Maße das Gebot der Rechtsklarheit. Daraus folgt, dass ihre Rechts(un)wirksamkeit grundsätzlich nicht für einen mehr oder weniger großen Zeitraum in der Schwebe gelassen werden darf, vielmehr prinzipiell von Anfang an eindeutig feststehen muss. Dies kann unter dem Aspekt eines sachgerechten Schutzes des Vertretenen nur dadurch geschehen, dass das betreffende einseitige Rechtsgeschäft von Anfang an als unwirksam betrachtet wird (§ 180 S. 1; vgl. auch § 111 für den Parallelfall der beschränkten Geschäftsfähigkeit). Die Sätze 2 und 3 des § 180 lassen gewisse Ausnahmen zu.

57 **Lösung:** c

Die einschlägige Auslegungsvorschrift des BGB – § 133 – ist kurioserweise selbst in hohem Maße auslegungsbedürftig. Sie stellt hier *nicht* etwa, wie es prima vista aussieht, maßgeblich auf den Willen des *Erklärenden* oder auch nur auf das aus seiner Sicht tatsächlich Erklärte ab. Maßgeblich ist vielmehr „der objektive Empfängerhorizont" *(Rüthers/Stadler,* § 18 Rdnr. 12), d.h. das, was der Empfänger als den Sinn der Erklärung erkennen kann, wenn er mit zumutbarer Sorgfalt alle ihm erkennbaren Umstände berücksichtigt. Der „wirkliche" Wille des *Erklärenden* ist nur für die Auslegung *nicht* empfangsbedürftiger Willenserklärungen relevant. Zur Auslegung s. näher *Schünemann* S. 79 ff.).

58 **Lösung:** a

Ein Kaufvertrag kommt zu Stande durch die wirksame Annahme eines entsprechenden wirksamen Angebots (s. nur §§ 145 ff.). V hatte ein gültiges Angebot über 1.500,– € gemacht. Das „Jawort" des K war gemäß § 133 (s. oben Nr. 57) als „Ja" zu *diesem* offerierten Preis auszulegen. Deshalb ist es auch zu einer vollen Einigung der Partner und damit zum Abschluss eines diesbezüglichen Kaufvertrags gekommen. Dass K nur „versehentlich" mit einem Kaufpreis von 1.500,– € einverstanden war, in Wirklichkeit aber lediglich 1.000,– € ausgeben wollte, ist zunächst irrelevant, spielt vielmehr erst auf der folgenden Stufe – Anfechtung wegen Irrtums (s. unten Nr. 59) – eine Rolle („Auslegung *vor* Anfechtung").

59 **Lösung:** a

Die Erklärung des K leidet unter einem Willensmangel: Er wollte (subjektiv) zu 1.000,– € annehmen, hat jedoch (objektiv) zu 1.500,– € angenommen (s. oben Nr. 58). Deshalb könnte ihm ein Anfechtungsrecht zustehen. In Ermangelung einer Täuschungshandlung des V ist der Tatbestand des § 123 nicht erfüllt, möglicherweise aber der des § 119 Abs. 1. Dort sind zwei Fälle geregelt: der – „formelle" – Erklärungsirrtum (2. Alternative) und der – „materielle" – Inhaltsirrtum (1. Alternative). Wer nur „Ja" sagt und auch „Ja" und nicht etwa „Nein" oder „Jein" sagen will, unterliegt keinem Irrtum bezüglich seiner (äußeren) Erklärungshandlung. K ist also allenfalls einem Inhaltsirrtum zum Opfer gefallen. Bei diesem „irrt der Erklärende über die Bedeutung oder Tragweite der abgegebenen Erklärung", d.h. „er verbindet mit dem bewusst gewählten Ausdruck eine andere, vom Empfängerhorizont abweichende Bedeutung" *(Rüthers/Stadler,* § 25 Rdnr. 27). Ein solcher Tatbestand liegt hier vor.

60 **Lösung:** b

Für die Anfechtungsbefugnis kommt der Frage, ob der Anfechtende sich schuldhaft oder schuldlos geirrt hat, keinerlei Bedeutung zu – auch der auf Fahrlässigkeit beruhende Irrtum berechtigt also zur Anfechtung. Zum Ausgleich dafür ist der Anfechtende grundsätzlich nach § 122 zum Ersatz des Vertrauensschadens (s. *Schünemann*, S. 266 f.) verpflichtet. Die Kenntnis des Gegners vom Anfechtungsgrund spielt hinsichtlich der Anfechtungsbefugnis ebenfalls keine Rolle, wohl aber im Hinblick auf dessen Schadensersatzanspruch (s. § 122 Abs. 2 sowie unten Nrn. 65 ff.).

61 **Lösung:** a

Das Angebot zum Abschluss eines Kaufvertrages bei normalen Verträgen zwischen Privaten und Kaufleuten macht nach zutreffender h.M. generell der private Kunde: Zeitungsinserate oder Werbezettel mit Artikelbeschreibungen und Preisangaben sind – wie z.B. auch „Schaufensterangebote" – rechtlich noch keine Vertragsofferten, sondern nur in deren Vorfeld liegende Aufforderungen an potenzielle Kunden zur Abgabe konkreter Angebote. Denn der Kaufmann will sich durch sie noch nicht binden, weil er sonst den Kunden gegenüber schadensersatzpflichtig würde, die ein derartiges Angebot angenommen hätten, aber wegen Erschöpfung des Vorrats o.Ä. nicht mehr beliefert werden könnten (vgl. *Rüthers/Stadler,* § 19 Rdnr. 5). Der jeweilige Kaufvertrag kommt deshalb erst durch die Annahmeerklärung des Verkäufers – z.B. durch Ausschreiben eines Kassenbelegs mit Preisangabe oder überhaupt erst an der Kasse – zu Stande; hier aber ist ein eventueller Druckfehler irrelevant.

62 **Lösung:** b

Die Existenz eines zur Anfechtung berechtigenden Willensmangels gibt dem Anfechtungsberechtigten nur ein diesbezügliches (Gestaltungs-)*Recht* (s. unten Nr. 63), das noch dazu befristet ist (s. §§ 121, 124 und unten Nr. 64). Wenn und solange er von dieser Befugnis keinen Gebrauch macht, bleibt die fragliche Willenserklärung – ihre Rechtswirksamkeit mangels Fehlens anderer Defekte vorausgesetzt – voll gültig. Erst die form- und fristgerechte Geltendmachung durch die Anfechtungserklärung (s. § 143) führt dann zur – rückwirkenden (!) – Nichtigkeit gemäß § 142 Abs. 1. Näher *Schünemann*, S. 90 f.

63 **Lösung:** a

Zwar trifft es zu, dass grundsätzlich nur Ansprüche der Verjährung unterliegen (s. § 194 Abs. 1) und die Anfechtungsbefugnis kein Anspruch, sondern ein Gestaltungsrecht ist (s. oben Nr. 62). Die hier einschlägige Norm des § 121 Abs. 2

stellt indessen keine Verjährungsregelung dar (s. oben Nr. 3), sondern enthält eine Ausschlussfrist (dazu *Schünemann*, S. 71 f.), die das fragliche Anfechtungsrecht auch in seinem Bestand beseitigt.

64 **Lösung:** b

Der im BGB sowie in anderen Gesetzen (s. z.B. § 377 Abs. 1 und 3 HGB) des Öfteren verwendete Begriff „unverzüglich" gewährt mehr zeitlichen Spielraum als der Begriff „sofort". Dort muss „auf der Stelle" gehandelt werden, sodass prinzipiell *jedes* Zögern unzulässig ist; hier ist nur ein „schuld*haftes*" Zögern schädlich (§ 121 Abs. 1 S. 1), ein schuld*loses* Zögern also erlaubt. Das entsprechende Verschulden bemisst sich dabei grundsätzlich nach § 276 Abs. 1.

65 **Lösung:** d

Wer einen Vertrag wegen Irrtums wirksam angefochten hat, muss seinem *gut*gläubigen – nicht dem bösgläubigen (s. § 122 Abs. 2 und oben Nr. 60) – Partner nach § 122 Abs. 1 selbst bei schuld*losem* Irrtum den Vertrauensschaden ersetzen (s. unten Nrn. 67 ff.).

66 **Lösung:** c

Dagegen besteht bei der Anfechtung des § 123 keine solche Ersatzpflicht, weil der Partner hier entweder in unlauterer Weise selbst den in Rede stehenden Willensmangel herbeigeführt hat oder ihn zumindest kennt bzw. kennen muss (s. §§ 122 Abs. 2, 276 Abs. 2), also ebenfalls bösgläubig ist.

67 **Lösung:** a

Beim sog. negativen oder Vertrauensinteresse, wie es primär in den §§ 122 Abs. 1 und 179 Abs. 2 (s. oben Nr. 50) angesprochen ist, geht es darum, den Ersatzberechtigten so zu stellen, als hätte er von der fraglichen Handlung – der angefochtenen Erklärung, dem ohne Vertretungsmacht abgeschlossenen Vertrag – überhaupt keine Kenntnis gehabt. Beim sog. positiven oder Erfüllungsinteresse soll er dagegen so gestellt werden, als wenn die fragliche Handlung wirksam gewesen und wirksam geblieben – z.B. der angefochtene Vertrag korrekt erfüllt worden – wäre; hierunter fällt daher auch und gerade der Ersatz des entgangenen Gewinns aus dem fraglichen (angefochtenen etc.) Geschäft. Im Normalfall übersteigt daher das positive Interesse das negative, in Ausnahmefällen kann es umgekehrt sein, etwa wenn ein Vertrag zur Einführung o.Ä. ohne Gewinn oder gar unter den Selbstkosten abgeschlossen wurde (s. *Schünemann*, S. 266 ff.; vgl. auch Nrn. 68 ff.).

68 **Lösung:** c

Wer entgangenen Gewinn aus dem *angefochtenen* Vertrag verlangt, beruft sich gerade – positiv – auf dessen Gültigkeit, während er unter dem Gesichtspunkt des sog. negativen Interesses nur so gestellt werden darf, als hätte er von ihm gar keine Kenntnis gehabt (s. oben Nr. 67). Schmerzensgeld gibt es gemäß § 253

Abs. 2 grundsätzlich nur „wegen einer Verletzung des Körpers, der Gesundheit, der Freiheit oder der sexuellen Selbstbestimmung", auf gar keinen Fall im Rahmen des § 122 Abs. 1. Dagegen sind die Beurkundungskosten hier zu ersetzen: Hätte der Geschädigte von dem fraglichen Vertrag nichts erfahren, wären ihm dafür auch keine Beurkundungskosten erwachsen.

69 **Lösung:** c

Nach der Legaldefinition des § 122 Abs. 2 bedeutet das „Kennenmüssen" die Unkenntnis „infolge von Fahrlässigkeit", und zwar infolge von *jeder* – auch der leichtesten – Fahrlässigkeit (s. auch § 276 Abs. 1 und 2). Dieser Begriff wird auch an verschiedenen anderen Stellen gebraucht (s. nur §§ 169, 173, 179 Abs. 3 S. 1). Daneben gibt es Gutglaubensschutzfälle, bei denen – etwa beim Erwerb vom Nichtberechtigten oder gar beim Handelsregister – erst die *grob*fahrlässige Unkenntnis oder gar erst die positive Kenntnis eines bestimmten Umstands schadet (s. z.B. §§ 932 Abs. 2, 892, 15 Abs. 1 und 3 HGB).

70 **Lösung:** c

Von einer arglistigen Täuschung der G durch den Verkäufer kann im Ernst nicht die Rede sein. Ein Irrtum in der Erklärungshandlung liegt ebenfalls nicht vor; G hat sich auch nicht über den Inhalt ihrer Erklärung geirrt (vgl. nur oben Nr. 59). Die Lossagung ist lediglich durch den Wegfall des Kaufmotivs, nämlich der bevorstehenden Hochzeit ihres Enkelkindes, bewirkt worden. Ein solcher – einseitiger – Motivirrtum berechtigt aber hier – wie im Regelfall – nicht zur Anfechtung (vgl. *Rüthers/Stadler,* § 25 Rdnr. 19).

71 **Lösung:** d

Es liegt weder ein Erklärungs- noch ein Inhaltsirrtum vor, sodass § 119 Abs. 1 unanwendbar ist. Eine Anfechtungsmöglichkeit könnte deshalb nur aus Abs. 2 – Eigenschaftsirrtum – resultieren. „Eigenschaften" im dortigen Sinn sind „alle wertbildenden Faktoren, nicht aber das Ergebnis der Wertbildung", nämlich der Wert oder Preis einer Sache selbst *(Rüthers/Stadler,* § 25 Rdnrn. 48 f.), denn sonst berechtigte ja praktisch jede später entdeckte Divergenz zwischen dem objektiven Wert eines Gutes und seiner subjektiven Bewertung durch die Parteien („Preis") zur Anfechtung des betreffenden Kausalgeschäfts.

72 **Lösung:** b

Eine arglistige Täuschung des B durch T liegt nicht vor. Es fehlt auch an einem Fehlgehen der äußeren Erklärungshandlung des B und damit an einem Erklärungsirrtum. B hat sich aber – wenn auch sicherlich fahrlässig, was freilich insoweit bedeutungslos ist (s. oben Nr. 60) – über die rechtliche Bedeutung seines „Startkommandos" geirrt: Er glaubte an eine unentgeltliche Beförderung, schloss jedoch in Wirklichkeit einen entgeltlichen Beförderungsvertrag ab (das Bewusstsein, überhaupt eine rechtsgeschäftliche Erklärung abzugeben, wird man B unterstellen können, vgl. nur *Rüthers/Stadler,* § 17 Rdnr. 12). Dieser Rechtsirrtum ist ein klassischer Fall des Inhaltsirrtums nach § 119 Abs. 1, 1. Variante. Dass B dem T nach erfolgter Anfechtung gemäß § 122 Abs. 1 Schadensersatz leisten muss (s. dazu oben Nrn. 65, 67 ff.), steht auf einem anderen Blatt.

**73** **Lösung:** a

§ 122 statuiert die grundsätzliche Ersatzpflicht dessen, der eine Willenserklärung wegen Irrtums wirksam angefochten hat (s. oben Nrn. 60 und 65). V kannte den Anfechtungsgrund nicht und musste ihn auch nicht kennen (s. oben Nr. 69), ist also generell ersatzberechtigt. Nach § 122 Abs. 1 ist prinzipiell nur der Vertrauensschaden zu ersetzen, wozu nie der entgangene Gewinn aus dem *angefochtenen* Geschäft gehört (s. oben Nr. 68).

**74** **Lösung:** b

Hätte V von dem ersten – angefochtenen – Geschäft mit K überhaupt keine Kenntnis gehabt (s. oben Nr. 67), dann hätte er hier den Vertrag mit X abgeschlossen und dabei sogar 50,– € mehr Gewinn erzielt als aus dem Erstgeschäft. Dieser – beweisbar – entgangene Gewinn aus einem im Vertrauen auf die Gültigkeit des später angefochtenen Geschäfts *unterlassenen zweiten* Vertrag ist daher auch unter dem Gesichtspunkt des sog. negativen Interesses grundsätzlich liquidierbar. Allerdings gilt soweit die „Bremse" des § 122 Abs. 1 a.E.: Das Erfüllungsinteresse begrenzt die Höhe des zu ersetzenden Vertrauensinteresses (vgl. *Schünemann*, S. 267). Da V aus dem ersten – angefochtenen – Geschäft nur 1.350,– € Gewinn erzielt hätte, beschränkt sich die Ersatzpflicht des K auf diese Summe.

**75** **Lösung:** a

Die Echtheit eines Bildes ist ein wertbildender Faktor und damit eine Eigenschaft i.S. von § 119 Abs. 2 (s. oben Nr. 71). Sie ist auch „verkehrswesentlich", weil sie zumindest nach der Verkehrsauffassung stillschweigend „zum Inhalt des Geschäfts gehört" (s. *Rüthers/Stadler,* § 25 Rdnr. 51).

**76** **Lösung:** d

Auch hier liegt an sich – allein – ein Anfechtungsgrund i.S. von § 119 Abs. 2 vor (s. oben Nr. 75). Diese Anfechtungsmöglichkeit wird aber nach zutreffender h.M. durch die Spezialregelung der Sachmängelhaftung (§§ 437 ff.) verdrängt, denn andernfalls würden insbes. die Verjährungsregelungen des § 438 und erst recht die wesentlich schärfere Regelung des § 377 HGB (s. unten Nrn. 302 f.) leer laufen, weil man sich sonst auch wegen solcher Fehler, die man erst nach Jahren entdeckt, per Anfechtung (s. nur § 121 Abs. 1) noch vom Vertrag lösen könnte (vgl. *Rüthers/Stadler,* § 25 Rdnr. 70).

**77** **Lösung:** a

Hier liegt ein Fall der arglistigen Täuschung i.S. von § 123 vor. Im Gegensatz zur Anfechtung wegen Irrtums, die gemäß § 121 Abs. 1 S. 1 „unverzüglich" (s. dazu oben Nr. 64) nach Entdeckung des Irrtums erfolgen muss, hat derjenige, der wegen arglistiger Täuschung anficht, nach § 124 Abs. 1 ein Jahr für die Anfechtung Zeit, wobei die Jahresfrist nach Abs. 2 S. 1 mit dem Zeitpunkt der Entdeckung der Täuschung beginnt. Die Vorschriften der §§ 437 ff. verdrängen nach h.M. zwar weitgehend die Anfechtung wegen (Eigenschafts-)Irrtums (vgl. *Rüthers/Stadler,* § 25 Rdnr. 70 und Voraufgabe), nicht aber die wegen arglistiger Täuschung (s. dazu nur § 438 Abs. 3 und *Rüthers/Stadler,* § 25 Rdnr. 93).

## 6. Rechtsgeschäfte (insbesondere Arten, Zustandekommen, Allgemeine Geschäftsbedingungen, Diskriminierungsverbot)

**78** **Lösung:** c

Im 1. Buch finden sich die generellen Bestimmungen über das Zustandekommen von Rechtsgeschäften, die an anderen Stellen des BGB durch Spezialvorschriften teilweise modifiziert werden (s. nur §§ 311b Abs. 1 S. 1, 1154 Abs. 1, 1365 Abs. 1, 2229 Abs. 1). Bestimmte Typen von Rechtsgeschäften finden sich ebenfalls in jedem der Bücher des BGB, und zwar z.B. von der Vereinsgründung (s. §§ 21 ff.) über die Schuldverträge (s. nur §§ 311, 433 ff.), die Eigentumsübertragung (s. nur § 873), den Ehevertrag (s. § 1408) bis hin zum Erbschaftskauf (s. dazu § 2371).

**79** **Lösung:** d

Unter Rechtsgeschäft versteht man den aus einer oder mehreren privaten Willenserklärungen allein oder in Verbindung mit anderen Elementen (z.B. Realakten) bestehenden Tatbestand, an den die Rechtsordnung den Eintritt des in der oder den Willenserklärung(en) bezeichneten rechtlichen Erfolgs knüpft (vgl. *Rüthers/Stadler,* § 16 Rdnrn. 1 ff.). Ein Rechtsgeschäft besteht deshalb immer aus *mindestens einer Willenserklärung.* Lediglich eine Willenserklärung enthalten z.B. die meisten Gestaltungsgeschäfte – etwa die Anfechtungserklärung (§ 143 Abs. 1). Zwei Willenserklärungen werden für den normalen Vertrag benötigt (s. §§ 145 ff.); eine Willenserklärung und ein Realakt bilden z.B. das Rechtsgeschäft der Dereliktion einer beweglichen Sache (§ 959, s. dazu oben Nr. 13).

**80** **Lösung:** c

Beim Realakt handelt es sich dagegen um eine „rein tatsächliche", rechtmäßige Handlung, an die das Gesetz einen bestimmten Rechtserfolg unabhängig vom rechtsgeschäftlichen Willen des Handelnden knüpft (vgl. *Rüthers/Stadler,* § 16 Rdnr. 31). Hierzu gehören alle Varianten mit Ausnahme der Forderungsabtretung, denn diese erfolgt nach § 398 durch Vertrag zwischen altem und neuem Gläubiger.

**81** **Lösung:** c

Auslobung (§§ 657 ff.) und Bevollmächtigung (§ 167 Abs. 1) sind *ein*seitige Rechtsgeschäfte. Die Bürgschaft hingegen kommt nur durch – zweiseitigen – „Bürgschaftsvertrag" (so ausdrücklich § 765 Abs. 1) zwischen Bürgen und Gläubiger zu Stande. Dass von diesem Vertrag lediglich ein Teil – nämlich die

„Bürgschaftserklärung" des Bürgen – nach § 766 S. 1 der Schriftform bedarf, ändert nichts an der Vertragsnatur der Bürgschaft.

**82** **Lösung:** c

Als Verpflichtungsgeschäfte bezeichnet man die Rechtsgeschäfte, durch die die Verpflichtung einer Person zu einer Leistung gegenüber einer anderen Person begründet wird. Hierzu zählen insbes. „alle schuldrechtlichen Verträge, ... vor allem die gesetzlichen Vertragstypen des Besonderen Schuldrechts", also u.a. Kauf, Schenkung, Leihe. Das Verpflichtungsgeschäft allein ist freilich noch „kein abgeschlossener wirtschaftlicher Vorgang" (*Rüthers/Stadler*, § 16 Rdnr. 10), es bedarf vielmehr der Erfüllung, die beim Barzahlungskauf erst durch die zusätzlichen – dinglichen – Rechtsgeschäfte Übereignung der Kaufsache und Übereignung der Kaufpreisvaluta (§ 929 S. 1) sowie durch den Realakt der Besitzübertragung (§ 854 Abs. 1) erfolgt. Beim Rechtskauf erfolgt die „Übereignung" – besser Übertragung – des Rechts, insbes. einer Forderung, durch Abtretungsvertrag (= Zession) gemäß § 398 Abs. 1 (s. oben Nr. 80), der folglich kein Verpflichtungs-, sondern ein Erfüllungsgeschäft ist. Dieses Erfüllungsgeschäft ist zugleich eine sog. Verfügung (hierunter versteht man die Rechtsgeschäfte, die die Rechtslage eines Gegenstandes unmittelbar ändern, durch die ein bestehendes Rechtsobjekt „unmittelbar übertragen, aufgehoben, belastet oder inhaltlich verändert wird", vgl. *Rüthers/Stadler,* § 16 Rdnr. 11).

**83** **Lösung:** c

Zu den Verfügungen (s. oben Nr. 82) gehören die Übereignungen bei beweglichen (§§ 929 ff.) und unbeweglichen Sachen (s. nur § 873), ebenso natürlich auch die Forderungsabtretungen (§ 398).

**84** **Lösung:** b

Die Mahnung ist nach h.M. überhaupt keine echte rechtsgeschäftliche Handlung, zudem bewirkt sie selbst keine unmittelbare Rechtsänderung; der Mietvertragsabschluss gehört zu den Verpflichtungsgeschäften (s. oben Nr. 82). Dagegen wird durch den Erlassvertrag (§ 397 Abs. 1) als solchen ein bestehendes Recht aufgehoben.

**85** **Lösung:** c

Der Schuldner wirkt bei der Forderungsabtretung überhaupt nicht mit, er braucht noch nicht einmal Kenntnis von ihr zu haben (deshalb wird er auch grundlegend geschützt, s. nur §§ 404, 406 f.).

**86** **Lösung:** a

Das Erfüllungsgeschäft dient zwar generell dem Vollzug des vorher abgeschlossenen Verpflichtungsgeschäfts. Es ist aber nach dem sog. Abstraktionsprinzip (*Schünemann*, S. 76 f., 157, 195) in seinem rechtlichen Bestand zunächst grundsätzlich von dem des „steuernden" Verpflichtungsgeschäfts *un*abhängig, sofern nicht derselbe Defekt – etwa über § 105 Abs. 1 – auch hier „durchschlägt“ (s. oben Nr. 15) oder die Parteien ausnahmsweise z.B. die Gültigkeit des Verpflichtungsgeschäfts zur rechtlichen Bedingung des Verfügungsgeschäfts gemacht haben.

**87 Lösung:** a

Der Vertrag ist die wohl häufigste Form des Rechtsgeschäfts, das zumindest eine Willenserklärung enthalten muss (s. oben Nr. 79). Da er ein zwei- bzw. mehrseitiges Rechtsgeschäft darstellt, setzt er mindestens zwei Willenserklärungen voraus: Jeder Partner muss eine entsprechende Willenserklärung (Angebot bzw. Annahme) abgeben (s. §§ 145 ff.), und erst deren Zusammenwirken führt dann den erstrebten Rechtserfolg herbei. In bestimmten Fällen müssen noch weitere Elemente hinzukommen, etwa bei der Übereignung eines Grundstücks die Umschreibung im Grundbuch (§ 873 Abs. 1). Der Vertrag setzt also stets mindestens zwei Willenserklärungen voraus.

**88 Lösung:** a

Die Aneignung beweglicher Sachen (§ 958) ist jedenfalls kein Rechtsgeschäft, sondern nach h.M. nur ein Realakt, die Mahnung eine (rechts-)geschäftsähnliche Handlung (s. oben Nr. 84), die Kündigung ein einseitiges Rechtsgeschäft. Dagegen stellt die Schenkung, wie sich schon aus § 516 ergibt, einen – wenn auch nur einen sog. einseitig verpflichtenden – *Vertrag* dar (vgl. *Brox/Walker*, AT, § 3 Rdnr. 4).

**89 Lösung:** a

Nur die Anfechtung (§ 143) ist ein einseitiges (Gestaltungs-)Rechtsgeschäft (s. oben Nrn. 29 und 79). Die übrigen Beispiele gehören sämtlich zu den Verträgen.

**90 Lösung:** c

Die Geschäftsführung ohne Auftrag (§§ 677 ff.) ist im Gegensatz zum Auftrag i.S. der §§ 662 ff. *kein* Vertrag (s. nur § 677: „... ohne von ihm beauftragt ... zu sein ...“). Die Leihe (§§ 598 ff.) zählt, ebenso wie übrigens der Auftragsvertrag (§§ 662 ff.), zu den sog. unvollkommen zweiseitig verpflichtenden Verträgen (vgl. *Brox/Walker*, AT, § 3 Rdnr. 3), bei denen die Pflichten der Partner nicht im – subjektiv äquivalenten – Austauschverhältnis stehen. Anders liegt es bei der Miete (§§ 535 ff.): Hier verspricht jeder Partner seine Leistung (Gebrauchsüberlassung bzw. Mietzinszahlung) „gerade deshalb ..., weil auch der andere sich zu einer [gleichwertigen Gegen-]Leistung verpflichtet“ *(Brox/Walker*, AT, § 3 Rdnr. 2). Diese sog. synallagmatischen Verträge bezeichnet man als gegenseitige – besser: vollkommen zweiseitig verpflichtende – Verträge.

**91 Lösung:** b

Ein Vertrag setzt als zwei- bzw. mehrseitiges Rechtsgeschäft die Existenz wirksamer Willenserklärungen sämtlicher Partner voraus. Jede Willenserklärung verlangt ihrerseits u.a. den Rechtsbindungswillen des Erklärenden. Daran fehlt es insbes. „wenn der Erklärende erkennbar keine Rechtsfolge herbeiführen will" *(Rüthers/Stadler,* § 17 Rdnr. 16). Ein typisches Beispiel dafür sind „Verabredungen gemeinsamer Freizeitgestaltungen", die eben „regelmäßig ohne Rechtsbindungswillen" getroffen werden *(Rüthers/Stadler,* § 17 Rdnr. 17). Im Einzelfall kann die Auslegung, speziell wenn wesentliche wirtschaftliche Interessen des Erklärungsempfängers berührt werden, Gegenteiliges ergeben (vgl. *Rüthers/Stadler,* § 17 Rdnr. 18); eine solche Ausnahme liegt hier indessen nicht vor.

**92** **Lösung:** d

Die Schaufensterdekoration mit Preisauszeichnung ist – wie z.B. ein entsprechendes Zeitungsinserat – grundsätzlich noch kein Vertragsangebot des betreffenden Kaufmanns, sondern lediglich eine Aufforderung an die – potenziellen – Kunden, ihrerseits diesbezügliche Angebote zu machen (s. oben Nr. 61). Nicht V, sondern Frau B machte daher das Angebot zum Abschluss des Kaufvertrags. V wird es ablehnen, da das fragliche Modellkleid bereits verkauft ist.

**93** **Lösung:** b

Auch in einem Selbstbedienungsladen stellt nach zutreffender h.M. weder das Auszeichnen von Waren mit Verkaufspreisen noch das Einstellen derart „ausgezeichneter" Ware in Verkaufsregale bereits ein Angebot des betreffenden Unternehmers zum Abschluss eines Kaufvertrages mit potenziellen Kunden dar; es ist vielmehr nur eine Einladung zur Abgabe eines rechtsverbindlichen Angebots (vgl. etwa *Rüthers/Stadler,* § 19 Rdnr. 5). Das Angebot macht dagegen prinzipiell erst der Kunde an der „Theke" bzw. Kasse. Das „Nein" der Kassiererin ist deshalb die Verweigerung des Abschlusses eines entsprechenden Kaufvertrags, der damit erst gar nicht zu Stande kommt (s. nur § 146 Fall 1).

**94** **Lösung:** b

Auch die Speisekarte erfüllt dieselbe Funktion wie die Zeitungswerbung oder die Schaufensterdekoration: die „Einladung" an den Kunden, ein entsprechendes Vertragsangebot zu machen. Hier wird die dahinter stehende Motivation, sich in diesem Stadium noch nicht zu binden, sondern den eigentlichen Vertragsschluss insbes. von der Größe des Vorrats bzw. der Leistungsfähigkeit des Personals abhängig zu machen, wohl besonders plausibel.

**95** **Lösung:** b

Im Regelfall bedeutet das Schweigen auf eine Vertragsofferte etc. Ablehnung (vgl. auch §§ 108 Abs. 2 S. 2, 2. Halbs., 177 Abs. 2 S. 2, 2. Halbs., 415 Abs. 2 S. 2, 2. Halbs.). Von diesem Grundsatz gibt es schon unter Privatleuten gewisse Ausnahmen (s. etwa §§ 416 Abs. 1 S. 2, 455 S. 2). Der Grundsatz gilt aber auch für Kaufleute, wenn gleich bei ihnen die Ausnahmen zahlreicher sind (s. insbes. § 362 Abs. 1 HGB); hier sind die Ausnahmen übrigens speziell durch ein eigenes vorangegangenes Verhalten des jetzt Schweigenden gerechtfertigt. S. näher *Schünemann*, S. 115.

**96 Lösung:** a

Die eben (s. oben Nr. 95) erwähnte grundsätzliche Negativwirkung des Schweigens auf eine Vertragsofferte kann auch nicht durch den „Trick" umgangen werden, dem potenziellen Vertragspartner wie im vorliegenden Fall die Initiativlast aufzubürden und aus der menschlichen Trägheit Kapital zu schlagen. Das untätige Verstreichenlassen der Vierzehntagefrist lässt daher den Kaufvertrag nicht zustande kommen. B ist im Übrigen nicht zur Rücksendung des ihm unbestellt übersandten Buches verpflichtet; nach § 241a Abs. 1 wird sogar generell durch

„die Lieferung unbestellter Sachen ... durch einen Unternehmer an einen Verbraucher ... ein Anspruch gegen diesen nicht begründet".

**97 Lösung:** c

Auch ein Beherbergungsvertrag kommt als sog. Konsensualvertrag (s. oben Nr. 87) durch Angebot und Annahme zu Stande (s. §§ 145 ff.). Beides sind empfangsbedürftige Willenserklärungen, die als Erklärungen unter Abwesenden grundsätzlich dem anderen Teil zugehen müssen (s. § 130 Abs. 1 S. 1). Hiervon macht aber § 151 S. 1 für die Fälle eine Ausnahme, in denen die *Erklärung* der Annahme *gegenüber dem Offerenten* – nicht etwa die Annahme als Willenserklärung überhaupt – „nach der Verkehrssitte nicht zu erwarten ist oder der Antragende auf sie verzichtet hat". Das ist hier der Fall.

**98 Lösung:** a

Das Verhalten des V ist als verbindliches Angebot zum Abschluss eines Kaufvertrages zu werten. Im Gegensatz zu dem oben (Nr. 96) geschilderten Fall nimmt hier der Empfänger der unverlangt übersandten Ware diese in Gebrauch. Darin liegt die – durch schlüssiges Verhalten dokumentierte – Erklärung der Annahme des betreffenden Kaufvertrags, der auch § 241a Abs. 1 (s. dazu oben Nr. 96) nicht entgegen steht (vgl. nur *Rüthers/Stadler,* § 17 Rdnr. 26 f.). Auf einen Zugang dieser Annahmeerklärung hatte V offenbar verzichtet, sodass wiederum ein Fall des § 151 S. 1 gegeben ist.

**99 Lösung:** c

Nach § 145 ist ein Vertragsofferent grundsätzlich an seinen Antrag gebunden. Diese Bindung besteht aber gemäß § 146 nur bis zur Ablehnung bzw. innerhalb gewisser Fristen, andernfalls „erlischt" der Antrag. Hinsichtlich der Annahmefristen statuiert § 147 Abs. 1, dass eine Vertragsofferte unter Anwesenden „nur sofort" angenommen werden kann; hierunter fällt nicht mehr das schuldlose Zögern, das den großzügigeren Begriff „unverzüglich" charakterisiert (s. § 121 Abs. 1 S. 1), sondern „sofort" bedeutet grundsätzlich „augenblicklich". Allerdings ist diese strenge Fristenregelung keineswegs zwingend, unterliegt vielmehr – wie sich aus § 148 ergibt – der Disposition der Beteiligten. Deshalb ist es durchaus zulässig, auf Grund einer dahingehenden „Bedenkzeit"-Abrede der Partner die Annahme z.B. erst nach einer Woche rechtswirksam zu erklären.

100 **Lösung:** c

Empfangsbedürftige Willenserklärungen unter Abwesenden, um die es sich hier handelt, werden zwar nach § 130 Abs. 1 S. 1 grundsätzlich mit Zugang wirksam, und der Zugang des fraglichen Briefs ist um 11 Uhr erfolgt (vgl. oben Nrn. 39 f.). Jedoch bestimmt § 130 Abs. 1 S. 2, dass der vorherige oder spätestens gleichzeitige Zugang eines Widerrufs die ursprüngliche Erklärung gar nicht erst wirksam werden lässt, wobei die „Verkörperung" der Erklärungen (Brief, Telegramm, Fax etc.) ohne Belang ist. Diese Norm ist hier anwendbar, denn das bereits zu einer „christlichen", verkehrsüblichen Zeit eintreffende Widerrufsfax ist eine Stunde vor dem ursprünglichen Angebot zugegangen. Nähme A das – rechtlich nicht (mehr) vorhandene – „Angebot" des B dennoch an, wäre seine „Annahme" in Wirklichkeit eine bloße Vertragsofferte (vgl. auch § 150 Abs. 1), bedürfte also ihrerseits noch der wirksamen Annahme durch den anderen Teil.

101 **Lösung:** a

Hier gilt nun § 147 (s. oben Nr. 99) uneingeschränkt, da die Kontrahenten offenbar keine „Bedenkzeit"-Abrede getroffen haben. Das Angebot des A ist gemäß §§ 146, 147 Abs. 1 S. 1 mit dem Ende des Gesprächs erloschen, obwohl es bis dahin bindend gewesen war. Die schriftliche „Annahme" des B gilt rechtlich gemäß § 150 Abs. 1 als „neuer Antrag".

102 **Lösung:** a

B hat die Bindung an seine Offerte (s. oben Nr. 99) ebenfalls nicht grundsätzlich ausgeschlossen (vgl. § 145). Daher gilt die Bindungsregelung des § 146, die insoweit auf § 147 Abs. 2 verweist, weil sich B nicht mündlich, sondern schriftlich erklärte. Er ist folglich „bis zu dem Zeitpunkt" an seine Erklärung gebunden, „in welchem ... er ... den Eingang der Antwort unter regelmäßigen Umständen erwarten darf"; hierbei sind die drei Stadien des „Transports" der Offerte, der angemessenen Überlegungsfrist des Partners und des „Transports" einer eventuellen Annahme zu berücksichtigen (vgl. *Rüthers/Stadler,* § 19 Rdnr. 17).

103 **Lösung:** d

Die von A gesetzte Annahmefrist (s. § 148) bezog sich generell auf den Zugang einer eventuellen Annahme des B. Für diesen Zugang ist aber die *tatsächliche* Kenntnisnahme durch den Empfänger nicht erforderlich, vielmehr reicht es aus, dass für diesen unter *normalen* Umständen die *Möglichkeit* alsbaldiger Kenntnisnahme bestand (s. auch oben Nrn. 39 und 42). Das war hier schon am 14.7. der Fall. Der „abnorme", wenn auch unverschuldete Fall der vorübergehenden Abwesenheit des A bleibt insoweit außer Betracht.

104 **Lösung:** d

Aus den Prinzipien der Privatautonomie und der Vertragsfreiheit folgt auch der Grundsatz der Formfreiheit (vgl. *Schünemann*, S. 112, 115). Sofern nicht das Gesetz eine bestimmte Form vorschreibt – was recht selten der Fall ist – oder die Parteien nicht eine solche durch besondere Abrede vereinbart haben, können Willenserklärungen und Rechtsgeschäfte formbeliebig vorgenommen werden. Für Verträge schreibt das BGB nur ausnahmsweise – etwa aus Gründen der besseren Beweisbarkeit oder des Schutzes vor Übereilungen – die Schriftform (s. etwa §§ 484 Abs. 1 S. 1, 492 Abs. 1 S. 1) oder gar die notarielle Beurkundung (s. etwa § 311b Abs. 1 S. 1, Abs. 3 und Abs. 5 S. 2) vor; im Regelfall kommen sie formfrei zu Stande.

**105** **Lösung:** b

Für den Grundstückskaufvertrag schreibt § 311b Abs. 1 S. 1, für den Erbschaftskaufvertrag § 2371 die notarielle Beurkundung vor. Für den Abschluss eines Mietvertrages „über Wohnraum" verlangt § 550 S. 1 lediglich mittelbar die Schriftform und das auch nur dann, wenn er „für längere Zeit als ein Jahr" geschlossen wird. Selbst in diesen Fällen bewirkt ein Formverstoß nicht die Nichtigkeit, sondern nur gewisse Kündigungserleichterungen (s. z.B. §§ 573 ff.).

**106** **Lösung:** b

Mitunter verlangt das Gesetz auch nur, dass besonders wichtige *Teile* eines Rechtsgeschäfts formbedürftig sind, dagegen nicht das gesamte Rechtsgeschäft. Dazu gehört der Fall des § 766 S. 1, in dem lediglich die „schriftliche Erteilung der Bürgschaftserklärung" durch den Bürgen insbes. aus Gründen des Schutzes vor Übereilung („Warnfunktion") statuiert wird. Zur Erfüllung dieses Formerfordernisses ist es nach § 126 Abs. 1 notwendig, aber auch ausreichend, dass die fragliche Erklärung „von dem Aussteller eigenhändig durch Namensunterschrift ... unterzeichnet wird". Eine Faksimileunterschrift genügt hier – anders als z.B. nach § 793 Abs. 2 S. 2 bei Schuldverschreibungen auf den Inhaber – ebenso wie eine bloß maschinenschriftliche „Unterzeichnung" nicht, während andererseits die Eigenhändigkeit auch des eigentlichen Urkundeninhalts, im Gegensatz etwa zum eigenhändigen Testament des § 2247 Abs. 1, nicht verlangt wird. Nach § 126a kann zwar die gesetzlich vorgeschriebene Schriftform seit einiger Zeit grundsätzlich „durch die elektronische Form ersetzt werden", wozu „der Aussteller der Erklärung dieser seinen Namen hinzufügen und das elektronische Dokument mit einer qualifizierten elektronischen Signatur nach dem Signaturgesetz versehen" muss. Gemäß § 766 S. 2 ist allerdings die „Erteilung der Bürgschaftserklärung in elektronischer Form ... ausgeschlossen." Zu Formzwang und Formmangel s. näher *Schünemann*, S. 116 ff.

**107** **Lösung:** c

Der zwischen H und M scheinbar zu Stande gekommene Werkvertrag ist in Wirklichkeit jedenfalls gemäß § 138 Abs. 1 wegen Verstoßes gegen die guten Sitten nichtig. Ein solcher Sittenverstoß liegt nach bisher h.M. dann vor, wenn das „Anstandsgefühl aller billig und gerecht Denkenden" verletzt ist. Abgesehen davon, dass auch diese Formel inhaltlich präzisiert werden muss (vgl. nur *Rüthers/Stadler*, § 26 Rdnr. 30), sollte man mit der jetzt wohl schon h.M. den Begriff der Sittenwidrigkeit „möglichst weitgehend ... ‚entmoralisieren'" – und ihn nur noch auf solche Tatbestände anwenden, in denen „die sittliche Durchschnittsauffassung der Rechtsgemeinschaft grob verletzt wird" *(Rüthers/Stadler,* § 26 Rdnr. 30). Das ist hier unzweifelhaft der Fall. H und M kennen zudem die Umstände, aus denen die Sittenwidrigkeit resultiert, und handeln daher beide sittenwidrig (vgl. dazu *Rüthers/Stadler,* § 26 Rdnr. 33). Deshalb tritt nun § 138 als Schranke der Privatautonomie in Funktion, die auch durch den einverständlichen Willen von H und M nicht überwunden werden kann. Außerdem verstößt der Vertrag gegen ein gesetzliches Verbot und ist deswegen auch gemäß § 134 nichtig.

**108 Lösung:** c

Das Recht der AGB ist seit 2002 im BGB gesetzlich geregelt und findet sich dort – systematisch an der falschen Stelle (es gehört in den Allgemeinen Teil und nicht in das Schuldrecht) – in den §§ 305 ff. n.F. § 305 Abs. 2 bestimmt, dass solche Geschäftsbedingungen (s. dazu § 305 Abs. 1) grundsätzlich „nur dann Bestandteil eines Vertrages" werden, „wenn der Verwender bei Vertragsschluss

1. die andere Vertragspartei ausdrücklich oder, wenn ein ausdrücklicher Hinweis wegen der Art des Vertragsabschlusses nur unter unverhältnismäßigen Schwierigkeiten möglich ist, durch deutlich sichtbaren Aushang am Ort des Vertragsabschlusses auf sie hinweist und
2. der anderen Vertragspartei die Möglichkeit verschafft, in zumutbarer Weise … von ihrem Inhalt Kenntnis zu nehmen,

und wenn die andere Vertragspartei mit ihrer Geltung einverstanden ist".

Obwohl die eben zitierte Vorschrift nach § 310 Abs. 1 S. 1 gegenüber einem „Unternehmer" (s. dazu § 14) keine Anwendung findet, gilt auch dann insoweit der – richterrechtliche – Grundsatz, dass AGB nicht schon durch einseitigen Hinweis des Aufstellenden oder gar durch ihre bloße Aufstellung als solche, sondern erst durch eine – unter Umständen auch kraft schlüssigen Verhaltens oder durch Schweigen auf ein kaufmännisches Bestätigungsschreiben (vgl. unten Nrn. 294 und 295) zu Stande kommende – diesbezügliche Einigung der Beteiligten verbindlich werden. Zur Einbeziehung von AGB in das Vertragsverhältnis s. näher *Schünemann*, S. 287 ff.

**109 Lösung:** a

Die zunächst richterrechtlich entwickelte Unklarheitenregel ist in § 305c Abs. 2 normiert. Ihr liegt der Gedanke zu Grunde, dass jemand, der eine Erklärung abgibt, die „Formulierungsherrschaft" hat und deshalb das Risiko nicht eindeutiger Formulierungen in Kauf nehmen muss.

**110 Lösung:** c

Eine Regelung dieses Problems wird man in den §§ 305-310 vergeblich suchen: Die vorherige Freizeichnung durch *AGB* für *eigenen* Vorsatz ist dem Schuldner deshalb aber nicht etwa gestattet, ganz im Gegenteil, ihre Unwirksamkeit folgt bereits aus § 276 Abs. 3, der schon eine entsprechende *Individualvereinbarung* ausdrücklich untersagt; sie wäre im Übrigen auch sittenwidrig (§ 138 Abs. 1).

111 **Lösung:** c

Zwar findet die in der Voraufgabe heran gezogene Norm des § 276 Abs. 3 gemäß § 278 S. 2 auf Erfüllungsgehilfen „keine Anwendung", aber § 309 Nr. 7a und b verbieten, entsprechende Freizeichnungsklauseln in AGB.

112 **Lösung:** b

Beim Kauf *neuer* Waren ist der *völlige* – d.h. ersatzlose – *Ausschluss* der Gewährleistungsansprüche durch AGB unzulässig (§ 309 Nr. 8b aa). Zulässig ist hingegen nach Nr. 8 b) bb) die entsprechende *Beschränkung* „auf ein Recht auf Nacherfüllung", „sofern dem anderen Vertragsteil ... ausdrücklich das Recht vorbehalten" wird, „bei Fehlschlagen der Nacherfüllung zu mindern oder ... nach seiner Wahl vom Vertrag zurückzutreten". Zur Inhaltskontrolle von AGB hinsichtlich ihrer Wirksamkeit s. *Schünemann*, S. 290 ff.

113 **Lösung:** a

Auf den in Art. 3 Abs. 2 S. 1 GG verankerten Gleichberechtigungsgrundsatz kann sich Frau H hier nicht berufen, weil der prinzipiell nur im Verhältnis der Bürger zum Staat, also im öffentlichrechtlichen Bereich gilt, nicht aber im Bereich der privatrechtlichen Beziehungen der Bürger untereinander. Für solche Beziehungen ist vielmehr grundsätzlich die sog. Privatautonomie maßgeblich, d.h. die Befugnis der Rechtsgenossen, ihre Angelegenheiten prinzipiell nach ihren eigenen Vorstellungen zu regeln, („soweit nicht das Gesetz oder Rechte Dritter entgegenstehen", wie es § 903 sehr plastisch für die sog. Eigentumsfreiheit formuliert). Aus der Privatautonomie folgt u.a. das Prinzip der Vertragsabschlussfreiheit, also das Recht einer Person, mit einer anderen Person einen Vertrag zu schließen oder aber auch nicht zu schließen. Diese Freiheit hat allerdings schon bislang nicht schrankenlos gegolten: In bestimmten Sonderfällen, nämlich insbes. dann, wenn die Verweigerung eines Vertragsabschlusses – z.B. wegen einer Monopolstellung – eine sittenwidrige Schädigung bedeuten würde, musste sie einem sog. Kontrahierungszwang weichen (vgl. *Schünemann*, S. 113). Im Jahr 2006 hat das „Antidiskriminierungsgesetz" eine ganze Reihe weiterer Ausnahmetatbestände hinzugefügt.

Im vorliegenden Fall könnte § 19 Abs. 1 Nr. 1 AGG Frau H Recht geben. Er statuiert ein weit reichendes zivilrechtliches Benachteiligungsverbot. Danach ist eine „Benachteiligung aus Gründen der Rasse oder wegen der ethnischen Herkunft, wegen des Geschlechts, der Religion, einer Behinderung, des Alters oder der sexuellen Identität bei der Begründung, Durchführung und Beendigung zivilrechtlicher Schuldverhältnisse, die ... typischerweise ohne Ansehen der Person zu vergleichbaren Bedingungen in einer Vielzahl von Fällen zustande kommen (Massengeschäfte) oder bei denen das Ansehen der Person nach Art des Schuldverhältnisses eine nachrangige Bedeutung hat und die zu vergleichbaren

Bedingungen in einer Vielzahl von Fällen zustande kommen, ... unzulässig." Hier handelt es sich zweifelsohne um eine „Benachteiligung ... wegen des Geschlechts ... bei der Begründung" eines zivilrechtlichen Schuldverhältnisses, nämlich eines Kaufvertrags. Man könnte prima vista auch meinen, dass ein Kaufvertrag über einen gebrauchten Pkw i.d.R. ferner ein „Massengeschäft" ist, also ein Vertrag, der „typischerweise ohne Ansehen der Person zu vergleichbaren Bedingungen in einer Vielzahl von Fällen zustande" kommt. Das würde freilich zur Folge haben, dass jetzt sehr viele Rechtsgeschäfte von Privatpersonen unter einander nicht mehr wie bisher dem Prinzip der Privatautonomie, sondern dem Grundsatz eines allgemeinen Gleichbehandlungsgebots unterstünden. So weit wollte der Gesetzgeber aber nicht gehen. Bei der Beantwortung der Frage, ob der betreffende Vertrag ein solches „Massengeschäft" ist oder nicht, muss deshalb nach ganz h.M. auf die Sicht des konkreten Anbieters abgestellt werden. Für einen Gebrauchtwagenhändler ist sie gewiss zu bejahen. Für eine Privatperson wie S, der vielleicht nur zum ersten und letzten Mal einen derartigen Verkauf vornimmt, dagegen nicht. Damit ist § 19 Abs. 1 Nr. 1 AGG in concreto unanwendbar, und es bleibt beim Prinzip der (negativen) Vertragsabschlussfreiheit, d.h. S kann Frau H den entsprechenden Kaufvertragsabschluss zulässigerweise verweigern.

114 **Lösung:** a

§ 19 Abs. 1 Nr. 1 AGG verbietet an sich auch eine „Benachteiligung aus Gründen der Rasse oder der ethnischen Herkunft". Trotzdem ist er – wie in der Voraufgabe dargelegt wurde – hier nicht anwendbar. Für diese beiden Benachteiligungstatbestände gilt jedoch das erweiterte Verbot des § 19 Abs. 2 AGG. Es untersagt eine entsprechende Diskriminierung „darüber hinaus auch bei der Begründung ... sonstiger zivilrechtlicher Schuldverhältnisse", soweit sie u.a. „die Versorgung mit Gütern" betreffen, „die der Öffentlichkeit zur Verfügung stehen" (s. § 2 Abs. 1 Nr. 8 AGG), d.h. das Verbot gilt hier auch außerhalb von „Massengeschäften". Damit sind insoweit einzelne Rechtsgeschäfte von Privatpersonen unter einander ebenfalls mit einbezogen. S hat jetzt den Vertragsschluss mit T wegen dessen „ethnischer Herkunft" verweigert, für die es unerheblich ist, ob T inzwischen die deutsche Staatsangehörigkeit besitzt oder nicht. Diese Verweigerung verstößt daher gegen § 19 Abs. 2 AGG.

## 7. Begründung, Arten und Beendigung von Schuldverhältnissen im Allgemeinen

115 **Lösung:** b

Schuldverhältnisse entstehen keineswegs immer durch Vertrag. Zum Einen beschränkt § 311 I das sog. Vertragsprinzip (Konsensprinzip) von vornherein auf die Begründung von Schuldverhältnissen „durch Rechtsgeschäft", lässt also den wichtigen Bereich der „gesetzlichen" Schuldverhältnisse (die wichtigsten sind die aus unerlaubter Handlung, ungerechtfertigter Bereicherung und Geschäftsführung ohne Auftrag, s. §§ 823 ff., 812 ff., 677 ff.) gänzlich unangetastet, und zum Anderen ist gemäß § 311 Abs. 1 das Vertragsprinzip selbst im rechtsgeschäftlichen Bereich nur gültig, soweit nicht das Gesetz ein anderes vorschreibt, wie z.B. in § 443 für Beschaffenheits- und Haltbarkeitsgarantien und in § 657 für die „Auslobung". Das Vertragsprinzip gilt also nur „grundsätzlich".

**116** **Lösung:** Gestaltungs-, Form-

Während sich die Abschlussfreiheit auf das Ob und auf den Vertragspartner bezieht, meint die Gestaltungsfreiheit die Ungebundenheit hinsichtlich des Vertragsinhalts; die Formfreiheit schließlich bedeutet, dass die Rechtsordnung auch z.B. mündlich oder körpersprachlich (z.B. durch Kopfnicken, wortlosen Händedruck) geschlossene Verträge als gültig anerkennt. Es handelt sich bei alledem freilich nur um einen „Grundsatz", der durch zahlreiche, praktisch bedeutsame Ausnahmen durchbrochen wird. So gibt es Abschlussgebote (z.B. aus § 20 Abs. 1 GWB) und Abschlussverbote (z.B. §§ 3 ff. Mutterschutzgesetz), sachenrechtlichen Typenzwang und Einschränkungen der Gestaltungsfreiheit durch zwingende Normen, und schließlich gesetzliche (vgl. nur §§ 311b, 312c) und rechtsgeschäftliche (vgl. § 125 S. 2) Formvorschriften. Dies alles gilt auch – trotz dann nicht mehr passender Terminologie – für einseitige Rechtsgeschäfte, sodass es statt „Vertragsfreiheit" besser „Privatautonomie" heißen müsste. S. zum Ganzen *Schünemann,* S. 112 ff.

**117** **Lösung:** a, § 267 Abs. 1, §§ 293 f.; d, Sittenwidrigkeit, § 138 Abs. 1

Das BGB hat sich über gewisse logische Probleme hinweggesetzt, die sich aus der Natur des Schuldverhältnisses als Rechtsband zwischen den Parteien ergeben: Nicht nur die Leistung an einen Nicht-Gläubiger ist nach §§ 362 Abs. 1, 185 grundsätzlich erfüllungstauglich, sondern gemäß § 267 Abs. 1 auch die Leistung eines Nicht-Schuldners: Wegen Letzterem muss Shylock das von den Freunden seines Zahlungsschuldners ordnungsgemäß angebotene Geld bei Vermeidung des Annahmeverzuges akzeptieren. Ausnahmen greifen nicht ein: Die Anwendbarkeit von § 267 scheitert nicht schon daran, dass hier der Kaufmann „in Person" zu leisten hätte, weil Zahlungsschulden das gerade Gegenteil sog. höchstpersönlicher Leistungspflichten darstellen (vgl. demgegenüber § 613 S. 1). Und § 267 Abs. 2 kommt nicht zum Zug, weil dem Kaufmann verständlicherweise die Solidarität seiner Freunde hoch willkommen ist. – Wegen der Nichtigkeit der sittenwidrigen Abrede, Fleisch aus dem Kaufmann herausschneiden zu dürfen, kann fraglich sein, ob die Darlehensabrede ebenfalls nichtig ist, doch soll der einschlägige § 139 gerade außer Betracht bleiben.

**118** **Lösung:** b, § 397 Abs. 1

Der „Verzicht" auf eine Forderung ist in der Terminologie des Gesetzes ein Forderungserlass, der gemäß § 397 ebenfalls nur durch Vertrag möglich ist. Ist F, aus welchem Grund auch immer, nicht einverstanden, fehlt es an der notwendigen Einigung der Beteiligten. Die Darlehensforderung des R aus § 488 Abs. 1 S. 2 besteht also unverändert fort. Das Sachenrecht kennt demgegenüber die

Möglichkeit einseitiger Rechtsaufhebung durch den Rechtsinhaber. Vgl. §§ 875 Abs. 1, 959 und unten Nr. 208.

119 **Lösung:** a, c

Lebensmittelkonserven werden im Verkehr im Gegensatz z.B. zu Frischobst, Frischgemüse oder Frischfleisch grundsätzlich als austauschbar, also als vertretbare Sachen (§ 91) angesehen. Statt Individualität steht hier also die Fungibilität im Vordergrund. Frau F will jedoch gerade die von ihr ausgewählten Exemplare erwerben, den Kaufgegenstand also nicht nur dem Typ nach bestimmen. Denn sie präsentiert an der Kasse, dem Ort des Vertragsschlusses, ja gerade durch sie bestimmte Sachen. Es liegt somit ein Stückkauf vor. Stückkauf und nicht vertretbare Sache, Gattungskauf und vertretbare Sache werden zwar wegen § 157 vielfach Hand in Hand gehen; zwingend notwendig ist das aber nicht, wie das vorliegende Alltagsbeispiel zeigt, weil die Ansatzpunkte für die Klassifizierung jeweils verschieden sind: Wille der konkreten Vertragspartner einerseits, Verkehrsanschauung (§ 91) andererseits. Zum Begriff des Werklieferungsvertrages s. § 651. – Statt „Stückkauf" wird oft auch vom „Spezieskauf" gesprochen. Das verwirrt nur, weil *spezies* auf lateinisch u.a. gerade *Gattung* heißt.

120 **Lösung:** b

Die Lieferpflicht beim hier vorliegenden Versendungskauf (beachte dazu auch die Beschreibung in § 447) stellt einen Hauptfall der Schickschuld dar, für die es charakteristisch ist, dass der Ort der Leistungshandlung vom Ort, an dem der Leistungserfolg eintreten soll, verschieden ist. Das hat Auswirkungen etwa für die Beurteilung der Rechtzeitigkeit einer Leistung oder für die Kosten- und Gefahrtragung. Die bei der Schickschuld an sich unspezifische Übernahme der Versandkosten durch N macht seine Schickschuld jedenfalls nicht zur Bringschuld (§ 269 Abs. 3!). Das zeigt sich auch bei der Zahlungsschuld, die nach dem schwer verständlichen § 270 Abs. 1 und 4 ebenfalls Schickschuld ist (nicht nur beim Versendungskauf!), aber mit (dispositiv-)gesetzlich angeordneter Kostentragung des Zahlungsschuldners. Im Ausgangspunkt statuiert das BGB in § 269 Abs. 1 freilich Holschulden. Ob K Privatkunde oder Unternehmer ist, spielt für die Beantwortung letztlich keine Rolle: Obwohl § 474 Abs. 4 S. 1 für den hier vorliegenden Verbrauchsgüterkauf (zum Begriff s. § 474 Abs. 1) den § 447 ausschließt, bleibt die Lieferschuld dennoch Schickschuld. Zu alledem vgl. *Schünemann,* S. 130 ff., 229 ff., 312 ff.

121 **Lösung:** b, § 242

Ein Verstoß gegen § 266 ist vorliegend nicht gegeben. Dem S fehlen hier lediglich 4,37 € zur vollen Begleichung seiner Schuld. Würde die G unter Berufung auf § 266 die Annahme des Geldes ablehnen, wäre das rechtsmissbräuchlich. Aus dem Grundsatz von Treu und Glauben des § 242 ergibt sich über die §§ 226, 826 hinaus, dass jede Rechtsausübung die gegen Treu und Glauben verstößt, also durch welche das Recht zweckwidrig verwendet wird, unzulässig ist. Allerdings ist die G trotzdem nicht zur Annahme des Geldes verpflichtet und gerät somit auch nicht in Annahmeverzug nach § 293, da eine Leistung des S um 2.00 Uhr nachts wiederum gegen den Grundsatz des § 242 von Treu und Glauben (Leistung zur Unzeit) verstößt (vgl. auch *Brox/Walker,* AT, § 7 Rdnrn. 8, 14 f.).

**122** **Lösung:** a

Nach § 271 Abs. 2 hat die Bestimmung einer Leistungszeit im Zweifel die Wirkung, dass der Gläubiger die Leistung zwar nicht eher verlangen, der Schuldner sie aber vorher bewirken kann. Etwas anderes gilt etwa dann, wenn das Geschäft mit der zeitgerechten Leistung „stehen und fallen" soll (Fixgeschäft, vgl. *Schünemann*, S. 138, 182 f.). Da der Sachverhalt hierüber nichts sagt und auch die Umstände keine Besonderheiten signalisieren (50 Pfund Kartoffeln sind kein ernsthaftes Lagerproblem), bleibt es bei der Regel. V darf deshalb bereits am 15.10. liefern. Verweigert K die Annahme, so gerät er in Gläubigerverzug (§§ 293 ff.).

**123** **Lösung:** a, b, e, f

Ein per Schuldverhältnis entstandener Anspruch geht zunächst durch Erfüllung unter. Erfüllung ist das Bewirken der geschuldeten Leistung (§ 362 Abs. 1). Die Entgegennahme eines Schecks ist lediglich eine Leistung erfüllungshalber (kein Ausdruck des Gesetzes!), die einen Zahlungsanspruch zunächst nicht zum Erlöschen bringt (der Scheck ist ja vielleicht nicht gedeckt!). Auch durch die Aufrechnung nach § 387 kann ein Anspruch untergehen. Dazu müssen sich zwei Forderungen aufrechenbar gegenüberstehen (s. unten Nr. 124). Die Forderungen erlöschen dann in dem Zeitpunkt, in welchem der eine Teil dem anderen Teil gegenüber eine Aufrechnungserklärung abgibt (§ 388). Weiterhin wird der Schuldner von seiner Leistungspflicht frei, wenn ihm die Leistung nachträglich unmöglich geworden ist, vgl. § 275 Abs. 1. Auch das Versäumen einer Ausschlussfrist (vgl. §§ 121, 124, 350, 626 Abs. 2) kann zum Erlöschen eines Anspruchs führen. Davon zu unterscheiden ist die Verjährung. Die Verjährung (vgl. §§ 194 ff.) ist eine Einrede, d.h. der Schuldner muss sich darauf berufen. Der Anspruch geht dann jedoch nicht unter, sondern kann nicht mehr durchgesetzt werden. Auch die Stundung führt nicht dazu, dass ein Anspruch untergeht, durch sie wird nur die Fälligkeit hinausgeschoben (vgl. § 271 Abs. 1).

**124** **Lösung:** a, c, f, g

Der (abdingbare!) § 387 macht klar, dass Haupt- und Gegenforderung jeweils denselben Personen zustehen bzw. gegen sie gerichtet sein müssen, und dass – logischerweise – Äpfel nicht gegen Schrauben „aufgerechnet" werden können. Anders als beim Zurückbehaltungsrecht (§ 273) spielt aber die Konnexität keine Rolle, sodass z.B. gegen eine Kaufpreisforderung mit einer Forderung auf Mietzinszahlung aufgerechnet werden kann. Auf die gleiche Forderungshöhe kommt es ebenfalls nicht an (vgl. das „soweit" in § 389!). Hingegen muss natürlich, wie sich aus § 387 BGB unmittelbar ergibt, die Hauptforderung, die ja durch die Aufrechnung erlöschen soll, erfüllbar sein, und die Gegenforderung, die nicht nur aufgeopfert, sondern vor allem ja gleichsam zwangsweise durchgesetzt wird, fällig sein. Vgl. *Schünemann,* S. 149 ff.

125 **Lösung:** a, c, d (§ 328)

Grundsätzlich sind Rechte und Pflichten aus einem Vertragsschuldverhältnis nur den Vertragspartnern zugeordnet (Relativität der Rechtsbeziehungen!). Davon macht § 328 eine Ausnahme, wenn die Vertragspartner dies so wünschen. Dieser Effekt kann allerdings nur zu Gunsten, nicht zu Lasten des Dritten eintreten. Zu Einzahlungen kann P deshalb nicht herangezogen werden, wohl aber S als Vertragspartner. Mit einer Stellvertretung (§§ 164 ff.) von P durch S hat dies nichts zu tun: S will ja Vertragspartner sein, handelt also gerade nicht im fremden Namen, freilich mit der altruistischen Zielsetzung, den Rechts- und Vermögensstatus von P zu verbessern. Aus diesem im Patenschaftsverhältnis gründenden Fürsorgezweck des Sparvertrages ist abzuleiten, dass auch P selber über das Guthaben soll verfügen können, allerdings erst dann, wenn der Sinn der Patenschaft erfüllt ist, das Patenkind bis zur Konfirmation im christlichen Geist zu begleiten (vgl. § 328 Abs. 2). Neben dieser Vertragsgestaltung kennt die Jurisprudenz auch noch schwächere Formen des Vertrages zu Gunsten Dritter wie sog. unechte Verträge zu Gunsten Dritter und vertragliche Schutzwirkungen über die Vertragspartner hinaus. Vgl. zu alledem *Schünemann,* S. 153 ff.

126 **Lösung:** b, §§ 362 Abs. 1, 407 Abs. 1; d, § 816 Abs. 2

Der Abtretungsvertrag (§ 398 BGB) entfaltet seine Verfügungswirkung ohne jede Mitwirkung des Schuldners, ja ohne dessen Information. Bei einer solchen („stillen") Zession sieht § 407 Abs. 1 freilich die Befreiung des gutgläubigen Schuldners vor, der an den früheren Gläubiger („Alt-Gläubiger", Zedent) unberechtigt, aber – wegen § 407 Abs. 1 – wirksam leistet. Der tatsächliche Gläubiger („Neu-Gläubiger", Zessionar) seinerseits, erhält einen Ausgleichsanspruch gegen den Zedenten. – Ist der Schuldner hingegen nicht gutgläubig, greift § 407 Abs. 1 BGB also nicht ein, wirkt die Leistung an den Zedenten für den Schuldner nicht befreiend. Der Zessionar hat weiter einen Anspruch gegen den Schuldner, der die Leistung an den Zedenten dann im Wege der Leistungskondiktion (§ 812 Abs. 1 S. 1, 1. Alt.; genau zitieren!) zurückverlangen kann. Für einen Anspruch des Zessionars gegen den Zedenten nach § 816 Abs. 2 ist in diesem alternativen Szenario natürlich kein Raum, weil ja die Leistung an den Zedenten dem Zessionar (dem „Berechtigten", also dem Rechtsinhaber der Forderung) gegenüber gerade nicht wirksam ist. Vgl. *Schünemann,* S. 156 ff., 238 ff.

127 **Lösung:** b

Dass noch nicht erfüllte (primäre) Leistungspflichten durch wirksamen Rücktritt erlöschen, hält der Gesetzgeber für selbstverständlich und äußert sich deshalb in § 346 („Wirkungen des Rücktritts") gar nicht dazu. Sekundäre Leistungspflichten (insbes. auf Schadensersatz) bleiben allerdings bestehen (vgl. schon § 346 Abs. 2, ferner etwa § 325).

## 8. Leistungsstörungen

**128** **Lösung:** b, § 280 Abs. 1; c, § 823 Abs. 1

L haftet dem E wegen Verletzung einer Vertragspflicht: Er hat die Unmöglichkeit der nach § 604 Abs. 1 geschuldeten Rückgabe der Vase infolge seiner Unachtsamkeit fahrlässig (§ 276 Abs. 2) herbeigeführt und somit nach § 276 Abs. 1 S. 1 zu vertreten. Die Voraussetzungen des § 280 Abs. 1 liegen mithin vor. Vertragliche Ansprüche schließen aber – im Gegensatz zu anderen Rechtsordnungen – deliktsrechtliche Ansprüche nicht aus (Anspruchskonkurrenz i.S. einer Anspruchshäufung). Hier liegt zugleich eine rechtswidrige und fahrlässig herbeigeführte Verletzung des Eigentumsrechtes des E durch L hinsichtlich der Vase vor, was nach § 823 Abs. 1 ebenfalls eine Schadensersatzpflicht begründet. Beide Ansprüche sind freilich auf ein und dasselbe Ziel gerichtet, sodass E im Ergebnis natürlich nur einmal seinen Schaden ersetzt erhält.

**129** **Lösung:** c

Regelmäßig wird zwar für Vorsatz und *jedes* Maß von Fahrlässigkeit gehaftet (s. § 276 Abs. 1). Eine abweichende Bestimmung des Haftungsmaßstabes – in Richtung einer Verschärfung oder einer Milderung – kann sich jedoch aus einem Vertrag, aber auch aus dem Gesetz ergeben. Für letzteres ist ein schuldrechtlich wichtiger Fall des § 287 S. 2 einerseits, des § 300 Abs. 1 andererseits. Im Übrigen weist § 276 Abs. 1 selber schon auf eine Verschärfung des Haftungsmaßstabes bei Übernahme einer („unselbstständigen") Garantie oder eines Beschaffungsrisikos hin.

**130** **Lösung:** b, § 275 Abs. 1; c, § 326 Abs. 2 S. 1

Auf den ersten Blick scheint für die hier vorliegende Gattungsschuld weder objektive noch subjektive Leistungsunmöglichkeit vorzuliegen, weil es ja noch genug Heizöl auf der Welt gibt und vermutlich auch Hinz selber noch über weiteres Heizöl verfügt. Der Schein trügt freilich: Mit der Anlieferung hat Hinz zur Erfüllung der Lieferpflicht alles „seinerseits Erforderliche" getan, sodass die Gattungsschuld sich auf den betreffenden Teil der Gattung beschränkt („Konkretisierung" oder „Konzentration" der Gattungsschuld gemäß § 243 Abs. 2). Zur Erfüllung als Bewirken der Leistung i.S. von § 362 Abs. 1 ist es mangels Besitz- und Eigentumsverschaffung freilich noch nicht gekommen. Der Zeitpunkt der Konkretisierung der Gattungsschuld ist im Übrigen für Hol-, Schick- und Bringschulden jeweils charakteristisch: Für Holschulden genügt Aussonderung der Sache und ggf. Information des Gläubigers, bei Schickschulden ist der Zeitpunkt des Eintritts der Sache in die Transportphase maßgeblich (sog. Expedition), bei der hier vorliegenden Bringschuld („Umstände" i.S. des § 269 Abs. 1: Liefermenge und Umweltgefährlichkeit von Heizöl) eben die Anlieferung, spätestens aber gemäß § 300 Abs. 2 der hier ebenfalls als Konkretisierungsgrund eingreifende Gläubiger-(Annahme-)Verzug gemäß §§ 293 f. Nach dem Auslaufen des Öls ist dessen Lieferung (nur darauf kommt es noch an!) also objektiv unmöglich. Hinz hat zwar leicht fahrlässig diese Unmöglichkeit herbeigeführt, dies aber trotzdem nicht zu vertreten (§ 300 Abs. 1 als Ausnahme zu § 276 Abs. 1 S. 1). Hinz wird deshalb nach § 275 Abs. 1 von seiner Leistungspflicht frei, behält aber gleichwohl seinen Zahlungsanspruch, obwohl auch Kunz für den Verkehrsunfall und damit den Eintritt der Lieferungsmöglichkeit nichts kann (§ 326 Abs. 2 als Ausnahme von § 326 Abs. 1 S. 1). Vgl. *Schünemann,* S. 138 ff., 171 ff.

131 **Lösung:** c

Die Fragestellung ist voll verständlich erst dann, wenn man sich vor Augen hält, dass aus dem von F herbeigeführten Verkehrsunfall – u.a. auf dem Wege über das Einstehenmüssen für das Fehlverhalten des Verrichtungs- bzw. Erfüllungsgehilfen (s. §§ 831, 278) – eine Haftung des U resultieren kann (vgl. unten Nr. 185). Was U als Schadensersatz an die Verkehrsopfer zu leisten hat, ist seinerseits unter dem Gesichtspunkt eines Schadens zu betrachten, den F durch eine Verletzung des Arbeitsvertrages mit U bewirkt hat. Denn zumindest im Sinne einer vertraglichen „Nebenpflicht" bzw. „weiteren Verhaltenspflicht" war F gehalten, durch seine Fahrpraxis keine schadensersatzrechtliche Inanspruchnahme des U zu veranlassen. Diese Pflicht hat F durch ein ganz leichtes Versehen, also durch „leichteste" Fahrlässigkeit und damit gemäß § 276 Abs. 1 in einer von ihm grundsätzlich zu vertretenden Weise verletzt, haftet also vom Grundsatz her aus § 280 Abs. 1. § 276 Abs. 1 wird jedoch durch die von der h.M. jedenfalls in der Rechtsprechung vertretenen Regeln über die Haftung von Arbeitnehmern eingeschränkt. Demzufolge haftet der Arbeitnehmer gegenüber seinem Arbeitgeber (nur insoweit, also nur im Innenverhältnis!) für „leichteste" Fahrlässigkeit überhaupt nicht, während im Bereich zwischen „leichter" und grober Fahrlässigkeit eine Schadensteilung stattfindet. Im vorliegenden Fall „leichtester" Fahrlässigkeit kann sonach F von U nicht haftbar gemacht werden (vgl. nur *Schünemann,* S. 382 ff.).

132 **Lösung:** c

Der Begriff „Erfüllungsgehilfe" bezeichnet nach § 278 diejenige Person, derer sich der Schuldner „zur Erfüllung seiner Verbindlichkeit bedient". Im Rahmen dieser von ihm genutzten Arbeitsteilung muss der Schuldner umgekehrt ein pflichtwidriges, zur Leistungsstörung führendes Verhalten seines Erfüllungsgehilfen sich wie eigenes Verschulden zurechnen lassen. Im Gegensatz dazu setzt das Deliktsrecht keinen Schuldner und keinen Gläubiger, keine „Verbindlichkeit", die durch den Schuldner selbst oder durch Gehilfen erfüllt werden könnte, voraus. Demgemäß spricht die dem § 278 im Deliktsrecht äußerlich entsprechende („analoge"), sachlich jedoch eigenständige Vorschrift des § 831 Abs. 1 S. 1 ganz allgemein von jemandem, der einen anderen zu einer „Verrichtung bestellt", und der gegebenenfalls für den einem Dritten durch den Verrichtungsgehilfen (tatbestandsmäßig und) widerrechtlich zugefügten Schaden einzustehen hat. Bei der Stellvertretung ist die Person, deren Willenserklärung einem anderen zugerechnet wird, der Stellvertreter (s. §§ 164 ff. und oben Nrn. 43 ff.), bei der Besitzzurechnung ist es der sog. Besitzdiener (s. § 855).

**133** **Lösung:** c

Verrichtungs- und Erfüllungsgehilfe verhalten sich zueinander wie die Ursprungsmaterien, aus denen diese Begriffe stammen (vgl. oben Nr. 132). Liegen z.B. vertragliche Schuldverhältnisse zwischen dem Geschäftsherrn und dem Geschädigten vor, so ist die Gehilfentätigkeit sowohl unter dem Aspekt des § 278 als auch unter dem des § 831 Abs. 1 zu würdigen (vgl. nochmals oben Nr. 132). Fehlt es an einem solchen bisherigen Schuldverhältnis, ist die schadenbringende Tätigkeit des Gehilfen insoweit nur deliktsrechtlich, in dessen Eigenschaft als „Verrichtungsgehilfe", zu beurteilen.

**134** **Lösung:** c

Der Schuldner haftet gemäß § 278 für seinen Erfüllungsgehilfen wie für eigenes Fehlverhalten, gemäß § 276 Abs. 1 S. 1 also in der Regel (vgl. oben Nr. 129) auch für leichte Fahrlässigkeit, ohne dass eine Exkulpationsmöglichkeit, wie sie in § 831 Abs. 1 S. 2 vorgesehen ist, bestünde. Allerdings steht in weitem Umfang individualvertraglicher Haftungsausschluss offen (sogar für Vorsatz, denn gemäß § 278 S. 2 findet § 276 Abs. 3 keine Anwendung!). Für formularmäßige Haftungsbeschränkung sind aber die Grenzen des § 309 Nr. 7 zu beachten.

**135** **Lösung:** § 311a Abs. 2, b

Auf die Unterscheidung von anfänglicher objektiver und anfänglicher subjektiver Unmöglichkeit kommt es hier überhaupt nicht an. Denn wie schon bezüglich der Vertragswirksamkeit (vgl. § 311a Abs. 1) normiert das Gesetz in § 311a die Voraussetzungen einer Pflicht zur Leistung von Schadensersatz für beide Fälle einheitlich: Es kommt nach § 311a Abs. 1 S. 2 beides mal darauf an, ob der Schuldner im konkreten Fall das „Leistungshindernis", insbes. also die Unmöglichkeit der Leistungserbringung i.S. des § 275 Abs. 1, kannte oder kennen musste (Legaldefinition in § 122 Abs. 2!), also auf Grund Fahrlässigkeit (§ 276 Abs. 2) nicht kannte und seine Unkenntnis somit zu vertreten hat (vgl. § 276 Abs. 1 S. 1). Dabei ist Schadensersatz statt der Leistung geschuldet, also das volle Erfüllungsinteresse, und nicht nur Ersatz (nur) des Vertrauensschadens. Vgl. *Schünemann,* S. 173 ff.

**136** **Lösung:** c

Man darf sich durch den Sachverhalt nicht beirren lassen: Es geht nicht um die Rechtsfolge eines etwaigen durch das fehlende Eigentum des V bedingten Unvermögens zur Übereignung, zu der V durch den Kaufvertrag an sich verpflichtet wäre. Vielmehr wird diese Problematik durch die anfängliche Unmöglichkeit der Leistung (auch E kann keine vernichtete Sache mehr übereignen) überholt. Demzufolge greift § 311a ein, der die Wirksamkeit des Kaufvertrages und zugleich eine Pflicht zum Ersatz des dem K erwachsenen Schadens zur Folge hat. Denn V kannte die von Anfang an bestehende Leistungsunmöglichkeit, sodass die Ausnahme des § 311a Abs. 2 S. 2 nicht eingreift. Auf die Gutgläubigkeit des K kommt es bei alledem nicht an. Der Schadensersatz, den V dem K leisten muss, zielt dabei auf das Erfüllungsinteresse („Schadensersatz statt der Leistung"), wofür logisch die Vertragswirksamkeit vorausgesetzt ist. Näher dazu *Schünemann,* S. 173 f.

**137** **Lösung:** c, § 311a Abs. 1

Es handelt sich begrifflich um einen Fall der (anfänglichen) objektiven Unmöglichkeit, denn Anteile an einer nicht existenten Gesellschaft kann niemand verschaffen. Dabei wird der Rechtskauf nicht anders als der Sachkauf behandelt (vgl. § 453 Abs. 1): Der Kaufvertrag ist also wirksam, obwohl der Verkäufer (natürlich!) gemäß § 275 Abs. 1 das nicht existente Recht nicht zu übertragen braucht. Danach ist freilich nicht gefragt und ebenso wenig nach einer Schadensersatzpflicht des A (vgl. dazu § 311a Abs. 2 und oben Nr. 136).

**138** **Lösung:** § 311a Abs. 1, c

Die Lösung ergibt sich wie in der Aufgabe zuvor auch hier aus § 311a Abs. 1. Auf eine Unterscheidung zwischen objektiver oder nur subjektiver Unmöglichkeit der Leistungserbringung (der Dieb könnte ja „liefern") kommt es dabei nicht an: Der Vertrag ist jedenfalls wirksam, weil die von § 311a Abs. 1 in Bezug genommene Norm des § 275 Abs. 1 keinen diesbezüglichen Unterschied macht.

**139** **Lösung:** § 311a Abs. 1, c

Vgl. zunächst die vorstehende Aufgabe und ihre Lösung. Dass hier die Leistung von Anfang an objektiv unmöglich ist, bedarf keiner weiteren Erklärung. Keine Rolle spielt insoweit (vgl. aber für die Frage der Schadensersatzpflicht unten Nr. 141) der Grund für die Unmöglichkeit der Leistungserbringung und eine etwaige Verantwortlichkeit des Schuldners für das Leistungshindernis.

**140** **Lösung:** d

Der Vertrag ist zunächst wirksam. Bei der hier vorliegenden *nachträglichen Unmöglichkeit* geht das Gesetz ganz selbstverständlich von der Vertragswirksamkeit aus, ohne sich dazu ausdrücklich zu äußern. Mangels *anfänglicher* Unmöglichkeit scheidet § 311a Abs. 2 aus. Nicht einschlägig ist auch § 823 Abs. 1 als Anspruch aus Eigentumsverletzung, weil K ja noch gar kein Eigentümer geworden war. Ein Schadensersatzanspruch aus §§ 280/283 setzt Vertretenmüssen des V, also regelmäßig Verschulden i.S. von Vorsatz oder Fahrlässigkeit (s. § 276 und oben Nrn. 129 und 130) voraus. Das Bild ist jedoch nach den Sachverhaltsangaben oben in Nr. 139 durch Zufall untergegangen. Zu beachten ist, dass ein Vertretenmüssen auch des Zufalls im Recht der Leistungsstörungen in § 287 S. 2 für den wichtigen, hier jedoch nicht gegebenen Sonderfall vorgesehen ist, dass der Schuldner sich bei Eintritt der Unmöglichkeit bereits im Verzug befand.

**141** **Lösung:** c

Die Sachverhaltsangabe, dass der D Zweifel am Eigentum des V hat, darf nicht dazu veranlassen, die Frage eines gutgläubigen Eigentumserwerbs zu überdenken. Gefragt ist nach der Wirksamkeit des *Kauf*vertrages mit D. Dessen Schicksal bleibt allerdings von der Eigentumslage wegen des sog. Abstraktionsprinzips (dazu *Schünemann,* S. 194 ff.) von vornherein völlig unabhängig. Seine Wirksamkeit wird auch von der subjektiven Leistungsunmöglichkeit des V (er konnte nur Besitz verschaffen, weil ein gutgläubiger Eigentumserwerb des D an dessen Bösgläubigkeit scheitern würde: § 932 Abs. 2) nicht in Frage gestellt (§ 311a Abs. 1 i.V. mit § 275 Abs. 1). Die Tatsache, dass V die dem D verkaufte Sache bereits an K verkauft hat, ist für die rechtliche Beurteilung der Vertragswirksamkeit schließlich ebenfalls bedeutungslos. V mag sich verpflichten, sooft er will; wie er seine kollidierenden Verpflichtungen erfüllt, ist seine Sache. Gelingt ihm eine alle Beteiligten befriedigende Lösung (z.B. Leistung einer anderen als der geschuldeten Sache an K oder D unter Annahme an Erfüllungs Statt gemäß § 364 Abs. 1) nicht, so setzt sich V eben der Gefahr einer Schadensersatzpflicht aus.

**142** **Lösung:** a

Es handelt sich um eine Fangfrage, die den Bearbeiter durch den Hinweis auf die Gutgläubigkeit des K auf die falsche sachenrechtliche Spur des gutgläubigen Eigentumerwerbs vom Nichtberechtigten locken soll. Dies ist freilich bei abhanden gekommenen Sachen – hier die gestohlene Uhr – wegen § 935 Abs. 1 gar nicht möglich. Doch auf all dies kommt es ja gar nicht an, weil nach der Wirksamkeit des (schuldrechtlichen) Kaufvertrages gefragt ist, und nicht nach der Wirksamkeit der (sachenrechtlichen) Übereignung. Dass D seine Verkäuferpflicht aus § 433 Abs. 1 nicht erfüllen kann (nicht einmal mithilfe des § 932!), die von ihm eigentlich geschuldete Leistung also nicht erbracht werden kann (vgl. § 275 Abs. 1), steht wegen § 311a Abs. 1 der Wirksamkeit des Kaufvertrages jedenfalls nicht entgegen und ist wohl auch eine Konsequenz des sog. Abstraktionsprinzips (vgl. auch oben Nr. 141).

**143** **Lösung:** a

Es handelt sich im vorliegenden Fall um eine nachträgliche subjektive Unmöglichkeit (= nachträgliches Unvermögen), denn C könnte ja an sich durchaus den Spiegel übereignen. Der auf anfängliche subjektive und objektive Unmöglichkeit zugeschnittene § 311a Abs. 2 scheidet somit von vornherein aus. In Betracht kommt hingegen wegen der nachträglichen Verletzung der Verkäuferpflicht aus § 433 Abs. 1 ein Anspruch auf Schadensersatz aus § 280 Abs. 1, der i.V. mit Abs. 3 und § 283 sogar auf das volle Erfüllungsinteresse gerichtet ist: Der Käufer ist demnach umfassend so zu stellen, wie er stünde, wenn der Verkäufer sich vertragsgerecht verhalten hätte. Vorausgesetzt ist dabei freilich, dass der Schuldner, hier A als Verkäufer die eigentlich geschuldete, aber nicht erfolgte Übereignung und Übergabe des Spiegels im Sinne des § 276 Abs. 1 zu vertreten hat (vgl. § 280 Abs. 1 S. 2). A selber hat zwar an der Übereignung an C nicht mitgewirkt, wohl aber sein entsprechend bevollmächtigter (s. § 56 HGB) „Erfüllungsgehilfe" G; dieser hätte sich vor Verkauf und Übereignung des Spiegels an C vergewissern müssen, ob darüber nicht bereits anderweitig disponiert worden war. Diesen Sorgfaltsmangel des G (vgl. § 276 Abs. 2) hat A gemäß § 278 wie eigenes Verschulden zu vertreten und haftet demzufolge aus §§ 280 Abs. 1 und 3/283. Eine Haftung aus § 823 Abs. 1 besteht indes mangels Tatbestandsmäßigkeit nicht: Eine Eigentumsverletzung scheidet aus, weil der Sachverhalt nur von „Verkauf" spricht. Eine Übereignung ist damit (Abstraktionsprinzip!) keineswegs automatisch verbunden, und selbst eine Bezahlung des Kaufpreises würde daran nichts ändern. Für eine Übereignung im Wege des Besitzkonstituts (§ 930) statt der ja fehlenden Übergabe (vgl. § 929 S. 1) enthält der Sachverhalt keinen Hinweis. Auch ein „sonstiges Recht" i.S. von § 823 Abs. 1 ist nicht verletzt, weil hierunter nur absolute Rechte zählen, nicht jedoch relative Rechte (also der Anspruch des B aus § 433 Abs. 1).

144 **Lösung:** a

Da die Leistungsstörung nach Begründung des Schuldverhältnisses eingetreten ist, ist sie „nachträglich". Des Weiteren ist davon auszugehen, dass die Übereignung „einer alten Goetheausgabe" zum Inhalt einer *Stück*schuld gemacht werden sollte, da es dem A und dem B, wie im Antiquitätengeschäft regelmäßig, auf die Individualität der jeweiligen Exemplare entscheidend angekommen sein dürfte. Selbst wenn man eine Gattungsschuld bejahen wollte, würde im Ergebnis doch nur die Verpflichtung des V in Bezug auf die Übereignung der einen bei V vorhandenen Goetheausgabe bestehen. Denn das Erscheinungsbild des Antiquariats wird nicht durch den Verkauf erst zu beschaffender Sachen geprägt. Deshalb hätte sich V erkennbar nur „beschränkt" i.S. einer „Vorratsschuld" verpflichtet (vgl. dazu *Schünemann,* S. 140). Da hier der Vorrat nur in einem Exemplar besteht, gelangt man wie bei der Annahme einer Stückschuld zur objektiven Unmöglichkeit der Leistung. Diese verpflichtet den V in Anwendung der §§ 280 Abs. 1 und 3 i.V. mit 283 zum Schadensersatz statt der Leistung, also auf das positive Interesse, nur dann, wenn er die Unmöglichkeit zu vertreten hat. Dies ist jedoch nicht der Fall: Der Blitzschlag ist nicht durch Verschulden des V (vgl. § 276 Abs. 1) herbeigeführt worden, sondern durch „Zufall". Für einen solchen hätte V gemäß § 287 S. 2 nur dann einzustehen, wenn er sich schon vorher im Verzug befunden hätte. Daran fehlt es hier. Auch ein Beschaffungsrisiko hat V bei der Vorratsschuld nicht übernommen. Mangels Vertretenmüssens entfällt deshalb ein gegen V gerichteter Schadensersatzanspruch des K. Für die Variante c) gibt es überhaupt keine rechtliche Grundlage.

145 **Lösung:** a

Nachdem das Fahrrad gestohlen wurde, ist vom nachträglichen Unvermögen des B auszugehen, seine Rückgabepflicht nach § 604 Abs. 1 zu erfüllen. Die auf den Schuldnerverzug abstellenden Bestimmungen der §§ 280 Abs. 2/286 scheiden somit von vornherein aus, weil dies logisch voraussetzen würde, dass die Leistungserbringung noch möglich ist. Dasselbe gilt für § 311 a Abs. 2, der nur für Fälle anfänglicher Leistungshindernisse i.S. von § 275 gilt. Prüfungsmaßstab ist nach alledem hier § 280 Abs. 1, der jedoch im Ergebnis nicht zum Zuge kommt, weil der B die erforderliche Sorgfalt (vgl. § 276 Abs. 2) beachtet und somit das Unvermögen zur Rückgabe des Fahrrades nicht zu vertreten hat. Weil B also nicht fahrlässig gehandelt hat, schuldet er trotz rechtswidriger Verletzung des Eigentums des A am Fahrrad im Ergebnis auch nicht aus § 823 Abs. 1 Schadensersatz.

146 **Lösung:** a, § 287 S. 2

Durch den Brand ist es jedermann unmöglich geworden, das bestimmte antike Hammerklavier zu übereignen. Aus dieser nachträglichen objektiven Unmöglichkeit erwächst dem V gemäß § 280 Abs. 1 (ggf. i.V. mit § 283) eine Schadensersatzpflicht dann, wenn er diese Pflichtverletzung zu vertreten hat. Dabei ist es hier belanglos, ob V an dem Brand schuld war oder nicht. Denn der regelmäßige Haftungsmaßstab des § 276 Abs. 1 – Vertretenmüssen in Form von Vorsatz oder Fahrlässigkeitsverschulden – wird in § 287 S. 2 ausnahmsweise auf die Verantwortung für Zufall verschärft, wenn – wie im vorliegenden Fall – der Schuldner zur Zeit des Unmöglichwerdens mit der Leistung im Verzug war.

147 **Lösung:** b

Da die im Schuldnerverzug begrifflich enthaltene nicht rechtzeitige Leistung die Möglichkeit ihrer Erbringung gedanklich voraussetzt (vgl. *Schünemann*, S. 177), beendet eine während des Verzugs eingetretene subjektive oder objektive Unmöglichkeit den Verzug und damit die Geltung der Verzugsvorschriften jedenfalls für die Zukunft.

148 **Lösung:** c, e

Die Kurzformel, Verzug sei Nichtleistung trotz Fälligkeit und Mahnung, offenbart in dieser Aufgabe ihre entscheidenden Mängel: Sie ist unvollständig, weil Verzug der Sache nach das Vertretenmüssen des Schuldners im Hinblick auf die nicht rechtzeitige Leistung (s. § 286 Abs. 4, der nur aus Beweislastgründen nicht schon in die Legaldefinition des § 286 eingebaut ist) und die noch bestehende Möglichkeit der Leistung voraussetzt (sonst läge ja eine Form der Unmöglichkeit vor). Die genannte Kurzformel ist darüber hinaus zumindest missverständlich, wenn nicht gar falsch, weil zwar nicht die Fälligkeit der Forderung, wohl aber die Mahnung für den Verzug durchaus entbehrlich ist, sofern z.B. die Leistungszeit „nach dem Kalender bestimmt ist" (vgl. § 286 Abs. 2 Nr. 1). Hier mahnt an Stelle des Gläubigers der Leistungstermin selber den Schuldner („dies interpellat pro homine"). Nachfristsetzung schließlich ist regelmäßige Voraussetzung für das Rücktrittsrecht nach § 323 Abs. 1, nicht aber für den Schuldnerverzug.

149 **Lösung:** d

Der in § 286 Abs. 4 für den Verzug genannte Begriff des Vertretenmüssens ist wie auch sonst im Bereich der Pflichtverletzungen allgemein auszufüllen. Es sind deshalb sowohl der Verschuldensgrundsatz des § 276 Abs. 1 als grundsätzlich auch dessen Ergänzungen z.B. durch § 278 sowie die vor allem für Gattungsschulden typische Übernahme des Beschaffungsrisikos – vgl. § 276 Abs. 1 S. 1 – zu berücksichtigen. Die gesetzliche Zufallshaftung in § 287 S. 2 muss hier freilich außer Ansatz bleiben, denn diese Vorschrift setzt ja ihrerseits gerade voraus, dass in dem Zeitpunkt des Unmöglichwerdens der Leistung der Schuldner sich in Verzug befindet, mit anderen Worten: Sie betrifft die Unmöglichkeit, nicht aber den Verzugseintritt. Das Vertretenmüssen erschöpft sich jedoch auch hier nicht in eigenem oder fremdem Verschulden (nämlich des Erfüllungsgehilfen), worauf ja § 276 Abs. 1 S. 1 ausdrücklich hinweist. So hat der Schuldner etwa Verzögerungen bei der Erfüllung von Geldschulden wegen des „Inhalts des Schuldverhältnisses" immer zu vertreten. Vgl. *Schünemann,* S. 179 ff.

**150** **Lösung:** c

Als Grundlage eines Anspruchs auf Schadensersatz statt der Leistung kommt allein § 280 Abs. 2 i.V. mit § 281 Abs. 1 in Betracht. Die am 15.4. fällige Leistung hat B nicht erbracht. Dass B dies nicht verschuldet hat, spielt im Rahmen des § 281 Abs. 1 S. 1 keine Rolle, weil dieser keinen Schuldnerverzug voraussetzt (dafür wäre gemäß § 286 Abs. 4 Voraussetzung, dass B die Verzögerung infolge des Engpasses zu vertreten hat, insbes. also den Lieferengpass hätte voraussehen und Gegenmaßnahmen hätte ergreifen müssen). Jedoch hat A lediglich gemahnt und dann abgewartet, nicht aber eine Nachfrist zur Leistungserbringung gesetzt, wie § 281 Abs. 1 grundsätzlich verlangt. Da hier auch keine in § 281 Abs. 2 genannten Ausnahmen von dem Erfordernis der Nachfristsetzung eingreifen, kann A den Differenzschaden (als Schadensersatz statt der Leistung) von B schon deshalb nicht ersetzt verlangen. Im Übrigen würde ein solcher Anspruch voraussetzen, dass B das Ausbleiben der Lieferung zu vertreten hat (§ 281 Abs. 1 S. 1 verweist auch auf § 280 Abs. 1 S. 2!).

**151** **Lösung:** a, § 323 Abs. 1/Abs. 2 Nr. 2

Der vorliegende (Werk-)Vertrag wurde als sog. Fix-Geschäft geschlossen: Üblicherweise drückt zwar die Klausel „fix" aus, dass das Geschäft mit zeitgerechter Leistung gleichsam „stehen und fallen" soll, doch lässt sich dieses Gewicht der Leistungszeit über die bloße Bestimmung der Fälligkeit hinaus auch anders ausdrücken. Jedenfalls kann G ohne weiteres vom Vertrag zurücktreten. Denn bei der hier gegebenen, für einen „gegenseitigen Vertrag", charakteristischen synallagmatischen Verknüpfung von Leistung und Gegenleistung hat A seine um Punkt 22.15 Uhr fällige Leistung nicht erbracht (§ 323 Abs. 1); einer Nachfristsetzung für die von A geschuldete Leistung, wie jene Norm sie im Regelfall vorsieht, bedarf es hier wegen § 323 Abs. 2 Nr. 2, der gerade auf das Fixgeschäft zugeschnitten ist (s. *Schünemann* S. 182), ausnahmsweise nicht. Ein Schadensersatzanspruch in Höhe von 500 € besteht hingegen nicht: Dabei kann dahinstehen, ob die allgemeinen Voraussetzungen für einen Schadensersatzanspruch vorliegen, obwohl dem A ein Verschulden nicht angelastet werden kann (vgl. §§ 280 Abs. 1 S. 2, 276 Abs. 1 S. 1). Denn einen Geldersatz sieht § 253 Abs. 2 nur für Fälle vor, die hier nicht einschlägig sind. Überhaupt nicht anwendbar ist im vorliegenden Fall § 376 HGB: Weder ist A Kaufmann i.S. der §§ 1 ff. HGB noch handelt es sich um einen „Kauf" von „Waren" (bewegliche Sachen, so die Legaldefinition im früheren § 1 Abs. 2 Nr. 1 HGB).

**152** **Lösung:** b, c

Im Leistungsstörungsrecht wird nicht zwischen objektiver und subjektiver Unmöglichkeit differenziert. Nach § 275 Abs. 1 ist der Anspruch auf die Leistung, also der sog. Primäranspruch, ausgeschlossen, gleichgültig, ob die Leistung nur für den Schuldner (subjektiv) oder für jedermann (objektiv) unmöglich ist. Hingegen ist jedoch danach zu unterscheiden, ob diese (subjektive oder objektive) Unmöglichkeit schon von Anfang an, also schon bei Vertragsschluss, vorliegt oder erst später eintritt. Denn nur bei anfänglicher Leistungsunmöglichkeit greift § 311a Abs. 2 (Anspruch des Gläubigers auf Schadens- oder Aufwendungsersatz) ein. Außerdem unterscheidet das Leistungsstörungsrecht danach, ob Leistungspflichten oder nicht leistungsbezogene Pflichten (Schutzpflichten) verletzt wurden. So kann der Gläubiger bei einer vom Schuldner zu vertretenden Schutzpflichtverletzung generell ohne Nachfristsetzung Schadensersatz statt der Leistung verlangen (vgl. § 282 gegenüber § 281 Abs. 1 S. 1), sofern dem Gläubiger die Leistung nicht mehr zugemutet werden kann. Dieselbe Erleichterung gilt für den Rücktritt auf Grund einer Schutzpflichtverletzung: auch hier kommt es nur darauf an, ob dem Gläubiger ein Festhalten am Vertrag nicht mehr zuzumuten ist (vgl. § 324 gegenüber § 323 Abs. 1 S. 1).

**153** **Lösung:** c

Für das Entstehen sekundärer Leistungspflichten (gerichtet auf Schadens- und Aufwendungsersatz) ist gleichgültig, ob die verletzte Primärpflicht aus einem gegenseitigen Vertrag stammt (insbes.: ob sie als „synallagmatische" Leistungspflicht im Austauschverhältnis steht), denn §§ 280 ff. beziehen sich darauf nicht. Hingegen setzen die §§ 320 ff. für das dort normierte Rücktrittsrecht einen gegenseitigen Vertrag voraus: In den §§ 320 ff. wird durchweg ausdrücklich ein „gegenseitiger Vertrag" verlangt. Dies gilt sachlich auch für § 326, der in Abs. 1 zwar nicht wörtlich darauf Bezug nimmt, aber vom Wegfall des Anspruchs auf die „Gegenleistung" handelt, die es eben nun einmal nur bei einem gegenseitigen Vertrag gibt.

**154** **Lösung:** c, e

O hat die dem Vertragsverhältnis immanente weitere Verhaltenspflicht – hier die (Schutz-)Pflicht aus § 241 Abs. 2, den K im Rahmen des vertraglichen Kontaktes nicht zu schädigen – fahrlässig, d.h. durch Außerachtlassung der gebotenen Sorgfalt (s. § 276 Abs. 2), verletzt. Der Vorgang ist freilich nicht nur als Leistungsstörung von rechtlichem Interesse, sondern ist auch deliktsrechtlich näher zu würdigen. Denn O hat ja hierbei tatbestandsmäßig i.S. von § 823 Abs. 1 gehandelt (Verletzung des Eigentums des K am Anzug!).

**155** **Lösung:** c

Nach § 280 Abs. 1 ist dann, wenn die Pflichtverletzung vom Schuldner zu vertreten ist, Schadensersatz zu leisten. Schuldner aus dem Vertragsverhältnis war der Gastwirt G, der zwar selbst nichts zu dem Missgeschick beigetragen hat, aber für die Fahrlässigkeit des O gemäß § 278 einzustehen, diese also wie seine eigene zu vertreten und deshalb Schadensersatz zu leisten hat. Daneben haftet G dem K auch aus § 831 Abs. 1 S. 1, sofern ihm die Exkulpation (§ 831 Abs. 1 S. 2) misslingt. Doch kommt es darauf für die Wahl der richtigen Lösungsvariante nicht an. Zwischen K und O bestehen zwar keine vertraglichen Beziehungen, doch hat O, ohne dass ihm ein Rechtfertigungsgrund (etwa die Einwilligung des K) zur Seite gestanden hätte, also widerrechtlich, und durch sein Versehen, also fahrlässig, das Eigentum des K verletzt, und zwar dessen neuen Anzug besudelt. O trifft deshalb eine Schadensersatzpflicht aus § 823 Abs. 1. O und G haften übrigens dem K als Gesamtschuldner (s. § 421).

**156** **Lösung:** a, § 823 Abs. 1; b, § 280 Abs. 1 i.V. mit § 278, § 831 Abs. 1 S. 1, Exkulpation

M haftet der F aus § 823 Abs. 1 wegen fahrlässiger, rechtswidriger Eigentumsverletzung. Dass M diese „unerlaubte Handlung" in betrieblichem Zusammenhang begangen hat, ist unerheblich. Neben ihr haftet als Gesamtschuldner (§ 421 Abs. 1) auch H, und zwar aus zu vertretender Pflichtverletzung in Verbindung mit § 278: Die aus dem Vertrag resultierende Schutzpflicht (§ 241 Abs. 2) wirkt auch zu Gunsten der F, die zu dem Vertragspartner W in einem besonderen Näheverhältnis steht, und das Fahrlässigkeitsverschulden der M, die H zur Vertragserfüllung einsetzt, hat H wie eigenes Verschulden zu vertreten. Eine Haftung des H aus Delikt scheidet hingegen aus: Zwar ist M (auch) Verrichtungsgehilfin des H, und die Schädigung erfolgte auch in Ausführung der übertragenen Verrichtung (das Betreten der zu renovierenden Wohnung ist notwendiger Bestandteil der der M übertragenen Tätigkeit), aber H kann sich exkulpieren (§ 831 Abs. 1 S. 2). Die Sachverhaltsangabe, dass M „sehr bewährt" sei, ist dafür ein ausreichend deutlicher Hinweis.

**157** **Lösung:** a, § 823 Abs. 1; b, § 280 Abs. 1 i.V. mit § 278, § 831 Abs. 1 S. 1, Exkulpation

Vgl. zunächst oben Nr. 156. Da H durch M mit W in einen sozialen Kontakt getreten ist, der seiner Art nach in einem Vertragsschluss einmünden könnte, besteht schon jetzt ein vorvertragliches Schutzpflichtverhältnis, in dessen Schutzbereich F in derselben Weise einbezogen ist, als ob ein Vertrag mit entsprechender Schutzwirkung für Dritte zu Stande gekommen wäre (vgl. §§ 241 Abs. 2, 311 Abs. 2 und 3 S. 1). Die Schutzpflichtverletzung zum Nachteil der F hat H auch in diesem quasivertraglichen Bereich nach § 278 zu vertreten. Ansonsten liegen die Dinge ganz genauso wie im Fall eines bereits erfolgten Vertragsschlusses. S. *Schünemann,* S. 188 ff.

**158** **Lösung:** c

Zwischen A und D bestehen werkvertragliche Beziehungen nach den §§ 631 ff. (geschuldet ist der „Erfolg" eines gedeckten Daches, vgl. allgemein diese Begriffsbestimmung des Werkvertrages in § 631 Abs. 2). Da das Dach so schlecht gedeckt ist, dass es Regen eindringen lässt, ist es mit einem Sachmangel (§ 633 Abs. 1 und 2) behaftet. Da dieser Sachmangel auf dem Außerachtlassen der auch beim Dachdecken gebotenen Sorgfalt, nämlich auf dem übermäßigen Biergenuss des D beruht, D den Ausführungsmangel also gemäß § 276 Abs. 1 zu vertreten hat, ist zu prüfen, ob A wegen der Einrichtungsschäden von D

Schadensersatz verlangen kann. Die Ausgangsvoraussetzung einer Haftung (zu vertretende Pflichtverletzung) gemäß §§ 634 Nr. 4, 280 Abs. 1 liegen jedenfalls vor. Da der Schaden an den Einrichtungsgegenständen kausal mit dieser Pflichtverletzung verknüpft ist, ist er auch „hierdurch" entstanden. Es handelt sich hierbei nicht um einen „Schadensersatz statt der Leistung", wie bei teleologischer Auslegung dadurch erkennbar wird, dass eine in § 281 Abs. 1 S. 1 grundsätzlich geforderte Fristsetzung zur Nacherfüllung (Beseitigung des Schadens am Dach) bezüglich der an den Einrichtungsgegenständen bereits entstandenen Schäden gar keinen Sinn machen würde. A kann demnach von D Schadensersatz wegen der an den Einrichtungsgegenständen aufgetretenen Regenwasserschäden verlangen.

**159** **Lösung:** b; § 275

Das Gesetz bezieht den Begriff „Leistungshindernis" allein auf die in § 275 aufgeführten Leistungsstörungen. Dies folgt daraus, dass der Begriff einzig und allein in § 311a Abs. 1 auftaucht, wo auf § 275 verwiesen wird. Von dieser Systematik losgelöste Begriffsdeutungen verbieten sich deshalb.

**160** **Lösung:** a

Der dem Deliktsrecht angehörende § 831 Abs. 1 sieht für das schädigende Verhalten eines Verrichtungsgehilfen die Entlastungsmöglichkeit vor („Exkulpation"), die in der Rechtswirklichkeit häufig zum Zuge kommen wird. Dadurch, dass man in dem von Hause aus allein deliktsrechtlichen Bereich, in dem eigentlich noch kein Schuldverhältnis, noch keine rechtliche Sonderbeziehung, besteht, dennoch eine nach schuldrechtlichen Regeln zu beurteilende Beziehung zwischen den Beteiligten, nämlich Loyalitätspflichten z.B. in Gestalt von Schutzpflichten, dogmatisch etabliert (vgl. § 311 Abs. 2), gelangt man zur Anwendbarkeit des § 278, der für den Erfüllungsgehilfen den Exkulpationsbeweis nicht zulässt und damit eine praktisch erheblich verschärfte Haftung des Geschäftsherrn zur Folge hat. Zu der Variante b) ist zu bemerken, dass § 31 ebenso wenig wie § 278 eine Exkulpationsmöglichkeit kennt, zur Entwicklung der Rechtsfigur der c.i.c. (dazu *Schünemann*, S. 188) also keine Veranlassung gegeben hat. Die Variante c) schließlich hat mit der vorliegenden Problematik gar nichts zu tun und kann nur beim völligen Fehlen rechtlicher Kenntnisse den Kandidaten von der richtigen Lösung abbringen.

**161** **Lösung:** a

Dass hier ein Vertrag noch nicht abgeschlossen wurde, bedeutet nicht, dass K keine Schadensersatzansprüche hat. Vielmehr ergibt sich ein Schadensersatzanspruch des K gegen V aus c.i.c. wegen der Verletzung vorvertraglicher Sorgfaltspflichten (§§ 311 Abs. 2, 241 Abs. 2, 280 Abs. 1). Ein Vertrag ist hier deshalb nicht zu Stande gekommen, da K das Angebot des V nicht angenommen hat. Allein seine Bereitschaft hierzu war nicht ausreichend. Auf eine Erklärung der Annahme konnte auch nicht verzichtet werden (vgl. § 151 S. 1), da V ausdrücklich um eine Mitteilung gebeten hatte. V hat seine vorvertraglichen Sorgfaltspflichten dadurch verletzt, dass er die Uhr weiterveräußert hat, obwohl er dem K versichert hatte, er halte sich an sein Angebot bis zum 7.2. gebunden. Diese Pflichtverletzung ist auch schuldhaft, also von ihm gemäß § 276 Abs. 1 zu vertreten, da V seine diesbezügliche Zusicherung zumindest kennen musste, also zumindest fahrlässig nicht kannte (vgl. § 122 Abs. 2). K kann deshalb als Schadensersatz den Ersatz derjenigen Aufwendungen verlangen, die er im Hinblick auf das Zustandekommen des Vertrages gemacht hat. Das sind im vorliegenden Fall jedenfalls seine Reisekosten für die Fahrt nach Köln. Schmerzensgeld kann K dagegen nicht erfolgreich geltend machen, da „Schmerzensgeld", also Geldersatz für Nicht-Vermögensschäden, nach § 253 Abs. 2 nur in den dort genannten, vorliegend jedoch nicht gegebenen Fällen geschuldet ist. Ersatz des entgangenen Gewinns kann K ebenfalls nicht verlangen, denn dies wäre Teil eines Schadensersatzes statt der Leistung, den das Rechtsinstitut der c.i.c. nach ihrem gedanklichen Ansatz nicht gewährt (vgl. hierzu §§ 281 ff. BGB)

**162** **Lösung:** a, b, c

Wie aus den §§ 293 ff. hervorgeht, kommt der Gläubiger allein dadurch in Verzug, dass er die ordnungsgemäß (§§ 294 f.) angebotene Leistung nicht annimmt, gleichgültig, aus welchen Gründen (vgl. aber die Ausnahme in § 299). Demgegenüber ist Vertretenmüssen im Rahmen des Schuldnerverzuges bedeutsam (s. § 286 Abs. 4). Ebenso verhält es sich natürlich bei der Pflichtverletzung im Allgemeinen (§ 280 Abs. 1). Auch bei den anfänglichen Leistungshindernissen (§§ 275, 311a Abs. 2) hängen die sekundären Ansprüche (auf Schadens- oder Aufwendungsersatz) davon ab, ob der Schuldner eine etwaige diesbezügliche Unkenntnis zu vertreten hat (§ 311a Abs. 2 S. 2).

**163** **Lösung:** d, § 300 Abs. 1

Gemäß § 300 ist eine Hauptwirkung des Gläubigerverzuges neben der Konkretisierung einer Gattungsschuld (Abs. 2) eine Haftungserleichterung (nur Vorsatz und *grobe* Fahrlässigkeit sind nach Abs. 1 zu vertreten). Ein Rücktrittsrecht, etwa bei Nachfristsetzung (vgl. § 323 Abs. 1), sieht das Gesetz nicht vor. Die h.M. steht auf dem Standpunkt, dass der Gläubiger als solcher, in seiner Gläubigerrolle, nichts schuldet und demzufolge dem Schuldner gegenüber auch niemals schadensersatzpflichtig werden kann; die in § 304 normierte Verpflichtung zum Ersatz der Mehraufwendung für ein infolge Annahmeverzuges erfolgloses Angebot wird ohne nähere Begründung nicht als Schadensersatzpflicht gewertet. Vgl. etwa *Brox/Walker,* AT, § 26 Rdnr. 16.

**164** **Lösung:** a, § 304

Durch die von I ordnungsgemäß angebotene, jedoch nicht angenommene Leistung ist W nach § 293 in Gläubigerverzug geraten (§ 299 greift nicht ein, weil sich I rechtzeitig, also „angemessene Zeit vorher", angesagt hat). Auf ein Verschulden des W kommt es dabei nicht an. Im Hinblick auf § 304 kann I deshalb von W den „Ersatz der Mehraufwendungen ... für das erfolglose Angebot ..."

fordern. „Angebot" meint hier selbstverständlich nicht ein Vertragsangebot, sondern das Leistungserbieten des Schuldners.

**165 Lösung:** d

Ein Anfechtungsrecht der R nach §§ 119 ff. ist vorliegend nicht gegeben, da auf Seiten der R ein unbeachtlicher Motivirrtum vorliegt (Nr. 70). Auch Unmöglichkeit nach § 275 ist nicht gegeben, da der Besuch des königlichen Paares und das Stattfinden des Festumzugs nicht Vertragspflicht des V war. Die eigentliche Vertragspflicht, die Vermietung des Balkons, ist dem V weiterhin möglich. Folglich kommt nur eine Störung der Geschäftsgrundlage gemäß § 313 Abs. 2 in Betracht. Eine solche Störung der Geschäftsgrundlage liegt vor, wenn sich die *objektiven* Umstände, die zur Grundlage des Vertrages geworden sind, nach Vertragsschluss schwerwiegend verändert haben. Hier ist der Besuch des königlichen Paares in Berlin Geschäftsgrundlage für den Mietvertrag geworden, anderenfalls hätte R den Balkon ja nie gemietet, V ihn nicht vermietet. Durch die Absage des Besuchs ist diese Geschäftsgrundlage nachträglich weggefallen. Allerdings muss das Festhalten am Vertrag nach § 313 Abs. 1 auch für den einen Teil „unter Berücksichtigung aller Umstände des Einzelfalls, insbesondere der vertraglichen oder gesetzlichen Risikoverteilung", unzumutbar sein. Für die Beurteilung der Unzumutbarkeit spielt es auch eine Rolle, ob die betroffene Partei bewusst ein riskantes Geschäft mit möglicherweise spekulativem Charakter geschlossen hat und ob eine Veränderung der Umstände zumindest als möglich vorhergesehen werden konnte (*Brox/Walker*, AT, § 27 Rdnrn. 1 ff., 8). Hier hat R die Spekulationen in der Presse bezüglich einer Absage des Besuches des königlichen Paares außer Acht gelassen. Sie musste folglich damit rechnen, dass der Besuch des Paares sowie der Festumzug nicht stattfinden. Somit muss R, da das Stattfinden des Besuches des königlichen Paares und die Durchführung des Festumzuges in ihre Risikosphäre fällt, die vereinbarte Miete an V zahlen.

**166 Lösung:** d

Vgl. zunächst oben Nr. 165. Hier war es für R nicht vorhersehbar, dass der Besuch des königlichen Paares und der Festumzug nicht stattfinden werden, damit ist für sie ein Festhalten an dem Mietvertrag unzumutbar. Die Rückforderung der bereits gezahlten Miete richtet sich nach § 313 Abs. 3 S. 1. R kann von dem Mietvertrag zurücktreten und hat dann einen Anspruch auf Rückzahlung der bereits gezahlten Miete aus §§ 346 ff. Eine Rückforderung nach den §§ 812 ff. ist gegenüber den Regelungen über die Störung der Geschäftsgrundlage subsidiär.

## 9. Einzelne Schuldverhältnisse (insbesondere Kaufvertrag)

**167 Lösung:** b

Die Sachmängelhaftung des Verkäufers ist die Kehrseite der in § 437 normierten Gewährleistungsrechte des Käufers. Dabei wird durch die Verweisung auf § 439 schon durch den Gesetzestext unmittelbar deutlich, dass die Pflicht zur Nacherfüllung von jedem Verschulden gelöst ist. Verschulden spielt in diesem Zusammenhang nur für Schadensersatzpflichten eine Rolle, weil diese sowohl bei §§ 280 Abs. 1/281, also bei Pflichtverletzungen, als auch bei anfänglicher Leistungsunmöglichkeit (§ 311a Abs. 2 S. 2!) darauf abstellen (Verschulden, also Vorsatz und Fahrlässigkeit, ist der Kernbereich dessen, was ein Schuldner gemäß § 276 Abs. 1 zu vertreten hat).

**168** **Lösung:** a, b

§ 440 macht – freilich nicht auf den ersten Blick – deutlich, dass der Anspruch auf Nacherfüllung, also gemäß § 439 BGB auf Mängelbeseitigung (sog. Nachbesserung) oder auf Lieferung einer mangelfreien Sache bei den Gewährleistungsrechten an erster Stelle steht. Denn Rücktrittsrecht und Schadensersatzanspruch statt der Leistung kommen grundsätzlich erst dann in Betracht, wenn dem Verkäufer erfolglos eine Frist zur Nacherfüllung gesetzt wurde. Dasselbe gilt auch für das Recht des Käufers, den Kaufpreis herabzusetzen (sog. Minderung), denn § 441 Abs. 1 gibt diese Befugnis „statt" des Rücktrittsrechts, also auch nur unter dessen Voraussetzung.

**169** **Lösung:** c, §§ 275 Abs. 1, 326 Abs. 1 S. 1

Grundsätzlich gilt beim hier vorliegenden Versendungskauf (Lieferschuld ist Schick-, nicht Bringschuld) § 447. Danach geht die Gefahr der zufälligen Verschlechterung der Kaufsache (Preisgefahr) mit der Auslieferung der Kaufsache an die Transportperson auf den Käufer über. Folglich wäre P von seiner Lieferpflicht ersatzlos frei geworden, S wäre aber weiterhin zur Zahlung des Kaufpreises verpflichtet. Allerdings gelten hier die besonderen Regelungen des Verbrauchsgüterkaufs, §§ 474 ff. P ist als Powerseller ein Unternehmer i.S. des § 14, da es sich bei dem Abschluss des Kaufvertrages für ihn um eine gewerbliche Tätigkeit handelt. S ist Verbraucherin i.S. des § 13. Somit handelt es sich hier um einen Verbrauchsgüterkauf, § 474 Abs. 1. Gemäß § 474 Abs. 4 S. 1 findet § 447 nunmehr keine Anwendung. Das hat zur Folge, dass S nach § 326 Abs. 1 S. 1 von ihrer Zahlungspflicht frei wird, da sie die Lieferunmöglichkeit nicht zu vertreten hat. Weil auch P die Lieferunmöglichkeit nicht zu vertreten hat, ist er nach § 280 Abs. 1 S. 1 nicht schadensersatzpflichtig. P's Lieferpflicht ist nach § 275 Abs. 1 schon allein deshalb ausgeschlossen, weil deren Erfüllung unmöglich ist.

**170** **Lösung:** c

Eine Anfechtung wegen Eigenschaftsirrtums scheidet schon deshalb aus, weil nach h.M. die Bestimmungen der Sachmängelhaftung als Spezialregelungen der Irrtumsanfechtung ab Gefahrübergang vorgehen; im Übrigen ist auch sehr zweifelhaft, ob es eine „im Verkehr als wesentlich angesehene" (s. § 119 Abs. 2) Eigenschaft der Couch darstellt, nicht in das Wohnzimmer des K zu passen. Auch ein Sachmangel bzw. Fehler i.S. des § 434 als Vorbedingung für den Anspruch auf Nacherfüllung nach §§ 437, 439 scheidet aus. Namentlich für eine von K und V vereinbarte Eignung der Couch, sich in das Wohnzimmer des K einzupassen, gibt der Sachverhalt nichts her, und die gekaufte Couch weicht offenbar auch nicht von den arttypischen Abmessungen einer Wohnzimmercouch ab. – Selbst bei Annahme eines Fehlers würde die Sachmängelhaftung hier an § 442 Abs. 1 S. 2 scheitern, weil es einen groben Sorgfaltsmangel des K darstellt, sich nicht über die Aufstellungsmöglichkeiten eines so großen Möbels wie einer Couch vor dem Kauf zu vergewissern.

171 **Lösung:** b

Der Pkw ist natürlich mit einem Sachmangel behaftet, da er eben nicht, wie vereinbart, unfallfrei ist (vgl. § 434 Abs. 1 S. 1). Nacherfüllung (§§ 437, 439) kann mangels Möglichkeit (§ 275 Abs. 1) nicht verlangt werden: weder lässt sich das Auto unfallfrei machen noch dürfte ein solches gebrauchtes Auto zu beschaffen sein (Gebrauchtwagen sind nach der Verkehrsauffassung etwas sehr Individuelles, also keine vertretbaren Sachen i. S. von § 91). Wegen dieser Pflichtverletzung (statt eines unfallfreien Fahrzeugs wurde ein Unfallwagen geliefert) schuldet H der S Schadensersatz statt der Leistung (§§ 281 Abs. 1 S. 1, 280 i.V. mit § 437 Nr. 3), denn er hat insoweit vorsätzlich gehandelt (H wusste von dem Unfall) und hat die Pflichtverletzung somit zu vertreten (§ 276 Abs. 1). Einer Fristsetzung mit Blick auf eine Nacherfüllung bedarf es nicht: Abgesehen davon, dass diese unmöglich ist (deshalb Entbehrlichkeit der Fristsetzung schon nach §§ 440, 283), liegen hier in der Täuschung einer augenscheinlich wenig sachkundigen Käuferin durch einen Händler „besondere Umstände" i.S. des § 281 Abs. 2 vor. Eine Anfechtung nach § 123 ist für S uninteressant, weil es der S auf Schadensersatz, nicht auf Unwirksamkeit des Vertrages (vgl. § 142 Abs. 1) ankommt.

172 **Lösung:** c

Vgl. zunächst oben Nr. 171. An sich unterliegt die Geltendmachung der Gewährleistungsrechte den zeitlichen Schranken des § 438, das sind bei beweglichen Sachen wie einem Auto also 2 Jahre nach Ablieferung (§ 438 Abs. 1 Nr. 3 i.V. mit Abs. 2). Hiervon werden jedoch nach § 438 Abs. 3 S. 1 und dem ausdrücklichen Wortlaut dieser Norm Gewährleistungsansprüche auf Grund eines vom Verkäufer arglistig verschwiegenen Mangels nicht berührt; diese Ansprüche unterliegen vielmehr den allgemeinen Verjährungsvorschriften der §§ 195 ff., die eine regelmäßige Verjährungsfrist von 3 Jahren vorsehen. Demnach sind die Gewährleistungsansprüche der S 2 Jahre nach Ablieferung noch nicht verjährt und können erfolgreich geltend gemacht werden.

173 **Lösung:** b

Trotz seiner enormen Verbreitung hat die Rechtsnatur des Versicherungsvertrages bislang wenig Aufmerksamkeit gefunden. Um einen Kaufvertrag handelt es sich selbstverständlich nicht, weil es ja nicht um die Verpflichtung zur Übereignung körperlicher Gegenstände (Sachen, § 90) oder um die Übertragung eines Rechts (vgl. § 453) geht. Aber auch die weit verbreitete Qualifizierung als Vertrag *sui generis* (eigener Art) mit einem Synallagma zwischen „Versicherungsschutz" (oder Zahlung im Versicherungsfall) und den Prämien als Entgelt ist ebenso bequem wie sachlich verfehlt: Der Versicherer leistet alles in allem nur das an die Versicherungsnehmer, was er zuvor von ihnen (als Gefahrengemeinschaft) erhalten hat. Insoweit verwaltet der Versicherer ein Treuhandvermögen. Dies wird durch den undifferenzierten Begriff „Prämie" verdeckt. Hingegen stehen im Synallagma die vom Versicherer erbrachte Organisationsdienstleistung (Bestandsverwaltung, Risikoberechnung etc.) einerseits und andererseits als ökonomischer „Preis" jener Prämienanteil, der nicht als Rückstellung für die Versicherungsfälle eingesetzt wird. In der schuldrechtlichen Typologie liegt also ein Dienstvertrag vor, der eine Geschäftsbesorgung (Konstituierung und Verwaltung eines auf die Risiken der Versicherungsnehmer abgestellten Treuhandvermögens) zum Gegenstand hat (s. *Schünemann*, S. 215). Dies gilt übrigens erst recht für die im Grunde irreführend sog. Kapitallebensversicherung, die in ihrem Kern eine Kapitalanlage darstellt und schon von daher eine Geschäftsbesorgung i.S. von § 675 enthält. Keinesfalls kann also der Versicherer – in keiner Sparte – mit den Prämien wie mit einem Kaufpreis im Prinzip beliebig verfahren. Anders mag zu entscheiden sein, wenn der Versicherer tatsächlich das Risiko übernimmt, indem entgegen durchgängiger Praxis für die Gesamtlaufzeit des Vertrages keine Prämienerhöhung (verschämt „Prämienanpassung" genannt) erfolgt bzw. erfolgen kann.

**174** **Lösung:** § 646, Vollendung

Die „Abnahme" des Werkes spielt in den Fällen der §§ 634a Abs. 2, 641, 644 und 645 eine besondere Rolle. Dabei ist unter „Abnahme" grundsätzlich das körperliche Ansichnehmen des Werkes unter Anerkennung seiner Erfüllungstauglichkeit vorausgesetzt. Wo eine Abnahme in diesem Sinne nicht in Betracht kommt (z.B. bei einem Konzert), tritt an ihre Stelle gemäß § 646 die Vollendung des Werkes. Ein etwaiger Mangel des Werkes (der Pianist verspielt sich), hat auf die „Vollendung" keinen Einfluss, da ansonsten die Verweisung auf § 634a in § 646 sinnlos wäre: Die Verjährung könnte hier gar nicht in Lauf gesetzt werden.

**175** **Lösung:** a

Soweit nicht der Verkäufer, sondern der Hersteller eine Produktgarantie hinsichtlich Beschaffenheit oder Haltbarkeit übernimmt, kann es sich nur um eine sog. selbstständige Garantie handeln, die nicht mit der bloßen Verschärfung des Haftungsmaßstabes für Pflichtverletzungen bezüglich des Kaufvertrages verwechselt werden darf (dazu vgl. § 276 Abs. 1 S. 1). Da mit einer Garantieübernahme des Herstellers gegenüber dem Kunden ein neues Schuldverhältnis begründet werden soll, bedarf es gemäß § 311 Abs. 1 eigentlich eines Vertrages. Doch enthält § 443 Abs. 1 wohl eine Ausnahmeregelung, die hier ein einseitiges Rechtsgeschäft in Gestalt der bloßen Garantieerklärung ausreichen lässt. Freilich ist § 443 unübersichtlich, weil er die selbstständige und die unselbstständige Garantie (Haftungsverschärfung des Verkäufers bezüglich seiner Gewährleistung als unselbstständige Garantie) nicht deutlich genug trennt. Zu alledem näher *Schünemann,* S. 522 ff.

176 **Lösung:** a

Voraussetzung für die Geltendmachung der Gewährleistungsrechte aus § 437 ist, dass die Kaufsache mangelhaft ist. Vorliegend käme ein Sachmangel, § 434, in Betracht. Nach § 434 Abs. 1 S. 1 ist die Kaufsache mangelhaft, wenn sie bei Gefahrübergang nicht die vereinbarte Beschaffenheit hat. Hier hat der A der S den Gebrauchtwagen „so, wie das Fahrzeug ist" übergeben. Da diese Vereinbarung nicht sehr konkret ist und man davon ausgehen muss, dass sowohl der A als auch die S von einer Verwendung des Wagens zum Fahren ausgegangen sind, ist ein Rückgriff auf § 434 Abs. 1 S. 2 Nr. 1 möglich. Wegen des Motorschadens eignet sich der Wagen nunmehr nicht mehr zu der nach dem Vertrag vorausgesetzten Verwendung, somit liegt ein Sachmangel vor. Die Beschaffenheitsabweichung lag zudem im Zeitpunkt des Gefahrübergangs vor, § 434 Abs. 1 S. 1. Da es sich bei der S um eine Verbraucherin (vgl. § 13) und dem A um einen Unternehmer (vgl. § 14) handelt, sind die Vorschriften über den Verbrauchsgüterkauf anzuwenden. Nach § 476 wird bei einem Sachmangel, der sich innerhalb von sechs Monaten seit Gefahrübergang zeigt vermutet, dass die Sache bereits bei Gefahrübergang mangelhaft war. Dies ist hier der Fall, denn der Motorschaden zeigte sich bereits 3 Wochen nach Erwerb des Wagens durch S. Die Mängelrechte der S wurden auch nicht vertraglich ausgeschlossen, denn ein solcher Ausschluss ist wegen § 475 Abs. 1 S. 1 beim Verbrauchsgüterkauf nicht möglich.

177 **Lösung:** c, § 434 Abs. 1 S. 1, §§ 535 f.

Kaufrechtliche Gewährleistungsansprüche setzen gemäß § 434 Abs. 1 S. 1 grundsätzlich voraus, dass gerade im Zeitpunkt des Gefahrübergangs – für Hol-, Schick- und Bringschuld jeweils verschieden! – Soll- und Istbeschaffenheit nicht übereinstimmen. Die Übergabe der Kaufsache spielt in zeitlicher Hinsicht hingegen eine Rolle z.B. für die Untersuchungs- und Rügepflicht gemäß § 377 HGB. Beim Mietvertrag hingegen liegen nach § 535 Abs. 1 S. 1 die Dinge anders: Während der gesamten Laufzeit des Mietvertrages, nicht nur für einen bestimmten Zeitpunkt, muss die Mietsache sich im vertragsgerechten Zustand befinden bzw. vermieterseitig erhalten werden. Hinsichtlich der Gewährleistungsrechte gibt es indes keine gravierenden Unterschiede: Vor allem der in § 535 Abs. 1 S. 2, 2. Halbs. normierte Nachbesserungsanspruch findet mit §§ 437 Nr. 1, 439 Abs. 1, 1. Alt. (Mangelbeseitigung) nach der gesetzlichen Regelung eine Parallele im Kaufrecht.

178 **Lösung:** d

Auftrag und Geschäftsführung ohne Auftrag (GoA) sind gleichermaßen unentgeltlich, was für ersteren unmittelbar aus § 662 hervorgeht und für die GoA aus § 683 folgt. Denn demzufolge erhält der Geschäftsführer „ohne Auftrag" ebenfalls kein Entgelt, sondern nur Ersatz seiner Aufwendungen „wie ein Beauftragter". Maßgebliches Kennzeichen ist also jeweils die Art, wie das Rechtsverhältnis begründet wurde: Liegt ihm ein dem Inhalt des § 662 entsprechender Vertrag zu Grunde („durch die Annahme des Auftrages ..."), so handelt es sich um das vom Gesetz „Auftrag" genannte Rechtsverhältnis. Wer dagegen „ein Geschäft für einen anderen" besorgt, „ohne von ihm beauftragt zu sein", handelt als Geschäftsführer ohne Auftrag. Auftrag und GoA unterscheiden sich demnach durch den „vertraglichen Begründungsakt des Auftrags".

## 10. Ungerechtfertigte Bereicherung

**179** **Lösung:** 1 Million €

Anspruchsgrundlage für das Rückzahlungsverlangen ist § 812 Abs. 1, S. 1, 1. Alternative: der „rechtliche Grund" der von L erbrachten Leistung, ein Anspruch auf Auszahlung des Hauptgewinns, fehlt. Der Umfang der Herausgabepflicht bestimmt sich grundsätzlich danach, was „erlangt" wurde, hier also 1 Million €. § 818 Abs. 3 macht davon allerdings eine Ausnahme, wenn die Bereicherung weggefallen ist. Wenn K nun bereits 100.000 € verausgabt hat, heißt das nicht unbedingt, dass er insoweit nicht mehr bereichert ist. K könnte ja weiterhin dadurch bereichert sein, dass er in dieser Höhe sonstiges Vermögen geschont hat. Im konkreten Fall hätte K sich allerdings bei seinen Vermögensverhältnissen solche drei „tolle Tage" gar nicht leisten können; in Höhe von 100.000 € ist seine Bereicherung also in der Tat entfallen. Trotzdem kann sich K nicht auf § 818 Abs. 3 berufen, weil er wusste, dass er in Wahrheit gar nicht „Lottokönig" geworden war (§ 819 Abs. 1 i.V. mit § 818 Abs. 4). K muss also 1 Million € zurückerstatten, und zwar zuzüglich Zinsen (§ 291).

**180** **Lösung:** b, § 816 Abs. 1 S. 1

Da dem Sachverhalt zufolge V wirksam an K übereignet hat, erübrigt sich eine nähere Prüfung des gutgläubigen Erwerbs durch K. K hat demnach Eigentum erworben, E es verloren. Damit ist auch einem Anspruch des E gegen K aus § 985, der das Eigentum des E voraussetzen würde, die Grundlage entzogen. E kann jedoch von V den Verkaufserlös als ungerechtfertigte Bereicherung gemäß § 816 Abs. 1 S. 1 herausverlangen, da V eine dem E gegenüber wirksame Verfügung, nämlich die Übereignung, vorgenommen hat. Die Variante c) scheidet aus, denn E hat keine Willenserklärung abgegeben, die er gemäß § 123 Abs. 1 oder 2 anfechten könnte.

**181** **Lösung:** b, § 812 Abs. 1 S. 1, 2. Alt.

Mangels Rechtsfähigkeit ist von den Kühen natürlich nichts zu holen. Mangels Verschulden des B kommt kein Anspruch auf Schadensersatz in Betracht: Weder besteht eine Haftung aus § 823 Abs. 1 (Verletzung fremden Eigentums) noch aus § 833 Abs. 1 S. 2 (Tierhalterhaftung, die nur bei „Luxustieren" gemäß § 833 Abs. 1 S. 1 verschuldensunabhängig ist). B ist aber ungerechtfertigt bereichert, zwar nicht durch eine Leistung des N, aber auf dessen Kosten in sonstiger Weise (sog. Eingriffskondiktion als Spezialfall der Nichtleistungskondiktionen). Da die Herausgabe des Erlangten (Gras) schwerlich möglich sein dürfte, ist gemäß § 818 Abs. 2 Wertersatz zu leisten.

**182** **Lösung:** b

S hat gutgläubig Eigentum vom Nichtberechtigten, von L, gemäß §§ 929, 932 erworben; § 935 Abs. 1 steht diesem Ergebnis nicht entgegen, denn der Kinderwagen ist dem E nicht „abhanden" gekommen, d.h. E hat nicht ohne seinen Willen den unmittelbaren Besitz daran eingebüßt, sondern den Kinderwagen ganz bewusst verliehen. Damit sind die Anspruchsvoraussetzungen des § 816 Abs. 1 S. 2 erfüllt (die Übereignung an S durch L erfolgte unentgeltlich!), und S muss den Kinderwagen an E herausgeben, genauer, das Eigentum daran an E zurückübertragen, was hier wegen § 929 S. 1 (Einigung und Übergabe) die Besitzverschaffung einschließt. Ein Herausgabeanspruch des E aus § 985 kommt deswegen nicht in Betracht, weil E ja sein Eigentum (Anspruchsvoraussetzung des § 985!) durch den gutgläubigen Erwerb von Frau S verloren hat. Zum Zusammenhang zwischen gutgläubigem Erwerb und Bereicherungsrecht s. *Schünemann*, S. 238 ff.

## 11. Unerlaubte Handlungen

**183** **Lösung:** a

D kann nur von V, und zwar gemäß § 823 Abs. 1, haftbar gemacht werden, weil D widerrechtlich und schuldhaft, nämlich fahrlässig, das Eigentum des V an dem Hund verletzt hat. Anderen Schadensersatzansprüchen sieht sich D nicht ausgesetzt: Ein Schadensersatzanspruch steht dem K weder aus Delikt (weil er noch nicht Eigentümer des Hundes geworden war) noch aus Vertrag zu (weil die dem Vertrag entspringenden, nunmehr gestörten schuldrechtlichen Beziehungen nur zwischen V und K bestehen). Die Rechtsbeziehungen zwischen V und K bestimmen sich übrigens bezüglich der Lieferung des Hundes nach § 275 Abs. 1. Schadensersatz muss V nicht leisten und K muss auch nicht zahlen (vgl. §§ 280 Abs. 1 S. 2, 326 Abs. 1 S. 1: keiner von beiden hat die nachträgliche Leistungsunmöglichkeit zu vertreten).

**184** **Lösung:** c

Vgl. zunächst oben Nr. 131. Beide Fälle gehören innerlich zusammen und werden durch die Aufgabe Nr. 185 inhaltlich abgerundet. Nur aus Gründen der äußeren Systematik sind sie getrennt worden. – F selbst steht weder zu den Fahrgästen noch zu den dritten Personen (Verkehrsteilnehmer außerhalb des Omnibusses) in vertraglichen Beziehungen; Schadensersatzansprüche nach §§ 280 Abs. 1, 282, 241 Abs. 2 (schuldhafte – fahrlässige – Verletzung einer Schutzpflicht) scheiden deshalb aus. Beiden Personengruppen ist F jedoch aus § 823 Abs. 1 (und Abs. 2 i.V. mit § 229 StGB) wegen Körperverletzung zum Schadensersatz verpflichtet.

**185** **Lösung:** a

Vgl. oben Nrn. 131 und 184. Den Fahrgästen gegenüber hat U eine im Beförderungsvertrag begründete Schutzpflicht (§ 241 Abs. 2), zu deren Erfüllung sich

U des F ebenso bedient wie bei der vertragsprägenden Beförderungspflicht. Das Fehlverhalten dieses seines Erfüllungsgehilfen F muss sich U gemäß § 278 wie eigenes zurechnen lassen, haftet also den Fahrgästen gemäß §§ 280 Abs. 1, 241 Abs. 2, 278. Da vertragliche Beziehungen zu den Nichtfahrgästen nicht bestehen, kommen hier allenfalls Ansprüche aus Delikt, insbes. aus § 823 Abs. 1, in Betracht. Da U selbst sich hinsichtlich des Verkehrsunfalls nichts hat zu Schulden kommen lassen, ist zu prüfen, ob U für das schadensstiftende Verhalten des F gemäß § 831 Abs. 1 einzustehen hat. Auf Grund der Angaben des Sachverhalts wird U jedoch der Exkulpationsbeweis gelingen, sodass U für F als seinen Verrichtungsgehilfen nicht haftet. Anzumerken ist, dass diese deliktische Haftung streng genommen auch im Verhältnis des U zu den Fahrgästen zu prüfen ist. Die Problematik wird dort freilich konkret nicht aktuell, weil ja eine (schärfere) Haftung für F in dessen Eigenschaft als Erfüllungsgehilfe gemäß § 278 zu bejahen ist (vgl. auch oben Nrn. 132, 134).

**186** **Lösung:** a, § 15 Abs. 2; d, §§ 10 f.

Wie § 15 ProdHaftG in Erinnerung ruft, herrscht grundsätzlich das Kumulationsprinzip, eine Haftung nach dem ProdHaftG verdrängt also grundsätzlich keine anderen Haftungsgrundlagen. Bedeutsam ist diese Parallelität etwa deshalb, weil nach §§ 10f. ProdHaftG der Grundsatz, dass der gesamte Schaden zu ersetzen ist, wegen des dort normierten Haftungshöchstbetrages und des Selbstbehalts des Geschädigten gerade nicht gilt, aber eben etwa über §§ 823, 249 BGB der Gesamtschaden liquidierbar ist, wenn (auch) die deliktsrechtlichen Voraussetzungen vorliegen. All dies ist gemäß § 14 ProdHaftG zwingendes Recht. Trotzdem ist Lösungsvariante b) falsch, weil die §§ 823 ff. BGB als Schuldrecht – was auf den ersten Blick überrascht – durchaus dispositives Recht darstellen. Die produkthaftungsgesetzliche Verantwortung trifft bei alledem nach § 4 ProdHaftG z.B. auch bestimmte Importeure und andere am Produktions- und Distributionsprozess Beteiligte. Dabei knüpft die Haftung nach ProdHaftG an der fehlerhaften Sache an, definiert diesen Fehler aber in § 3 Abs. 1 ProdHaftG als Sicherheitsdefizit. Der kaufrechtliche Fehlerbegriff bezieht sich dagegen auf die Abweichung der Ist- von der Sollbeschaffenheit der Sache. Auch ein kaufrechtlich nicht zu beanstandendes Produkt kann deshalb durchaus einen Fehler i.S. des § 3 ProdHaftG aufweisen (vgl. *Schünemann*, S. 525 ff.).

**187** **Lösung:** c, § 823 Abs. 1, § 827 S. 2

S hat den Körper bzw. die Gesundheit der A verletzt, also tatbestandsmäßig nach § 823 Abs. 1 gehandelt. Mangels Rechtfertigungsgründen ist auch Rechtswidrigkeit zu bejahen. Problematisch ist nur, ob man dem S Vorsatzverschulden anlasten kann. Von der Altersstufung des § 828 aus gesehen wäre das zu bejahen, da Studenten durchweg das 18. Lebensjahr vollendet haben dürften. Daneben wird – wie bei der Geschäftsfähigkeit gemäß §§ 104 ff. – die aktuelle psychische Verfassung durch § 827 S. 1 berücksichtigt. Demzufolge scheint hier auf den ersten Blick A deliktsrechtlich nicht verantwortlich, weil er im Zeitpunkt des Schlagens seinen Willen alkoholbedingt nicht mehr frei bestimmen kann.

Indes hat sich S hier vorwerfbar, also schuldhaft, und zwar sogar „extra", vorsätzlich, vorübergehend in diesen Zustand versetzt, gerade um sich für die später an A verübte Körperverletzung zu enthemmen. Zu diesem Zeitpunkt, in dem S die Ursache für die spätere unfreie Handlung setzte, war seine freie Willensbestimmung also noch möglich („actio libera in causa", s. *Schünemann*, S. 250). Wegen dieses selbstwidersprüchlichen Verhaltens nimmt der Gesetzgeber durch § 827 S. 2 die später eintretende Zurechnungsunfähigkeit sozusagen nicht mehr zur Kenntnis: S ist also sehr wohl verantwortlich und somit zum Schadensersatz verpflichtet (vgl. auch oben Nr. 34).

**188** **Lösung:** b

Im Gegensatz zur Haftung für den Erfüllungsgehilfen (§ 278) stellt § 831 Abs. 1 letztlich auf das Verschulden des Geschäftsherrn selber ab (hinsichtlich Auswahl und Leitung des Gehilfen sowie Beschaffung der von diesem eingesetzten Arbeitsmittel, § 831 Abs. 1 S. 2). Die vom Gesetz praktizierte Technik von Regel (Abs. 1 S. 1) und Ausnahme (Abs. 1 S. 2) hat demnach nur prozessuale Bedeutung: bei der gerichtlichen Auseinandersetzung obliegt es dem Geschäftsherrn zu beweisen, dass ihn kein Verschulden trifft. Das Gesetz vermutet zu Gunsten des Geschädigten das Gegenteil.

**189** **Lösung:** b, § 823 Abs. 1, § 826; c; d, § 253 Abs. 2 analog

S hat durch die wahrheitswidrige, massive Ruf- und Ehrverletzung des P i.S. des § 823 Abs. 1 ein „sonstiges" (absolutes) Recht wie das Eigentum, nämlich das gewohnheitsrechtlich anerkannte „Allgemeine Persönlichkeitsrecht", das privatrechtliche Seitenstück zu den nach Artt. 1 und 2 Abs. 1 GG geschützten Rechtsgütern, rechtswidrig und vorsätzlich-schuldhaft verletzt, außerdem vorsätzlich-schuldhaft den P sittenwidrig, nämlich geradezu „rufmörderisch", aus dem niedrigen Motiv der Rachsucht heraus, in seiner sozialen Anerkennung geschädigt, und sich somit auch nach § 826 schadensersatzpflichtig gemacht. Das in § 249 Abs. 1 verankerte Prinzip der sog. Naturalrestitution führt hier zunächst zu einer Schadensregulierung durch einen actus contrarius, den Widerruf der falschen Behauptung mit dem Ausdruck des Bedauerns. Doch bleibt bekanntlich auch danach „immer etwas hängen" („aliquid semper haeret", wussten schon die römischen Juristen). Insoweit ist Naturalrestitution unmöglich. Geldersatz nach § 251 Abs. 1, 1. Alt. wäre hier jedoch wegen des immateriellen Schadenscharakters durch § 253 Abs. 1 versperrt, doch macht der Gesetzgeber hier durch § 253 Abs. 2 eine Ausnahme. Die demnach nur bei Verletzung der dort genannten Rechtsgüter vorgesehene „billige Entschädigung in Geld" (sog. Schmerzensgeld) ist bei sinn- und zweckentsprechender Auslegung auch bei schweren Verletzungen des Allgemeinen Persönlichkeitsrechts zu gewähren.

**190** **Lösung:** c, d, e

Das bürgerliche Schadensersatzrecht wird vom Grundsatz der Totalreparation beherrscht; dem tatbestandsmäßig Geschädigten (hier: der in ihrem Eigentumsrecht verletzten Gesellschaft) ist der gesamte aus der schadensersatzpflichtig machenden Handlung erwachsende Schaden ohne Rücksicht auf die Schwere des Verschuldens zu ersetzen (vgl. § 249 Abs. 1 und dazu *Schünemann*, S. 263 ff.). Dieser Grundsatz ist allerdings durch Rechtsprechung und Lehre vielfach bis zur Unkalkulierbarkeit aufgeweicht worden. – Zu beachten ist, dass auch derjenige Schaden zu ersetzen ist, der an nicht tatbestandsmäßigen Rechtsgütern oder Rechten eingetreten ist, sofern dieser Schaden nur auf die Verletzung eines tatbestandsmäßigen Rechtsgutes oder Rechtes kausal zurückgeführt werden kann (und zum Rechtskreis des Anspruchsberechtigten zählt). Im Beispiel kommt es also allein darauf an, dass die Verletzung des Eigentumsrechtes am Tragepfeiler i.S. des § 823 Abs. 1 tatbestandsmäßig ist; die sonstigen Schäden der Gesellschaft müssen von Fridolin deshalb auch dann ersetzt werden, wenn sie für sich genommen mangels Tatbestandsmäßigkeit keine Schadensersatzpflicht begründen könnten (Antwort e!).

## 12. Besitz (insbesondere Arten, Erwerb und Verlust)

191 **Lösung:** c

Im Kern des Rechtsbegriffs des unmittelbaren Besitzes steht zwar die tatsächliche Beziehung, die reale Sachherrschaft (vgl. § 854 Abs. 1), doch erfährt diese „tatsächliche Gewalt über die Sache" u.a. auch rechtlichen Schutz (vgl. hierzu nur die §§ 861, 862).

192 **Lösung:** b

Eine rechtlich wirksame einseitige Aneignung i.S. eines Eigentumserwerbs gibt es praktisch nur bei herrenlosen – d.h. in niemandes Eigentum stehenden – beweglichen Sachen (vgl. §§ 928 Abs. 2, 958). D hat deshalb kein Eigentum an der dem E ja immer noch gehörenden Vase erlangt. Die nicht nur in diesem Zusammenhang häufig gehörte Redewendung vom „unrechtmäßigen Eigentümer" ist ebenso unsinnig wie ihr Gegenteil, der „rechtmäßige Eigentümer": Entweder ist jemand Eigentümer oder er ist es nicht. D ist jedoch Inhaber der tatsächlichen Gewalt über die Vase, also (unmittelbarer) Besitzer (§ 854 Abs. 1), und zwar Eigenbesitzer (§ 872), weil er sich verhält wie ein Eigentümer. Für die Eigenschaft des D als Besitzer ist es unerheblich, ob er die tatsächliche Sachherrschaft rechtmäßig (z.B. als Mieter oder Entleiher) oder wie hier als Dieb unberechtigt ausübt. Das ist bedeutsam erst für eine eventuelle Herausgabepflicht oder Haftung (vgl. §§ 986 ff.) sowie für die Frage der Übereignung an einen Gutgläubigen (vgl. § 935 Abs. 1).

193 **Lösung:** a, § 856 Abs. 2

Hinsichtlich des „mittelbaren" Besitzes enthält das Gesetz in § 868 eine Legaldefinition, die ihrerseits an die Rechtsstellung des Besitzers, an das der Besitzerlangung zugrunde liegende Rechtsverhältnis, anknüpft. Die räumliche Entfernung des B zu seinen Geräten entscheidet also nicht über Mittelbarkeit oder Unmittelbarkeit seines Besitzes, sondern über die Besitzereigenschaft des B überhaupt, weil zweifelhaft sein kann, ob B unter diesen Umständen noch Inhaber der „tatsächlichen Gewalt" über die Sache ist (vgl. § 854 Abs. 1). Da jedoch mit Rücksicht auf § 856 Abs. 2 an die Aufrechterhaltung des Besitzes (sog. gelockerter Gewahrsam) weniger strenge Maßstäbe hinsichtlich der Sachherrschaft anzulegen sind als an den Besitzerwerb, ist für Fälle wie den vorliegenden fortbestehender unmittelbarer Besitz zu bejahen.

**194 Lösung:** b

Gemäß § 872 ist Eigenbesitzer, „wer eine Sache als ihm gehörend besitzt", wobei es weder auf die Existenz des Eigentums noch auf guten oder bösen Glauben bei tatsächlich fehlendem Eigentum ankommt. U ist also jedenfalls Eigen-, nicht Fremdbesitzer, weil er nicht vertragstreu ist und die gegenüber dem E eingeschränkte Rechtsposition nicht (mehr) respektiert. Trotz 10-jährigem Eigenbesitz ist U aber nicht Eigentümer des Buches geworden, denn die Ersitzung (§ 937 Abs. 1) ist gemäß § 937 Abs. 2 mangels Gutgläubigkeit ausgeschlossen: U weiß ja, dass er eigentlich nur Entleiher ist.

**195 Lösung:** a

Vgl. zunächst oben Nr. 193. Mittelbarer Besitzer ist demnach im Rahmen der vorgegebenen Varianten allein der Vermieter des vertragstreuen Mieters einer Sache, denn „besitzt jemand eine Sache als... Mieter ..., so ist auch der andere Besitzer (mittelbarer Besitz)" (§ 868). Der Bauer und das Kind sind demgegenüber selber Inhaber der tatsächlichen Sachherrschaft, also unmittelbare Besitzer (vgl. § 854 Abs. 1).

**196 Lösung:** c

Besitzer sind sowohl A als auch B und C, doch ist ihr Besitz von unterschiedlicher Art (vgl. zunächst oben Nrn. 193 und 195). C ist demnach unmittelbarer (berechtigter) und A als auch B mittelbare (berechtigte) Besitzer. Der mittelbare Besitzer ist, wie hier, auch mehrstufig möglich. A ist hinsichtlich des an C vermieteten Zimmers erststufiger mittelbarer Besitzer; Vermieter B ist zweitstufiger mittelbarer Besitzer. Das den mittelbaren Besitz begründende Rechtsverhältnis, das sog. Besitzkonstitut, ist hier die in § 868 ausdrücklich genannte Miete. Dass an einer Wohnung, genauer: am Wohnraum, überhaupt Besitz, Sachherrschaft, bestehen kann, ist nicht selbstverständlich, weil auf den ersten Blick der Wohnraum ja gerade kein „körperlicher Gegenstand" und damit keine „Sache im Sinne des Gesetzes" (§ 90) darzustellen scheint. § 865 stellt jedoch die Besitzfähigkeit von Räumlichkeiten ausdrücklich klar, indem er an die Vorstellung anknüpft, dass der Raum als gesondert beherrschbarer Teil einer (unbeweglichen) Sache, eines bebauten Grundstücks, aufgefasst werden kann.

**197 Lösung:** b

Entsprechend dem Besitzerwerb, bei dem die Erlangung der bloß tatsächlichen Sachherrschaft ausreicht (vgl. oben Nrn. 14 und 91), vollzieht sich auch das

Gegenteil, die Aufgabe des Besitzes, im nicht rechtsgeschäftlichen Bereich der Tathandlungen (Realakte). Demgemäß erfordert die Besitzaufgabe zwar einen auf die Beendigung der Sachherrschaft gerichteten Willen, doch ist dieser – analog dem Besitzwillen – nur ein „natürlicher" Wille, wie ihn auch der Geschäftsunfähige haben kann.

## 13. Eigentum (insbesondere Erwerb und Verlust)

**198** **Lösung:** b

§ 873 normiert als Voraussetzung für die Eigentumsübertragung an Grundstücken neben der Einigung darüber („Auflassung", § 925 Abs. 1) zwar die Eintragung im Grundbuch, doch dies nur, „soweit nicht das Gesetz", wie namentlich im Erbfall durch § 1922 Abs. 1, „ein anderes" vorschreibt. Deshalb sind Variante a) und c) falsch, b) hingegen richtig. Soweit es demnach auf eine Auflassung im Zusammenwirken mit einer Eintragung überhaupt ankommt, also bei rechtsgeschäftlichem Eigentumsübergang, gelten selbstverständlich auch die allgemeinen Voraussetzungen für die Wirksamkeit von Willenserklärungen. Weder die notarielle Beurkundung noch die Grundbucheintragung ändern daran etwas. Damit werden nur Formerfordernisse erfüllt (vgl. auch § 925 Abs. 1). Geschäftsunfähigkeit (§ 104) und zeitweise tiefgreifende Störungen der Willensbildungsfreiheit (§ 105 Abs. 2) machen auch die notariell beurkundete Auflassung mithin unwirksam (§ 105 Abs. 1); eine Eintragung des Erwerbers im Grundbuch macht dieses somit notwendig unrichtig. Variante e) ist geradezu unsinnig, weil der Kauf mit der Übereignung wegen des Abstraktionsprinzips von vornherein nichts zu tun hat.

**199** **Lösung:** c

Im BGB ist das sog. Abstraktionsprinzip verankert, die scharfe Trennung von schuldrechtlichem Verpflichtungsgeschäft und dessen Vollzug, dem i.d.R. sachenrechtlichen („dinglichen") Erfüllungsgeschäft (vgl. *Schünemann*, S. 76 f., 157, 195 und oben Nrn. 82 ff.). Z.B. folgen aus einem dem § 433 inhaltlich entsprechenden Vertrag (u.a.) lediglich Übereignungspflichten hinsichtlich Kaufgegenstand und Kaufpreis. Sie werden erst durch rechtlich diesem sog. Kausalgeschäft gegenüber selbstständige Rechtsgeschäfte erfüllt. So knüpft § 929 S. 1 den Eigentumserwerb bei beweglichen Sachen an einen auf den Eigentumsübergang selber gerichteten Vertrag („Einigung", die wegen ihres sachenrechtlichen Charakters „dinglich" genannt wird) in Verbindung mit der gleichzeitigen „Übergabe", der Verschaffung der tatsächlichen Sachgewalt (= Besitz), ohne dass es dabei auf die Wirksamkeit oder zumindest die Existenz etwa eines Kaufvertrages ankäme. In der Praxis werden schuldrechtliche und dingliche Verträge freilich häufig gleichzeitig geschlossen, wobei den Beteiligten kaum jemals klar sein dürfte, dass rechtlich ganz verschiedene Verträge zu Stande gekommen sind.

**200 Lösung:** d

Vgl. zunächst oben Nr. 199. Da ein Auto eine bewegliche Sache ist, erfolgt seine Übereignung gemäß § 929 S. 1 grundsätzlich durch Einigung über den Eigentumsübergang in Verbindung mit der Übergabe des Pkw. Auf das Vorliegen eines wirksamen Kaufvertrags kommt es wegen des Abstraktionsprinzips (vgl. *Schünemann*, S. 195 f.) generell nicht an. Entgegen landläufiger Meinung spielt insoweit auch die Zulassungsbescheinigung Teil II keine Rolle; ob sie übergeben wird oder nicht, ist belanglos, sofern der Veräußerer wirklich Eigentümer des Kraftfahrzeuges ist. Diese Bescheinigung wird erst im Rahmen des gutgläubigen Erwerbs vom Nichtberechtigten gemäß §§ 932 ff. bedeutsam: Bei demjenigen, der sich die Zulassungsbescheinigung Teil II nicht vorlegen lässt, beruht ein eventueller Irrtum über die Eigentümerstellung des Veräußerers immer auf grober Fahrlässigkeit, womit ein gutgläubiger Erwerb ausgeschlossen ist. Nur um sich für diesen „Fall des Falles" den Gutglaubensschutz zu erhalten, wird auf die Vorlage der Zulassungsbescheinigung Teil II in der Praxis zu Recht solcher Wert gelegt. Freilich nutzt auch diese Vorsichtsmaßnahme nichts, wenn das Fahrzeug „gestohlen worden, verloren gegangen oder sonst abhanden gekommen war" (s. § 935 Abs. 1). Eine Ersitzung nach § 937 wäre jedoch trotzdem möglich. Zu diesem Rechtsinstitut s. *Schünemann*, S. 199.

**201 Lösung:** d

Das Gesetz nimmt im Interesse eines durchgreifenden Schutzes des Rechtsverkehrs die grundsätzliche Zulässigkeit eines Rechtserwerbes beweglicher Sachen kraft guten Glaubens an die Berechtigung des Veräußerers zum Ausgangspunkt seiner Regelung in den §§ 932 ff., kann dieses Prinzip freilich nicht ausnahmslos durchführen, weil auch die Belange des wahren Rechtsinhabers zu berücksichtigen sind. So schützt § 935 Abs. 1 den guten Glauben dann nicht, wenn der übertragene Gegenstand „gestohlen worden, verloren gegangen oder sonst abhanden gekommen war". Zur wichtigen Rückausnahme des § 935 Abs. 2 (die also die Regel wiederherstellt) vgl. unten Nr. 207.

**202 Lösung:** b

Entgegen einer weit verbreiteten Ansicht ist auch der gutgläubige Erwerb von unbeweglichen Sachen (Grundstücken) möglich, und zwar nach Maßgabe des § 892.

**203 Lösung:** b

Da A nicht Eigentümer des Buches war, kommt allenfalls ein Eigentumserwerb des B kraft guten Glaubens gemäß § 932 in Betracht. Hierfür ist die Bösgläubigkeit des Veräußerers A ohne jeden Belang. Dagegen ist entscheidend, ob B als Erwerber die Nichtberechtigung des A kannte oder infolge grober Fahrlässigkeit nicht kannte, weil § 935 nicht von vornherein dem gutgläubigen Erwerb durch B entgegensteht (das Buch ist dem E mit dessen Willen aus dem Besitz gekommen, also nicht „abhanden" gekommen). Die Bösgläubigkeit des B ist zu bejahen. Denn entweder hat B bei der Übergabe des Buches den Namenseintrag entdeckt und also gewusst, dass das Buch nicht dem A, sondern dem E gehörte, oder B hat einen groben Sorgfaltsverstoß begangen, wenn er den „groß und deutlich" auf der ersten Seite des neuen Buches befindlichen Hinweis auf den E als Eigentümer übersehen hat, weshalb seine Unkenntnis der wahren Rechtslage auf grober Fahrlässigkeit (vgl. § 276 Abs. 2) beruht.

**204 Lösung:** c

Vgl. zunächst oben Nr. 203. Ein gutgläubiger Eigentumserwerb vom Nichtberechtigten gemäß §§ 932 ff. kommt nur dann in Betracht, wenn der Erwerber davon ausgeht, dass die Sache dem Veräußerer gehört. In diesem Fall weiß N jedoch, dass R nicht Eigentümer des Fahrrades ist; er glaubt lediglich, dass R auf Grund einer Ermächtigung des S (§ 185 Abs. 1) zur Veräußerung befugt ist. Der gute Glaube an die Verfügungsbefugnis wird aber bürgerlich-rechtlich nicht geschützt. N konnte deshalb kein Eigentum an dem Fahrrad erwerben, wobei es unerheblich ist, ob sein Irrtum über das Vorliegen einer Ermächtigung fahrlässig ist oder nicht. Einen Schutz des guten Glaubens an die Verfügungsbefugnis des Vertragspartners gewährt unter bestimmten Voraussetzungen § 366 Abs. 1 HGB. Diese Vorschrift kann aber unmittelbar überhaupt nur dann eingreifen, wenn der Veräußerer Kaufmann ist. Diese Eigenschaft kommt hier R aber nicht zu, sodass § 366 Abs. 1 HGB schon deshalb nicht zur Anwendung kommt. Eine analoge Anwendung wäre nur zu erwägen, wenn der Veräußerer Gewerbetreibender (oder Freiberufler) wäre, nicht jedoch – wie hier – Rentner.

**205 Lösung:** d

Hier zeigt sich nochmals, wie es rechtlich in Fällen wie dem oben mit Nr. 204 bezeichneten prinzipiell nicht „weitergeht". Da K gutgläubig und das Fahrrad nicht abhanden gekommen war, hat K wirksam Eigentum erworben, E es verloren. Damit scheidet ein Anspruch aus § 985, der das Eigentum des E voraussetzen würde, aus. Ein Anspruch aus § 816 Abs. 1 S. 1 ermöglicht nur den Zugriff auf den Kaufpreis (vgl. oben Nr. 180). – § 812 Abs. 1 S. 1, 2. Alt. kommt als Anspruchsgrundlage nach h.M. schon deshalb nicht in Frage, weil K das Fahrrad durch eine „Leistung" des L (nicht des E) erlangt hat, also gerade nicht „in sonstiger Weise".

**206 Lösung:** b

Guter Glaube hilft gemäß § 935 Abs. 1 grundsätzlich nicht beim Erwerb gestohlener, verloren gegangener oder sonst abhanden gekommener Sachen. K ist demnach durch das in den Formen des § 929 S. 1 ausgeführte Rechtsgeschäft nicht Eigentümer geworden, wohl aber Besitzer, da er die tatsächliche Sachherrschaft erlangt hat (vgl. § 854 Abs. 1).

**207 Lösung:** a

Trotz mancher Besonderheiten des Geldes als Zahlungsmittel und Wertträger unterliegt es im Übrigen dem allgemeinen Sachenrecht. Am Geldschein oder -stück besteht deshalb Eigentum und ist, wie hinsichtlich jeder anderen (beweglichen) Sache, Eigentumserwerb auch kraft guten Glaubens möglich. Wer Geld schuldet, erfüllt diese Verpflichtung in der Regel durch die Übereignung entsprechender Zahlungsmittel (näher zur Zahlung und sog. Zahlungssurrogaten s. *Schünemann*, S. 146 f.). Demzufolge wird D durch ein Rechtsgeschäft nach § 929 S. 1 eine Schuld an G bezahlt haben. Wenngleich gemäß § 935 Abs. 1 bei gestohlenen Sachen ein gutgläubiger Eigentumserwerb grundsätzlich ausgeschlossen ist, so gibt es doch die wichtige Ausnahme des § 935 Abs. 2, der u.a. auch für Geld gilt. Demzufolge hat G Eigentum an dem dem E gestohlenen Geldschein kraft guten Glaubens erworben.

**208** **Lösung:** b, § 854 Abs. 1, Einigung

A hat das Kleiderbündel an sich genommen, ist damit als Inhaber der tatsächlichen Sachherrschaft (unmittelbarer) Besitzer nach § 854 Abs. 1 geworden. Jedoch fehlt es an einem Eigentumserwerb: Man könnte vielleicht mit der Variante d) an eine Aneignung nach § 958 Abs. 1 denken. Indes ist das Kleiderbündel durchaus nicht herrenlos i.S. von § 959. Denn B wollte ja nicht lediglich nicht länger Eigentümer sein, also auf sein Eigentum schlicht verzichten, sondern wollte, dass damit das EDW Gutes tut. B hat dem EDW also mit der Bereitstellung des Kleiderbündels unter entsprechender Beschriftung konkludent ein Angebot zur „dinglichen" Einigung über den Eigentumswechsel i.S. von § 929 S. 1 gemacht. Da A vor Annahme durch das EDW eingriff, kam die angestrebte Einigung über den Eigentumswechsel aber nicht zu Stande. Das Kleiderbündel gehört somit immer noch B.

**209** **Lösung:** b, § 1004 Abs. 1; c, § 1004 Abs. 2, § 905 S. 2

Das Grundstückseigentum von Gabriele erstreckt sich gemäß § 905 S. 1 auch auf den Luftraum über der Erdoberfläche. Durch die Fäkalienimmission ist die Deutsche Bahn AG i.S. von § 1004 Abs. 1 also Störer und demzufolge grundsätzlich zur Beseitigung und Unterlassung dieser Eigentumsstörung verpflichtet (sog. negatorischer Rechtsschutz, vgl. *Schünemann*, S. 255 ff.). Eine ausnahmsweise bestehende Pflicht zur Duldung einer solchen Störung mit der Folge des Nichtbestehens eines Beseitigungs- und Unterlassungsanspruchs trifft Gabriele nicht: Eine solche Duldungspflicht könnte sich hier nur aus § 905 S. 2 ergeben, doch liegen dessen Voraussetzungen nach den Sachverhaltsangaben konkret gerade nicht vor.

**210** **Lösung:** c

Der Unterlassungsanspruch des in seinem Recht in anderer Weise als durch Besitzentzug beeinträchtigten Eigentümers richtet sich gegen jeden „Störer" (§ 1004 Abs. 1); dieser muss nur die Fähigkeit haben, überhaupt Träger von (Rechten und) Pflichten zu sein, also Rechtsfähigkeit zu besitzen. Dies trifft hier für beide zu (vgl. § 1). Eine ganz andere Frage ist, dass bei der Durchsetzung des Anspruchs (insbes. bei der gerichtlichen Geltendmachung) Hänsels und Gretels Eltern als die gesetzlichen Vertreter einzuschalten sind. Rechtlich verpflichtet sind aber jedenfalls die Kinder selber; gegen sie richten sich deshalb eventuelle Selbsthilfebefugnisse des Nachbarn (§§ 227, 229), sie sind im Prozess Beklagte und werden gegebenenfalls zur Unterlassung verurteilt.

## 14. Kreditsicherung

**211** **Lösung:** b, akzessorisch

Nach § 767 Abs. 1 S. 1 ist „für die Verpflichtung des Bürgen ... der jeweilige Bestand der Hauptverbindlichkeit maßgebend". Nachdem mit der wirksamen Anfechtung durch S dessen vertragliche Zahlungspflicht gemäß § 142 Abs. 1 erloschen ist, ist damit auch die „akzessorische" Einstandspflicht des B als Bürgen entfallen. Zur Akzessorietät s. *Schünemann*, S. 443.

**212** **Lösung:** a, § 771

G sollte sich zunächst an S halten, da dem B die Einrede der Vorausklage zur Seite steht. Danach kann der Bürge die Befriedigung des Gläubigers verweigern, solange nicht der Gläubiger eine Zwangsvollstreckung gegen den Hauptschuldner ohne Erfolg versucht hat. Allerdings besteht die Einrede der Vorausklage nicht durchweg, siehe z.B. § 773 (vgl. Nr. 297 und *Schünemann,* S. 444). Eine Sittenwidrigkeit der Bürgschaft nach § 138 kommt zwar bei Bürgschaften durch Verwandte in Betracht, jedoch nur bei einem krassen Missverhältnis zwischen der eingegangenen Verpflichtung des Bürgen und dessen Leistungsfähigkeit, z.B. wenn der Bürge nicht einmal fähig ist, die laufenden Zinsen der Hauptschuld zu begleichen. Anhaltspunkte für ein solches Missverhältnis finden sich im Sachverhalt nicht.

**213** **Lösung:** b, § 427, § 421

Die Gesamtschuldnerschaft mehrerer Verpflichteter ist ein sehr wirkungsvolles und deshalb von den Gläubigern sehr gern benutztes Sicherungsinstrument des Personalkredits (bei dem also keine Sachen, insbes. Grundstücke, als Sicherheiten gestellt sind). Paradoxerweise sind die rechtlichen Voraussetzungen dafür, mehrere nach Belieben des Gläubigers in Anspruch nehmen zu können (vgl. § 421), sehr schnell erfüllt, nämlich schon dann, wenn sich mehrere gemeinschaftlich zu einer teilbaren Leistung, namentlich also zu einer Geldzahlung, verpflichten: § 427 verlangt nicht einmal Schriftform der diesbezüglichen Willenserklärung. Auch gibt es in diesem Bereich weder eine rechtliche Abhängigkeit des Sicherungsmittels von einer „Hauptschuld" (sog. Akzessorietät; i und e getrennt gesprochen!) noch eine „Einrede der Vorausklage". Die verbreitete Furcht vor der Übernahme einer Bürgschaft („Den Bürgen soll man würgen") ist demnach unbegründet, vergleicht man die Bürgschaft mit der Gefährlichkeit der Gesamtschuldnerschaft nach Voraussetzungen und Wirkungen. Um ein Unterlaufen der Bürgschaft durch Schuldbeitritt zurückzudrängen, verlangt die h.M. für den Beitretenden ein eigenes wirtschaftliches Interesse (vgl. *Schünemann,* S. 446 f.). Dieses ist für die Ehefrau freilich grundsätzlich zu bejahen.

**214 Lösung:** b

Der Eigentumsvorbehalt ist ein „klassisches" Mittel der Kreditsicherung (Überblick über die Bedeutung und Funktion der Sicherungsrechte bei *Wolf/Wellenhofer,* § 13 Rdnrn. 1 ff.). Nach der Auslegungsregel des § 449 Abs. 1 erfolgt dabei zwar eine Übereignung (durchweg gemäß § 929 S. 1) durch Einigung über den Eigentumswechsel und Sachübergabe, wobei dieses Rechtsgeschäft aber mit einer aufschiebenden Bedingung gemäß § 158 Abs. 1 versehen wird. Im Ergebnis wird der Käufer also erst – dann aber gleichsam automatisch – Eigentümer mit vollständiger Zahlung des Kaufpreises. Zuvor – bei Säumnis des Käufers – kann der Verkäufer den Kaufgegenstand gemäß § 985 heraus verlangen, freilich nur, wenn er zuvor vom Kaufvertrag zurücktritt (§ 449 Abs. 2!) und damit das Besitzrecht des Käufers (§ 986) beendet.

**215 Lösung:** c

Der Käufer hat hier regelmäßig – unter Zugrundelegung der Regel des § 449 (s. oben Nr. 214) – eine eigenartige Rechtsstellung, die mit dem Begriff Anwartschaftsrecht gekennzeichnet wird: einerseits ist er noch nicht Eigentümer, andererseits hat er aber nicht lediglich einen Anspruch auf Übereignung, denn diese ist ja bereits erfolgt, wenn auch aufschiebend bedingt. Zudem ist er i.d.R. auch noch unmittelbarer Besitzer (vgl. näher *Wolf/Wellenhofer,* § 14 Rdnrn. 11 ff.).

**216 Lösung:** a

Mit vollständiger Kaufpreiszahlung ist die dem Übereignungsrechtsgeschäft beigefügte aufschiebende Bedingung eingetreten und Y damit Eigentümer geworden. Die Zwischenverfügung des X während des Schwebezustandes, die Übereignung an Z war zwar zunächst wirksam, auf Grund des Anwartschaftsrechtes des Y gemäß § 161 aber im Ergebnis dem Y gegenüber doch unwirksam. Voraussetzung dafür ist allerdings, dass § 936 Abs. 1 nicht eingreift. Seine Anwendbarkeit ist in solchen Fällen prinzipiell zu bejahen, denn das Anwartschaftsrecht wird von der h.M. als Belastung des Eigentumsrechtes gewertet. Es besteht also auf den ersten Blick die Möglichkeit, dass Z nicht nur überhaupt Eigentum, sondern lastenfreies Eigentum erworben und Y sein Anwartschaftsrecht somit verloren hat. § 936 Abs. 2 macht davon allerdings eine Ausnahme, sofern der Erwerber, hier Z, bezüglich der Belastung nicht gutgläubig war. Als Rückausnahme wirkt jedoch demgegenüber wiederum § 936 Abs. 3, wenn – wie hier – bei Übereignung durch § 931 der Besitzer selber Inhaber des auf dem Eigentum lastenden Drittrechtes ist. So verhält es sich im vorliegenden Fall: Y ist Besitzer des Schmuckes und zugleich Inhaber der Eigentumsanwartschaft. Ob Z diesbezüglich gutgläubig ist bzw. war, ist somit gleichgültig. Nach §§ 161 Abs. 3, 936 Abs. 3 ist die Rechtsposition des besitzenden Anwartschaftsberechtigten (Y) selbst einem Gutgläubigen gegenüber gesichert.

**217 Lösung:** a

Zu den wesentlichen Bestandteilen eines Gebäudes gehören gemäß § 94 Abs. 2 die zu seiner Herstellung eingefügten (beweglichen) Sachen; das Gebäude selbst ist nach § 94 Abs. 1 wesentlicher Bestandteil des Grundstücks, auf dem es steht. Mit Rücksicht darauf ist auf den vorliegenden Fall § 946 anwendbar, der zur Voraussetzung hat, dass eine „bewegliche Sache mit einem Grundstück dergestalt verbunden [wird], dass sie wesentlicher Bestandteil des Grundstücks wird". Als Rechtsfolge sieht § 946 – vertraglich nicht abdingbar – eine Erstreckung des Grundstückseigentums auf eben jene einstmals bewegliche Sachen vor. Damit muss zugleich das Eigentum des H erlöschen.

**218** **Lösung:** b

Der Eigentumsvorbehalt ist eine (regelmäßig aufschiebend bedingte) Übereignung. Da gemäß § 925 Abs. 2 die Übereignung eines Grundstücks – genauer gesagt: die rechtsgeschäftliche Einigung zwischen Veräußerer und Erwerber (Auflassung) – nicht unter einer Bedingung erfolgen kann, hat der Eigentumsvorbehalt hier keinen Anwendungsbereich. Er ist zur Kreditsicherung im Immobiliarbereich auch nicht erforderlich, da hierfür die Grundpfandrechte (vgl. nur *Schünemann*, S. 459 ff. und unten Nrn. 220 f.) in Betracht kommen.

**219** **Lösung:** a

Vgl. zunächst oben Nr. 218. Da die Auflassung gemäß § 925 Abs. 2 bedingungsfeindlich ist und der Eigentumsvorbehalt ja eine der Auflassung hinzugefügte Bedingung i.S. des § 158 darstellt (gemäß § 449 Abs. 1 im Zweifel eine „aufschiebende Bedingung", § 158 Abs. 1), hat trotz Eintragung des K im Grundbuch wegen des zwischen V und K verabredeten Eigentumsvorbehalts keine wirksame Eigentumsübertragung stattgefunden. V ist demzufolge nach wie vor Eigentümer des Grundstücks und kann von K, sollte dieser die Sachherrschaft über das Grundstück angetreten haben, gemäß § 985 (der für bewegliche und unbewegliche Sachen gilt) Herausgabe des Grundstücks, also Besitzverschaffung, verlangen. Daneben kann V nach § 894 die Zustimmung des K zur Berichtigung des Grundbuches, also die Wiedereintragung des V als Eigentümer, beanspruchen, denn der Inhalt des Grundbuches (K ist als Eigentümer eingetragen) stimmt mit der wahren Rechtslage nicht überein.

**220** **Lösung:** c

Die Akzessorietät des Fahrnispfandrechts ergibt sich klar aus den §§ 1210 Abs. 1 S. 1, 1250, 1252, diejenige der Hypothek – wegen ihres möglichen Übergangs in eine „Eigentümergrundschuld" – weniger deutlich aus den §§ 1113, 1153 Abs. 1 (vgl. auch § 1177 Abs. 1) und aus der Gegenüberstellung mit der Grundschuld in § 1192 Abs. 1. Nach dieser Vorschrift finden „auf die Grundschuld … die Vorschriften über die Hypothek entsprechende Anwendung, soweit sich nicht daraus ein anderes ergibt, dass die Grundschuld nicht eine Forderung voraussetzt". Grundschuld und deren Unterform Rentenschuld gemäß § 1199 werden im Rechtsleben kaum jemals um ihrer selbst willen bestellt, sondern sichern in aller Regel auch dann, wenn dies rechtlich an sich nicht nötig wäre, eine Forderung. Terminologisch schlägt sich dieser praktische Zusammenhang in der sog. Sicherungsgrundschuld (vgl. § 1192 Abs. 1a) nieder (vgl. *Wolf/Wellenhofer*, § 28

Rdnrn. 16 ff.). Immer akzessorisch ist die Bürgschaft. Bei der selbstschuldnerischen Bürgschaft entfällt lediglich die Einrede der Vorausklage (vgl. § 773 Abs. 1 Nr. 1).

**221** **Lösung:** c, §§ 929 S. 1, 185 Abs. 1; §§ 362 Abs. 1, 407 Abs. 1

Viktor ist durch Einigung hinsichtlich des Eigentumsübergangs unter Sachübergabe gemäß §§ 929 S. 1, 185 Abs. 1 Eigentümer geworden, obwohl Edith selber noch gar nicht Eigentümerin war (die aufschiebende Bedingung der Übereignung von Gustav an sie, nämlich die vollständige Kaufpreiszahlung, ist noch nicht erfüllt). Denn sie konnte auf Grund der ihr erteilten Verfügungsermächtigung im eigenen Namen über fremdes Recht (das Eigentum Gustavs) verfügen. Auf irgendeine Gutgläubigkeit des Viktor kommt es also für seinen Eigentumserwerb gar nicht an. Damit hat Gustav – womit er ja auch einverstanden war – seinerseits sein Eigentum an der Ware und damit seine Sicherheit eingebüßt. Im Rahmen des „verlängerten" Eigentumsvorbehalts hat Gustav aber für eben diesen Fall Vorsorge geschaffen. Die „Verlängerung" besteht in einer Abtretung des zukünftigen Zahlungsanspruchs (§ 433 Abs. 2) gegen den Kauf-Vertragspartner der Edith aus der Weiterveräußerung. Von dieser vorweggenommenen, „antizipierten" Zession (§ 398) weiß der Verbraucher (Viktor) durchweg nichts, hält also seinen Verkäufer für seinen Zahlungsgläubiger. Nach einer „juristischen" Sekunde ging die Gläubigerposition Ediths bezüglich des Zahlungsanspruchs gegen Viktor jedoch auf Gustav über, sodass Viktor an einen Nicht-Gläubiger geleistet hat. Gleichwohl ist die Zahlungspflicht Viktors erloschen: Regelmäßig wird Gustav dem auch zugestimmt haben (§§ 362 Abs. 2, 185 Abs. 1), jedenfalls aber muss er sich dem bezüglich der „Gläubigerstellung" von Edith gutgläubigen Viktor gegenüber gemäß § 407 Abs. 1 so behandeln lassen, als habe Viktor an Gustav geleistet.

**222** **Lösung:** c

Ein Grundstück kann mit mehreren Grundpfandrechten belastet werden. Dies ergibt sich aus den §§ 879 ff., die das Rangverhältnis mehrerer Rechte an einem Grundstück regeln. Diese Grundpfandrechte können selbstverständlich zu Gunsten verschiedener Personen bestellt werden. Auch dies folgt aus den §§ 879 ff.: § 880 Abs. 2 S. 1 etwa bestimmt, dass zur Rangänderung u.a. die Einigung des zurücktretenden und des vortretenden Berechtigten erforderlich ist, was eine mögliche Personenmehrheit gedanklich voraussetzt.

**223** **Lösung:** a

Das vertraglich eingeräumte Fahrnispfandrecht ist vom BGB streng als Besitz-(Faust-)pfandrecht konstruiert worden: Das Pfandrecht erlischt gemäß § 1253 Abs. 1 bei Rückgabe des Pfandes selbst dann, wenn der Pfandgläubiger mit dem Eigentümer oder einem eventuell von diesem verschiedenen Verpfänder den Fortbestand des Pfandrechtes verabredet. Kraft Gesetzes entstandene Pfandrechte, z.B. das des Vermieters an den in die Wohnung eingebrachten Sachen des Mieters gemäß § 562, können jedoch als „besitzlose" Pfandrechte bestehen. Zur Gesetzessystematik ist zu bemerken, dass die §§ 1204 ff. an sich ja nur für das vertraglich begründete Pfandrecht gelten (vgl. § 1205 Abs. 1) und gemäß § 1257 auf gesetzliche Pfandrechte nur entsprechende Anwendung finden. § 1253 Abs. 1 steht deshalb der „Besitzlosigkeit" des Vermieterpfandrechts nicht entgegen.

**224 Lösung:** c

Der wirtschaftliche Zweck der Sicherungsübereignung ist, dem Sicherungsgeber (dem Kreditnehmer) den unmittelbaren Besitz des Sicherungsgutes zu dessen Nutzung zu erhalten, aber gleichzeitig dem Kreditgeber (Sicherungsnehmer) für den Fall der gefährdeten Rückzahlung des Darlehens ein dingliches Verwertungsrecht an eben dem Sicherungsgut an die Hand zu geben. Dieser Zwecksetzung entspräche an sich ein Pfandrecht ohne Besitz des Kreditgebers an der Pfandsache. Ein solches „besitzloses" Pfandrecht ist jedoch vertraglich nicht begründbar (s. oben Nr. 223). Die Beteiligten schlagen deshalb den Weg ein, den Kreditgeber gemäß § 930 zum Eigentümer des Sicherungsgutes zu machen, der lediglich mittelbaren Besitz erlangt, während der unmittelbare Besitz beim Kreditnehmer verbleibt. Der Kreditgeber erlangt dabei sachenrechtlich vollgültiges Eigentum, und zwar sofort, weil die (Sicherungs-)Übereignung regelmäßig nicht unter einer aufschiebenden Bedingung i.S. des § 158 Abs. 1 erfolgt. Schuldrechtlich freilich ist der Sicherungsnehmer (der Kreditgeber) gehalten, von seinem Eigentumsrecht, das ja eine beliebige Verwertung zum Inhalt hat, nur Gebrauch zu machen, wenn der Kreditnehmer (der Sicherungsgeber) seine Pflichten aus dem Kreditvertrag nicht korrekt erfüllt. Solange dies nicht der Fall ist, ist der Sicherungsgeber „berechtigter" Besitzer und braucht einem auf § 985 gestützten Herausgabeverlangen des Eigentümers (des Kreditgebers) gemäß § 986 Abs. 1 S. 1 nicht Folge zu leisten (vgl. auch oben Nr. 214 und *Schünemann*, S. 464 ff.).

**225 Lösung:** c

Rechtlich ist eine Sicherungsübereignung gemäß § 929 S. 1 durch Einigung und Übergabe möglich. Das Gesetz stellt es den Beteiligten ferner frei, sich bei der Verfolgung ihrer Interessen der ihnen am geeignetsten erscheinenden Rechtsinstitute zu bedienen; A und B können deshalb das Pfandrecht oder die Sicherungsübereignung wählen. Wirtschaftlich sinnvoll ist freilich allein eine Sicherungsübereignung mithilfe des § 930, denn der A will ja mit der Maschine weiter produzieren, was er nur kann, wenn diese in seinem unmittelbaren Besitz verbleibt. Eben darum ist – wegen § 1253 Abs. 1 – auch eine Verpfändung nicht interessengerecht (vgl. auch oben Nrn. 223 und 224).

**226 Lösung:** c

Eine Sicherungsabtretung kommt von vornherein nicht in Betracht, weil es sich bei den Lastkraftwagen nicht um Forderungen, welche abgetreten werden könnten (vgl. § 398) handelt, sondern um (bewegliche) Sachen. Ein Eigentumsvorbehalt scheidet ebenfalls aus, weil ja nicht der jetzige Eigentümer F, sondern B gesichert werden soll (vgl. zur Funktion des Eigentumsvorbehalts *Wolf/Wellenhofer,* § 14 Rdnrn. 1 ff.). Eine Verpfändung ist hier wirtschaftlich sinnlos, weil besitzlose Vertragspfandrechte an § 1253 Abs. 1 scheitern, F aber auf den unmittelbaren Besitz an den Lastkraftwagen, mit denen er seinen Geschäftsbetrieb unterhält, angewiesen ist. Zudem hätte die B kaum überwindbare Schwierigkeiten, verpfändete Lastkraftwagen bei sich sachgemäß unterzustellen. Angemessen ist in diesem Fall wiederum eine auf dem Wege des § 930 zu vollziehende Sicherungsübereignung.

**227** **Lösung:** a

Gemäß § 93 können „Bestandteile einer Sache, die voneinander nicht getrennt werden können, ohne dass der eine oder andere zerstört oder in seinem Wesen verändert wird (wesentliche Bestandteile), nicht Gegenstand besonderer Rechte sein", also auch nicht im (Sicherungs-)Eigentum eines anderen stehen. Die entscheidende Frage ist also, ob der Motor „wesentlicher Bestandteil" des Autos im Sinne der genannten Legaldefinition ist. Das ist zu verneinen. Denn es kommt ja entgegen dem Sprachgebrauch des Alltags nicht darauf an, welchen Einfluss die Trennung auf die Gesamtsache ausübt oder ob der Bestandteil für die Verwendbarkeit der Gesamtsache wichtig ist. So spielt der Motor eines Autos für dessen Wertschätzung zwar eine wichtige, vielfach entscheidende Rolle, doch ist er jedenfalls bei Serienfertigung im Sinne des § 93 kein wesentlicher Bestandteil des Autos, weil er – ebenso wie das Restauto – durch den Ausbau nicht zerstört oder in seinem Wesen verändert wird. Gerade diese technisch-konstruktiv bedingte Austauschbarkeit macht man sich häufig zu Nutze (Austauschmotor; Wiederverwendung eines Motors aus einem „ausgeschlachteten" Unfallauto etc.). Ist der Motor aber kein wesentlicher Bestandteil i.S. des § 93, so sind an ihm andere Eigentumsverhältnisse als an dem übrigen Auto möglich. V ist rechtlich also nicht gehindert, den Motor in seinem Auto zu belassen und ihn an K mithilfe eines „Besitzkonstituts" gemäß § 930 sicherheitshalber zu übereignen.

**228** **Lösung:** b

Ein „automatischer" Rückfall des Eigentums an D käme nur dann in Betracht, wenn die Sicherungsübereignung auflösend bedingt erfolgt wäre (vgl. § 158 Abs. 2), wobei die Bedingung in der vollständigen Darlehenstilgung hätte bestehen müssen. Dies ist indes nicht der Fall, denn abredegemäß ist das Eigentum durch B an D noch „zurückzuübertragen". Die Übertragung des Eigentums an beweglichen Sachen geht regelmäßig gemäß § 929 S. 1 durch Einigung und Übergabe vonstatten. Hinsichtlich der Rückübertragung von Sicherungseigentum muss man sich jedoch vor Augen halten, dass der Sicherungsgeber durchweg (so auch hier der D) im Besitz des Sicherungsgutes verbleibt (vgl. oben Nrn. 224 ff.) und deshalb gemäß § 929 S. 2 zur Rückübereignung die bloße Einigung von Sicherungsgeber und -nehmer (D und B) ausreicht.

# II. Handelsrecht i.e.S.*

## 1. Grundlagen

**229 Lösung:** a

Unter Handel i.e.S. versteht man die Verteilung von Gütern – insbes. von Waren – auf dem Weg vom Hersteller zum Endabnehmer; er bzw. sie geschieht durch den Ankauf und den anschließenden Weiterverkauf der betreffenden Güter. Diese Betätigung war in der Tat früher – wie es auch der Begriff „Kaufmann“ als Handelsrechtsadressat zum Ausdruck bringt – der alleinige Anwendungsbereich des Handelsrechts. Im Laufe der letzten 150 Jahre hat das Handelsrecht jedoch einen immer größeren Wirkungsbereich erhalten, zuletzt durch das Gesetz zur Neuregelung des Kaufmanns- und Firmenrechts und zur Änderung anderer handels- und gesellschaftsrechtlicher Vorschriften von 1998. Heute gilt es gemäß § 1 Abs. 2 n.F. prinzipiell für *jede selbstständige gewerbliche* (einzelunternehmerische) Betätigung, also nicht nur für den Handel, sondern auch für die Sektoren Produktion und Dienstleistung. Dass es im Grundsatz trotzdem einen zunehmend wichtiger werdenden Dienstleistungsbereich ausspart, nämlich den der Freien Berufe, (s. unten Nrn. 230, 232, 234 und 242) und ferner auch nicht auf alle gewerblichen Unternehmen Anwendung findet (s. unten Nrn. 230 ff.), ist freilich auch nach der Handelsrechtsreform von 1998 noch zu konstatieren, denn der Gesetzgeber hat den Schritt vom Kaufmanns- zum Unternehmensrecht leider immer noch nicht getan, obwohl das „Leitmotiv“ des Handelsrechts – die Schaffung von Rechtsregeln, die eine sachgerechte Beschleunigung betriebsbezogener Geschäfte ermöglichen – nicht nur für Kaufleute, sondern für alle Unternehmer Geltung besitzt. Sofern sich Freiberufler allerdings für ihre Berufsausübung bestimmter *Gesellschafts*formen bedienen, gilt für diese auf Grund von § 6 Abs. 1 und 2 auch das Handelsrecht (s. unten Nrn. 232, 234 und 242).

**230 Lösung:** a

Unternehmer i.S. des *Handels*rechts ist, wer außerhalb des Bereichs der Verwaltung seines privaten Vermögens wirtschaftlich werthafte Leistungen auf dem Markt anbietet (vgl. auch § 14 BGB n.F., der für den Unternehmerbegriff des *Verbraucherschutz*rechts im *BGB* die Ausübung einer „gewerblichen oder selbständigen beruflichen Tätigkeit“ verlangt). Unternehmer ist daher grundsätzlich auch ein selbstständiger Freiberufler, z.B. ein Rechtsanwalt oder Arzt. Unter „Gewerbe“ versteht die heute h.M. dagegen nur eine offene, planmäßige, erlaubte selbstständige Tätigkeit mit Ausnahme der freien Berufe. „Planmäßig“ handelt dabei, wer die Absicht einer unbestimmten Vielzahl von Geschäftsabschlüssen hat, und „offen“, wer Leistungen am Markt gegen Entgelt anbietet; die früher lange Zeit geforderte „Absicht der Gewinnerzielung“ wird dagegen jetzt zu Recht nicht mehr vorausgesetzt (vgl. *Brox/Henssler*, HR, § 2 Rdnr. 28). Die selbststän-

* §§ ohne Zusatz sind solche des HGB.

digen Gewerbetreibenden sind also nur ein Unterfall, eine „Teilmenge" der Unternehmer. Und Kaufmann ist gemäß § 1 Abs. 1 nur, wer ein „Handelsgewerbe" betreibt; zu diesen zählen auch nach der neuesten Handelsrechtsreform – wie den §§ 1 bis 3 n.F. zu entnehmen ist – nur bestimmte und keineswegs alle Gewerbetreibenden.

**231 Lösung:** b

Wie in der vorangegangenen Aufgabe erörtert wurde, ist Unternehmer nicht nur ein Gewerbetreibender, sondern auch ein selbstständiger Freiberufler, und ein Gewerbetreibender ist nur dann ein Kaufmann, wenn er ein Handelsgewerbe betreibt. Es gibt also ebenso nichtgewerbliche Unternehmer (z.B. Freiberufler) wie nichtkaufmännische Gewerbetreibende (z.B. kleingewerbliche Handwerker und Landwirte, solange sie nicht in das Handelsregister eingetragen sind, s. unten Nr. 233). Hingegen betreibt jeder Einzelkaufmann ausnahmslos nicht nur ein Handelsgewerbe, sondern zugleich ein Gewerbe i.S. des Handelsrechts. Zur Systematik des Unternehmerbegriffs und dabei auch zur Einordnung des Existenzgründers s. *Schünemann*, S. 53.

## 2. Kaufmann

**232 Lösung:** d

Gemäß § 1 Abs. 1 ist grundsätzlich nur derjenige Kaufmann, der „ein Handelsgewerbe betreibt". § 1 Abs. 2 – „Handelsgewerbe ist jeder Gewerbebetrieb, es sei denn, dass das Unternehmen nach Art oder Umfang einen in kaufmännischer Weise eingerichteten Geschäftsbetrieb nicht erfordert" (Hervorhebung von *uns*), – macht deutlich, dass von einem „Handelsgewerbe" nur gesprochen werden kann, wenn ein „Gewerbe" betrieben wird (s. dazu oben Nr. 230). Die beiden Kaufmannsarten der §§ 1 Abs. 2 und 2 setzen also den Betrieb eines Gewerbes voraus. Auch die Land- und Forstwirtschaft stellt nach richtiger Ansicht handels- und gesellschaftsrechtlich ein Gewerbe dar (im Einkommensteuerrecht zählt sie allerdings nicht zum Gewerbe). Deswegen lässt sich sagen, dass jeder Einzelkaufmann stets ein Gewerbe betreiben muss und betreibt (s. Voraufgabe und ihre Lösung). Das gilt aber nicht für Gesellschaften: Eine Gesellschaft, die kein Gewerbe betreibt, kann trotzdem zu den Adressaten des Handelsrechts gehören, und zwar insbes. nach § 6 Abs. 1. Zu den dort angesprochenen „Handelsgesellschaften" gehört beispielsweise auch eine AG, die *nicht*gewerbliche Zwecke verfolgt, denn § 3 Abs. 1 AktG bestimmt ausdrücklich, dass jede AG als Handelsgesellschaft gilt, „auch wenn der Gegenstand des Unternehmens nicht im Betrieb eines Handelsgewerbes besteht" (Hervorhebung von *uns*). Zu derartigen sog. Formkaufleuten s. *Schünemann*, S. 44.

**233 Lösung:** c

Dass ein Handwerker wirtschaftlich werthafte Leistungen auf dem Markt anbietet und somit ein Gewerbe i.S. des Handelsrechts betreibt (vgl. oben Nr. 230), steht außer Frage. Gemäß § 1 Abs. 2 ist *jeder* Handwerker Kaufmann, „es sei denn, dass das Unternehmen nach Art oder Umfang einen in kaufmännischer Weise eingerichteten Geschäftsbetrieb nicht erfordert", also gerade *nicht* „floriert". Ein Handwerker *mit* einem „florierenden" Gewerbebetrieb ist daher mit Geschäftsaufnahme – d.h. auch *unabhängig* von seiner Eintragung in das Handelsregister – („Ist"-)Kaufmann. Ein Handwerker mit einem *nicht* „florierenden" Gewerbebetrieb kann ebenfalls Kaufmann werden, allerdings nur nach der – hier *konstitutiven* – Eintragung der Firma seines Unternehmens in das Handelsregister (§ 2 S. 1, „Kannkaufmann" neuer Art), er ist freilich zu einer solchen Eintragung gemäß § 2 S. 2 nicht verpflichtet, sondern nur berechtigt. Weil zwar nunmehr alle Handwerker mit „florierendem" Gewerbebetrieb ab der Geschäftsaufnahme und ohne Rücksicht auf eine Registereintragung sozusagen automatisch Kaufleute sind, dagegen alle Handwerker mit nicht „florierendem" Gewerbebetrieb nur dann, wenn sie von der in Rede stehenden Option des § 2 Gebrauch gemacht haben und in das Handelsregister eingetragen worden sind, trifft im Aufgabentext nur die generelle Aussage „manchmal" zu, wobei das nicht i.S. einer zahlenmäßig unterdurchschnittlichen Häufigkeit, sondern nur i.S. eines „Zwischenwerts" zwischen „Nie" und „Stets" verstanden werden soll.

**234** **Lösung:** c

Wie bereits zuvor (Nrn. 229 und 230) dargelegt wurde, setzen die §§ 1-3 stets voraus, dass der betreffende Kaufmann ein *Gewerbe* i.S. des Handelsrechts betreibt. Daran fehlt es aber gerade bei den Freiberuflern. Zu diesen zählt auch der selbstständige Rechtsanwalt „als solcher", d.h. bei seiner eigentlichen anwaltlichen Tätigkeit (s. § 2 BRAO). Auf einem anderen Blatt steht, dass Rechtsanwälte ihre berufliche Kooperation z.B. auch in der Rechtsform einer GmbH organisieren können und dass *diese* dann trotz ihrer an sich gleichfalls freiberuflichen Tätigkeit als Handelsgesellschaft (§ 13 Abs. 3 GmbHG) Kaufmann i.S. von § 6 Abs. 1 ist.

**235** **Lösung:** a

Die wichtige und folgenreiche Abgrenzung zwischen dem „florierenden" und dem nicht „florierenden" Gewerbebetrieb (s. nur §§ 1 Abs. 2 und 2 S. 1) erfolgt nicht an Hand einzelner, isolierter Kriterien, auch nicht allein anhand der Umsatzhöhe, sondern auf Grund des Gesamtbilds bzw. Gesamteindrucks des betreffenden Unternehmens, das eine hinreichende Kompliziertheit der Geschäfte erkennen lassen muss. Deshalb ist diese Abgrenzung im Einzelfall mitunter schwierig vorzunehmen. Im Interesse der Rechtsklarheit und -sicherheit statuiert daher § 5, dass ein im Handelsregister eingetragenes Gewerbe grundsätzlich als Handelsgewerbe gilt.

**236** **Lösung:** d

Baumann hat einen Gewerbebetrieb i.S. des Handelsrechts, der nach Art und Umfang einen in kaufmännischer Weise eingerichteten Geschäftsbetrieb erfordert, und wäre deshalb an sich auch ohne Handelsregistereintragung („Ist"-)

Kaufmann nach § 1 Abs. 2 (vgl. unten Nr. 237). Er betreibt indes ein landwirtschaftliches Unternehmen i.S. von § 3 Abs. 2, und für dieses statuiert § 3 Abs. 1 aus historischen Gründen die Unanwendbarkeit des strengeren § 1 Abs. 2. Gemäß § 3 Abs. 2 i.V. mit. § 2 S. 1 werden das betreffende Gewerbe erst durch die – konstitutive, rechtsbegründende – Eintragung der Firma in das Handelsregister zum Handelsgewerbe und sein Inhaber zum („Kann"-)Kaufmann. Ohne diese Eintragung – die noch dazu, anders als beim „Istkaufmann" (s. unten Nr. 237), freiwillig ist (§ 2 S. 2 i.V. mit § 3 Abs. 2) – besteht die Kaufmannseigenschaft mithin nicht. Ein bloßes landwirtschaftliches Nebengewerbe i.S. von § 3 Abs. 3, wie es z.B. eine als selbstständige organisatorische Einheit geführte Mühle wäre, in der ganz oder überwiegend eigenes Getreide gemahlen wird, liegt hier nicht vor.

**237** **Lösung:** b

Wer ein „florierendes" Gewerbe betreibt, ist gemäß § 1 Abs. 2 ohne Rücksicht auf seine Registereintragung mit Beginn seines Geschäftsbetriebs („Ist"-)Kaufmann; die nach § 29 erforderliche (und ggf. vom Registergericht gemäß § 14 durch die Festsetzung eines Zwangsgelds zu bewirkende) Registereintragung hat bei ihm lediglich deklaratorische (rechtsbezeugende) Wirkung. „Kannkaufleute" dagegen erlangen die Kaufmannseigenschaft immer erst mit Eintragung ihrer Firma in das Handelsregister (§§ 2 S. 1, 3 Abs. 2 und Abs. 3). Das gilt auch für die Kapital(handels)gesellschaften des § 6 Abs. 1 (s. nur §§ 41 Abs. 1 S. 1, 278 Abs. 3 AktG, 11 Abs. 1 GmbHG). „Manchmal" ist hier wiederum (s. oben Nr. 233) i.S. eines „Zwischenwerts" zwischen „Stets" und „Nie" zu verstehen.

**238** **Lösung:** a

Dass das fragliche kaufmännische Unternehmen Peter und nicht seinen Eltern gehört, steht außer Frage, denn dafür kommt es nicht auf die Geschäftsfähigkeit an – die der 2-jährige Peter gemäß § 104 Nr. 1 BGB natürlich nicht besitzt –, sondern nur auf die Rechtsfähigkeit, und die entsteht bekanntlich nach § 1 BGB bereits mit der Vollendung der Geburt. Allerdings kann ein Zweijähriger die zum Betrieb eines solchen Unternehmens gehörenden Handlungen nicht selbst vornehmen. Das ist Sache seiner gesetzlichen Vertreter, also seiner Eltern (s. §§ 1626 Abs. 1, 1629 Abs. 1 BGB), die dabei für einzelne besonders wichtige Rechtsgeschäfte – z.B. die Kreditaufnahme, die Eingehung einer Bürgschaft oder die Erteilung einer Prokura – der Genehmigung des Familiengerichts bedürfen (§§ 1821, 1822 Nrn. 1, 3, 5, 8-11, 1643 Abs. 1 BGB). Wenn und soweit die Eltern das Unternehmen im Namen und für Rechnung ihres minderjährigen Kindes betreiben, ist nur dieses der entsprechende Kaufmann.

**239** **Lösung:** b

Mit der Verpachtung an Baumann hat Abele seinen Status als selbstständiger handelsgewerblicher Unternehmer verloren, er ist jetzt nur noch Privatmann. Baumann hingegen führt während der Laufzeit des Pachtvertrages die Apotheke in eigenem Namen und auf eigene Rechnung. Er allein ist deshalb nunmehr der entsprechende Kaufmann, obwohl ihm die Apotheke – insbes. hinsichtlich des Anlagevermögens – nicht gehört und er sie nach Ablauf des Pachtvertrages wieder an Abele „zurückzugeben" hat (vgl. nur § 22 Abs. 2 und *Brox/Henssler*, HR, § 2 Rdnr. 35).

**240** **Lösung:** b

Gemäß § 105 Abs. 1 ist der Zweck einer oHG an sich „auf den Betrieb eines Handelsgewerbes" gerichtet. Die bloße Verwaltung des eigenen Vermögens, wie sie bei bestimmten Holdinggesellschaften oder bei Besitzgesellschaften im Rahmen von Betriebsaufspaltungen stattfindet, ist aber weder ein Handelsgewerbe noch ein Gewerbe. Um auch solchen Personengesellschaften die Rechtsform der oHG zur Verfügung zu stellen, wurde 1998 § 105 Abs. 2 S. 1 Fall 2 neu geschaffen (für die KG gilt übrigens gemäß der Generalverweisung des § 161 Abs. 2 dasselbe). Voraussetzung für die Entstehung einer derartigen oHG (bzw. KG) im Außenverhältnis ist nach § 105 Abs. 2 S. 2 die hier konstitutive Eintragung der Firma der Gesellschaft in das Handelsregister.

**241** **Lösung:** c

Dampf ist nur ein kleingewerblicher, nicht kaufmännischer Handwerker, und die durch den Eintritt seiner Frau entstandene Personengesellschaft ist eine GbR, die ebenfalls keinen Kaufmannsstatus besitzt. Allerdings besteht für diese Gesellschaft gemäß § 105 Abs. 2 S. 1 Fall 1 die Möglichkeit, trotz ihres kleingewerblichen Zuschnitts durch konstitutive Registereintragung den Status einer oHG zu erlangen, und dann läge ein „kannkaufmännisches" Handelsgewerbe i.S. von § 2 vor.

**242** **Lösung:** c

Eine eingetragene Genossenschaft muss gemäß § 1 Abs. 1 GenG stets „die Förderung des Erwerbes oder der Wirtschaft ihrer Mitglieder mittels gemeinschaftlichen Geschäftsbetriebes bezwecken", darf sich also *nicht* – wie ein „normales" Unternehmen – dem abstrakten Ziel der Gewinnmaximierung verschreiben. Im vorliegenden Fall fehlt es am Vorliegen eines Gewerbes, weil die betreffende Genossenschaft nicht die Absicht einer unbestimmten Vielzahl von Geschäftsabschlüssen hat (vgl. oben Nr. 230). Schon deswegen kann sie nicht nach § 1 Abs. 2 Kaufmann sein, ganz abgesehen davon, dass sie nicht entsprechend „floriert". Zu den *Handels*gesellschaften i.S. von § 6 Abs. 1 zählt eine Genossenschaft nicht, denn dafür gibt es einen gesetzlichen numerus clausus, unter den nur die oHG, die KG, die GmbH (§ 13 Abs. 3 GmbHG), die AG (§ 3 Abs. 1 AktG) und die KGaA (§ 3 Abs. 1 i.V. mit § 278 Abs. 3 AktG) sowie nach Art. 3 Abs. 1 VO (EG) Nr. 2157/2001 des EU-Rats i.V. mit § 3 Abs. 1 AktG die Europäische Aktiengesellschaft (EA )/ Societas Europaea (SE) fallen. Indes statuiert § 17 Abs. 2 GenG unmissverständlich, dass alle eingetragenen Genossenschaften prinzipiell „als Kaufleute im Sinne des Handelsgesetzbuchs" gelten. Sie zählen damit zu den „Vereinen" (vgl. dazu auch Nr. 349) des § 6 Abs. 2, der sie stets, auch und gerade im Fall ihres „Nichtflorierens", in vollem Umfang dem Handelsrecht unterstellt.

## 3. Handelsregister

**243 Lösung:** b

Die Eintragung einer „einzutragenden Tatsache" in das Handelsregister hat im Hinblick auf das eingetragene Rechtsverhältnis teils konstitutive (rechtsbegründende) Wirkung, teils nur deklaratorische (rechtsbezeugende) Wirkung. Soll die Wirkung konstitutiv sein, ist dies grundsätzlich in der betreffenden Norm, welche die Eintragungspflicht festsetzt, besonders ausgesprochen (vgl. nur §§ 2 S. 1, 123 Abs. 1; § 41 Abs. 1 S. 1 AktG; § 11 Abs. 1 GmbHG).

**244 Lösung:** a

Das Handelsregister ist ein im Interesse der Rechtsklarheit und -sicherheit errichtetes Verzeichnis der wichtigsten Daten eines Handelsgewerbes bzw. einer Handelsgesellschaft. Daher muss es auch einem weiten Personenkreis zugänglich sein. Das HGB hat sich – nicht zuletzt zur Vermeidung komplizierter Abgrenzungsstreitigkeiten – nicht der für das Grundbuch geltenden Regelung angeschlossen, nach der Einsicht nur nehmen darf, wer ein „berechtigtes Interesse darlegt" (§ 12 Abs. 1 S. 1 GBO); es war vielmehr weiter gegangen und gestattete bis zum Jahr 2001 „jedem" die (kostenlose) Registereinsicht (§ 9 Abs. 1 a.F.). Als Folge einer u.E. unrichtigen BGH-Entscheidung ist dann aber das Einsichtsrecht per 1.1. 2002 dahin gehend durch § 9 Abs. 1 S. 1 eingeschränkt worden, dass es jetzt nur noch für denjenigen gilt, der „zu Informationszwecken" Einsicht nehmen will. Damit sollte verhindert werden, dass gewerbliche Auskunfteien etc. die Register lokal, regional oder gar bundesweit abkopieren und die einschlägigen Daten dann gewinnbringend an entsprechende Interessenten verkaufen.

Seit dem 1.1.2007 schreibt allerdings § 8 Abs. 1 n.F. vor, dass das Handelsregister von den Gerichten „elektronisch geführt" werden muss. Diese Neufassung resultiert aus dem Gesetz über elektronische Handelsregister und Genossenschaftsregister sowie das Unternehmensregister vom 10.11.2006 (EHUG). In Folge dessen geschehen nunmehr sowohl die Registereintragungen (§ 8a Abs. 1 n.F.) als auch deren Bekanntmachungen (§ 10 S. 1 n.F.) elektronisch, wobei die Bekanntmachungen in einem „von der Landesjustizverwaltung bestimmten elektronischen Informations- und Kommunikationssystem" zu erfolgen haben; außerdem sind Eintragungen und Bekanntmachungen zusätzlich über die Internetseiten des grundsätzlich vom Bundesministerium der Justiz elektronisch geführten Unternehmensregisters zugänglich (§ 8b n.F.). Die (nunmehr kostenpflichtige) Einsichtnahme sowohl in das Handels- als auch in das Unternehmensregister ist gem. § 9 Abs. 1 S. 1 sowie Abs. 6 n.F. weiterhin (wie schon seit 2002) jedem nur „zu Informationszwecken" gestattet. Ob das aber die Entstehung der seinerzeit vom BGH für unzulässig erklärten privaten gewerblichen Registerdatensammlungen wirklich verhindern kann, bleibt abzuwarten. Der Gesetzgeber des EHUG glaubt wohl selbst nicht so recht daran, sonst hätte er nicht in § 8 Abs. 2 n.F. ausdrücklich dekretiert, dass solche nichtamtlichen „Datensammlungen … nicht unter Verwendung oder Beifügung der Bezeichnung ‚Handelsregister' in den Verkehr gebracht werden dürfen."

245 **Lösung:** b

Wie bereits in der Voraufgabe dargelegt wurde, ist die „rechtstechnische" Ausgestaltung des Registerrechts durch das neue EHUG grundlegend verändert worden. Auf die Bekanntmachung einer Handelsregistereintragung hat man dabei aber natürlich nicht verzichtet. Sie erfolgt nunmehr – nach Ablauf einer Übergangsfrist – allerdings gem. § 10 S. 1 n.F. nur noch elektronisch, nämlich in dem von der jeweiligen Landesjustizverwaltung bestimmten „elektronischen Informations- und Kommunikationssystem". So kann sie von jedem, der einen Internetanschluss hat, jederzeit und an jedem Ort eingesehen werden. Da sie praktisch eine Kopie der voran gegangenen elektronischen Registereintragung darstellt, erfolgt sie auch schneller und noch dazu kostengünstiger als die bisherigen Druckpublikationen im Bundesanzeiger und mindestens einem weiteren Blatt (§ 10 Abs. 1 S. 1 a.F.).

246 **Lösung:** a

Die partiell bereits angesprochene (s. oben Nr. 235) Vorschrift des § 5 ist im Gegensatz etwa zu § 15 keine Gutglaubensschutznorm, setzt also keine Gutgläubigkeit dessen voraus, der sich auf sie beruft und Rechte aus ihr herleitet. Sie gilt deshalb – im Privatrechtsverkehr – auch für den, der die betreffenden tatsächlichen Verhältnisse genau kennt, ja selbst für den auf Grund eigener Nachlässigkeit zu Unrecht noch im Register eingetragenen Kaufmann. Hat dieser allerdings die Registereintragung arglistig erschlichen, kann er sich ausnahmsweise nach § 242 BGB (s. oben Nr. 2) nicht mit Erfolg auf § 5 berufen (vgl. zu Alledem *Brox/Henssler,* HR, § 4 Rdnrn. 55 ff.).

247 **Lösung:** c

§ 5 betrifft den Tatbestand, dass das unter der eingetragenen Firma betriebene Gewerbe den Charakter eines „Handelsgewerbes" verliert. Es muss sich aber dabei immer noch um ein „Gewerbe" handeln; wird stattdessen jetzt eine freiberufliche Tätigkeit (s. oben Nrn. 230 f.) oder – wie hier – überhaupt keine berufliche Tätigkeit mehr ausgeübt, greift § 5 nach zutreffender h.M. trotz der – unrechtmäßigen – Fortexistenz der Registereintragung nicht mehr ein (vgl. *Brox/Henssler,* HR, § 4 Rdnr. 56). Angesichts der genauen Kenntnis des V kommt auch der Ausweg über § 15 Abs. 1 (s. unten Nrn. 248 ff.) nicht in Betracht. Die Vermutung des § 344 Abs. 1 kann daher wegen Fehlens der Kaufmannseigenschaft bzw. eines Handelsgewerbes keine Wirkung entfalten.

248 **Lösung:** a

§ 15 gilt nach h.M. – die sich dabei u.a. auf den Wortlaut des Abs. 4 stützt – nur für den „Geschäftsverkehr", insbes. den rechtsgeschäftlichen Verkehr (vgl. *Brox/Henssler,* HR, § 6 Rdnr. 84a), d.h. u.a. für Vertragsabschlüsse mit einem Kaufmann. Insoweit beschränken sich seine Schutzwirkungen (s. unten Nrn. 249 ff.) jedoch nicht auf Geschäfte zwischen eingetragenen Kaufleuten, sondern gelten auch im entsprechenden Verkehr mit Dritten. Über diesen Geschäftsverkehrsbereich hinaus reichen die Wirkungen des § 15 nach h.M. nicht – man darf sich z.B.

grundsätzlich nicht im Vertrauen auf die Publizität des Handelsregisters von einem ausgeschiedenen, aber noch eingetragenen Prokuristen überfahren lassen.

**249 Lösung:** c

Eine der wichtigsten Funktionen des Handelsregisters (s. auch oben Nrn. 244 f.) ist der Vertrauensschutz Gutgläubiger, den § 15 bewirkt. Er dient dem „Beschleunigungsprinzip" des Handelsrechts – umständliche und zeitraubende Überprüfungen gravierender Geschäftsdaten des Partners durch Rückfragen etc. sollen tunlichst vermieden werden. Deshalb statuiert § 15 Abs. 1 die sog. negative Publizität des Handelsregisters: Eintragungspflichtige Tatsachen, die nicht eingetragen und bekannt gemacht sind, können einem gutgläubigen Dritten auch nicht entgegengehalten werden. Abs. 2 setzt diese Regelung in S. 2 – wenn auch in abgeschwächter Form – fort. Beide Absätze schützen also nur den guten Glauben an die *Nicht*existenz nicht eingetragener und bekannt gemachter Tatsachen, jedoch nicht den guten Glauben an die Richtigkeit der eingetragenen oder der bekannt gemachten Tatsachen (sog. positive Publizität). Eine solche positive Publizitätswirkung hat im Rahmen des § 15 vielmehr allein der – hinsichtlich seiner Reichweite im Einzelnen sehr umstrittene (vgl. *Brox/Henssler,* HR, § 6 Rdnrn. 101 ff.) – Abs. 3, und zwar nur im Hinblick auf eine falsche *Bekanntmachung*.

**250 Lösung:** c

§ 15 schützt – anders als § 5, auf den sich grundsätzlich auch ein Bösgläubiger berufen kann – stets nur den Gutgläubigen. Allerdings ist der Umfang des guten Glaubens unterschiedlich ausgestaltet: In Abs. 1 und in Abs. 3 schadet nur positive Kenntnis des Dritten – sodass auch grobfahrlässige Unkenntnis die Gutgläubigkeit noch nicht beseitigt –, in Abs. 2 S. 2 zerstört dem gegenüber gemäß den §§ 122 Abs. 2, 276 Abs. 1 und 2 BGB bereits jede fahrlässige Unkenntnis den guten Glauben.

**251 Lösung:** a

§ 15 Abs. 1 setzt nach h.M. „nicht voraus, dass der Dritte gerade im Vertrauen auf das Fehlen der Eintragung und Bekanntmachung handelt"; es genügt, dass er „gutgläubig von dem Nichtbestehen der [fraglichen] Tatsache ausgeht und diese Annahme für seine Entschließung ursächlich ist" (*Brox/Henssler,* HR, § 6 Rdnr. 84). Man will durch diese weite Ausgestaltung des Gutglaubensschutzes vermeiden, dass der Dritte behaupten und gegebenenfalls auch beweisen müsste, dass gerade die von ihm nachgeprüfte fehlende Eintragung und Bekanntmachung ursächlich für seinen guten Glauben und seine entsprechende Handlung gewesen sind (vgl. *Brox/Henssler,* aaO).

**252 Lösung:** b

Die Prokura ist zwar in das Handelsregister einzutragen und nach ihrem wirksamen Widerruf (s. nur § 52 Abs. 1) dort wieder zu löschen (§ 53 Abs. 1 und 2).

Diese Eintragungen haben aber wegen des rechtsgeschäftlichen Charakters der Prokura (s. § 48 Abs. 1) und im Hinblick darauf, dass Registereintragungen nur ausnahmsweise kraft besonderer gesetzlicher Bestimmung konstitutive Wirkungen zukommen (s. oben Nr. 243), lediglich deklaratorischen Charakter, beeinflussen also die Rechtsgültigkeit von Prokuraerteilung und -widerruf nicht (vgl. *Brox/Henssler,* HR, § 10 Rdnrn. 197 und 211). Im vorliegenden Fall ist das mangels Eintragung der Prokuraerteilung unrichtig gewesene Handelsregister durch den Widerruf der Prokura wieder richtig geworden. Dennoch greift hier § 15 Abs. 1 nach zutreffender h.M. ein: „Diese Bestimmung schützt nicht das Vertrauen auf die Richtigkeit des Registers, sondern darauf, dass eine Veränderung nicht eingetreten ist, wenn sie nicht eingetragen" und bekannt gemacht ist (*Brox/Henssler,* HR, § 6 Rdnr. 79).

253 **Lösung:** c

Der fragliche Vertrag ist gegenüber der oHG gemäß § 164 Abs. 1 S. 1 BGB nur rechtsgültig zu Stande gekommen, wenn der in ihrem Namen aufgetretene P sich gegenüber K als wirksamer Stellvertreter behandeln lassen muss. K vertraute hier auf die Richtigkeit des Handelsregisters, muss also dessen positive Publizität in Anspruch nehmen. Das ist über § 15 Abs. 1 oder Abs. 2 S. 2 nicht möglich, da beide nur negative Publizitätswirkungen haben (s. oben Nr. 249). Jedoch hilft Abs. 3 weiter, der den guten Glauben an die (falsche) Bekanntmachung schützt. Allerdings liegt der fragliche Defekt nicht (nur) in der unrichtigen Bekanntmachung der Prokuraerteilung, sondern schon in der unrichtigen Eintragung. Die zutreffende h.M. stellt indessen aus Gründen eines angemessenen Verkehrsschutzes allein darauf ab, dass der Inhalt der Bekanntmachung unrichtig war, und lässt auch die – häufigeren – Tatbestände unter Abs. 3 fallen, in denen bereits die Eintragung nicht stimmte (vgl. *Brox/Henssler,* HR, § 6 Rdnr. 98).

254 **Lösung:** a

Nach §§ 105 Abs. 1, 128 haften die Gesellschafter einer oHG für deren Verbindlichkeiten persönlich. Das gilt aber nur für solche Gesellschaftsschulden, die bis zu ihrem Ausscheiden aus der oHG begründet worden sind, für später entstandene dagegen grundsätzlich nicht mehr (vgl. auch § 160). An sich ist C mit Wirkung vom 1.6. und damit vor dem fraglichen Vertragsschluss vom 16.6. ausgeschieden. Hier greift jedoch wiederum § 15 Abs. 1 ein. Das Ausscheiden ist eine „in das Handelsregister einzutragende Tatsache" (s. § 143 Abs. 2). Diese Tatsache war in concreto vor Begründung der Gläubigerposition des L noch nicht eingetragen. Laut Sachverhalt hatte L am 16.6. auch noch keine positive Kenntnis vom Ausscheiden des C; dass er sich möglicherweise in fahrlässiger Unkenntnis befand, ist hier – anders als in Abs. 2 S. 2 – irrelevant. L war demnach gutgläubig und genießt deshalb den Schutz der negativen Publizität des § 15 Abs. 1.

255 **Lösung:** c

Nach § 15 Abs. 1 darf der gutgläubige Dritte von der Nichtexistenz einer eintragungspflichtigen Tatsache ausgehen, solange diese „nicht eingetragen *und* bekannt gemacht ist" (Hervorhebung von *uns*). Anders als in der Voraufgabe ist jetzt zwar zu dem Zeitpunkt, in dem L Gläubiger der oHG wird (17.6.), das Ausscheiden des C schon im Handelsregister eingetragen. Aber der zweite Teil des Schutztatbestands von § 15 Abs. 1 – die Bekanntmachung – fehlt noch. Daher muss C auch hier im Außenverhältnis gegenüber L noch entsprechend haften.

256 **Lösung:** c

Gemäß § 10 Abs. 2 a.F. galt die Bekanntmachung einer eingetragenen Tatsache mehr als ein Jahrhundert lang erst mit „dem *Ablaufe* des Tages", an dem das *letzte* Publikationsblatt erschienen ist, als wirklich erfolgt i.S. von § 15 Abs. 1 (Hervorhebung von *uns*). Das hat sich mit Wirkung vom 1.1.2007 ebenfalls geändert. Es kommt jetzt nicht mehr darauf an, dass der Bekanntmachungstag „abgelaufen" ist (was ja erst um 24 Uhr des betreffenden Tages der Fall ist), maßgeblich ist jetzt vielmehr der konkrete Zeitpunkt der „Einbuchung" in das jeweilige „elektronische Informations- und Kommunikationssystem".

Im vorliegenden Fall hat sowohl die Eintragung des Ausscheidens des C in das Handelsregister als auch deren Bekanntmachung bereits stattgefunden, ehe L Gläubiger der oHG wurde. Daher ist § 15 Abs. 1 nicht mehr anwendbar. Vielleicht hilft jedoch § 15 Abs. 2 S. 2 dem L weiter. Dann müsste der Vertragsschluss mit der oHG zunächst eine „Rechtshandlung" sein, „die innerhalb von fünfzehn Tagen nach der Bekanntmachung vorgenommen" wurde. Das trifft zu. Außerdem müsste L abermals gutgläubig gewesen sein. Eine Gutgläubigkeit wurde ihm zwar schon oben bei Aufgabe 254 attestiert, indessen geschah das im Bereich des § 15 Abs. 1, der einen sehr weit reichenden Vertrauensschutz schafft, weil bei ihm nur die – noch dazu vom Anspruchsgegner zu beweisende – positive Kenntnis der wahren Rechtslage zur Bösgläubigkeit führt. Der Gutglaubensschutz von Abs. 2 S. 2 ist dem gegenüber sehr viel geringer: L müsste hier beweisen, „dass er die Tatsache [des Ausscheidens von C] weder kannte noch kennen musste". Das „Kennenmüssen" bedeutet nach der auch im Handelsrecht maßgeblichen Legaldefinition des § 122 Abs. 2 BGB (s. nur oben Nr. 69) *jede* fahrlässige Unkenntnis, und fahrlässig handelt bekanntlich, „wer die im Verkehr erforderliche Sorgfalt außer Acht lässt" (§ 276 Abs. 2 BGB), wobei einen Kaufmann wie L noch dazu eine gesteigerte Sorgfaltspflicht trifft (s. nur § 347 Abs. 1 und *Brox/Henssler,* HR, § 18 Rdnrn. 371 ff.). Laut Sachverhalt hätte L die Tatsache des Ausscheidens des C aus der oHG „ohne größere Schwierigkeiten in Erfahrung bringen können". Damit befand er sich insoweit wohl zumindest in einer leicht fahrlässigen Unkenntnis, jedenfalls aber wird ihm hier der Beweis einer entsprechenden schuld*losen* Unkenntnis nicht gelingen. Also ist in concreto der Grundsatz des § 15 Abs. 2 S. 1 maßgeblich, dass ein Dritter eine eingetragene und bekannt gemachte Tatsache gegen sich gelten lassen muss. L kann C dann nicht mehr belangen.

## 4. Firma

**257 Lösung:** c

Im Gegensatz zum normalen Sprachgebrauch versteht das Handelsrecht unter „Firma" nicht das Unternehmen selbst, sondern nur dessen „Handelsnamen": Die Firma ist nach § 17 Abs. 1 lediglich „der Name, unter dem [d]er [Kaufmann] seine Geschäfte betreibt und die Unterschrift abgibt", klagt und verklagt wird (Abs. 2). Berechtigt und verpflichtet wird aus solchen Geschäften eines Einzelkaufmanns immer dieser „als Ganzes", d.h. als natürliche Person, mit seinem Geschäfts- *und* seinem Privatvermögen. Denn auch die für einen Einzelkaufmann insbes. durch die Buchführungs-, Inventar- und Bilanzpflichten (§§ 238 ff.) bewirkte partielle Absonderung des Geschäfts- vom Privatvermögen ändert nichts an der haftungsrechtlichen Einheit beider Vermögensmassen; erst dann, wenn das Handelsgewerbe von einer Personengesellschaft oder gar von einer Körperschaft betrieben wird, kann bzw. muss grundsätzlich auch eine Haftungstrennung erfolgen. Vgl. *Schünemann*, S. 28 f.

**258 Lösung:** c

§ 18 Abs. 1 schreibt vor, die kaufmännische Firma müsse „zur Kennzeichnung des Kaufmanns geeignet sein und Unterscheidungskraft besitzen". Diesen Erfordernissen genügt die Firmierung „Toni Abele" an sich durchaus. Allerdings statuiert § 19 Abs. 1 Nr. 1, dass die Firma eines Einzelkaufmanns „die Bezeichnung ‚eingetragener Kaufmann', ‚eingetragene Kauffrau' oder eine allgemein verständliche Abkürzung dieser Bezeichnung, insbes. ‚e.K.', ‚e.Kfm.' oder ‚e.Kffr.'", enthalten muss. Das ist bei der bloßen Firmierung „Toni Abele" nicht der Fall, sodass es insoweit an der firmenrechtlichen Zulässigkeit fehlt.

**259 Lösung:** a

Abele verhält sich zwar hier bezüglich der §§ 18 Abs. 1 und 19 Abs. 1 Nr. 1 firmenrechtlich korrekt. Auch gegen die Verwendung von Sachzusätzen zum personellen Firmenelement ist grundsätzlich nichts einzuwenden. Allerdings dürfen diese den betreffenden Unternehmer nicht „potenter" erscheinen lassen als er in Wirklichkeit ist: „Die Firma darf keine Angaben enthalten, die geeignet sind, über geschäftliche Verhältnisse, die für die angesprochenen Verkehrskreise wesentlich sind, irrezuführen" (§ 18 Abs. 2 S. 1, Grundsatz der sog. Firmenwahrheit). Ein derart kleines Unternehmen darf deshalb nicht als „Werk" und schon gar nicht als „Werke" bezeichnet werden, und der auf eine bundesweite Aktivität und Bedeutung hinweisende Zusatz „deutsche" ist dann erst recht täuschend, also unzulässig (vgl. nur *Brox/Henssler*, HR, § 7 Rdnr. 110).

**260 Lösung:** b

Nach der seit 1998 geltenden Fassung des § 18 Abs. 1 sind personelle Firmenelemente nicht mehr vorgeschrieben. Ein Einzelkaufmann kann deshalb jetzt auch eine reine Fantasiebezeichnung – allein oder kombiniert mit einem Sachzusatz – als Firma führen, sofern sie nur „zur Kennzeichnung ... geeignet" ist, „Unterscheidungskraft" besitzt und nicht irreführt (vgl. auch oben Nrn. 258 und 259). Diesen Gegebenheiten trüge die in Rede stehende Firmierung hinreichend Rechnung. Sie würde auch den nach § 19 Abs. 1 Nr. 1 erforderlichen Rechtsformzusatz tragen und damit in vollem Umfang zulässig sein.

**261** **Lösung:** a

Der jetzige § 19 Abs. 1 Nr. 2 verlangt im Gegensatz zur früheren Regelung ausdrücklich, dass die Firma einer oHG „die Bezeichnung ‚offene Handelsgesellschaft' oder eine allgemein verständliche Abkürzung dieser Bezeichnung" enthalten muss. Eine solche Abkürzung ist insbes. die gängige Kurzbezeichnung „oHG", nicht jedoch das farblose Kürzel „& Co.". Im vorliegenden Fall fehlt es aber an einer dem Grundsatz der Firmenklarheit Rechnung tragenden Bezeichnung der konkreten Gesellschaftsform. Deshalb ist die Firmierung unzulässig.

**262** **Lösung:** b

§ 19 Abs. 1 Nr. 3 schreibt auch für die KG das „Flaggezeigen" hinsichtlich der konkreten Gesellschaftsform vor, indem er verlangt, dass die Firma einer KG „die Bezeichnung ‚Kommanditgesellschaft' oder eine allgemein verständliche Abkürzung dieser Bezeichnung" enthalten muss. Diesen Anforderungen genügt das insoweit unspezifische „& Co." nicht (s. oben Nr. 261), wohl aber die Abkürzung „KG".

**263** **Lösung:** a

Ändert sich der in der Firma eines kaufmännischen Unternehmens enthaltene Name des Geschäftsinhabers oder eines Gesellschafters oder geht ein solches Unternehmen ganz oder teilweise in andere Hände über etc., dann müssen diese wichtigen Veränderungen nicht unbedingt auch zu einer entsprechenden Änderung der Handelsfirma führen: Die §§ 21, 22 und 24 gestatten im Interesse der Erhaltung des Firmenwerts unter bestimmten Voraussetzungen die unveränderte Fortführung der alten, jetzt eigentlich unrichtigen Firmierung. Allerdings setzen die §§ 18 Abs. 2 und 19 diesem Grundsatz der Firmenbeständigkeit ganz klare Grenzen, um Irreführungen und Missverständnisse zu vermeiden (vgl. auch unten Nrn. 264 ff.).

**264** **Lösung:** b

§ 19 Abs. 1 Nr. 3 verlangt wiederum ausdrücklich auch bei einer Fortführung nach § 24 Abs. 1 die Angabe der exakten gesellschaftsrechtlichen Rechtsform. Die alte Firmierung, die lediglich auf einen Einzelkaufmann hinweist, kann also nicht (mehr) völlig unverändert beibehalten werden. Das Prinzip der Firmenkontinuität muss mithin dem Grundsatz der Firmenklarheit weichen.

265 **Lösung:** c

Anders als in der Voraufgabe ist einziger „persönlich" haftender Gesellschafter der KG jetzt lediglich eine – i.d.R. recht „mickrige" – GmbH; eine natürliche Person (d.h. einen Menschen) als entsprechenden Vollhafter gibt es nicht mehr, auch nicht mittelbar. Diese Veränderung ist für aktuelle und potenzielle Gläubiger der Gesellschaft derart schwerwiegend, dass das Prinzip der Firmenwahrheit bzw. Firmenklarheit eine Durchbrechung des Grundsatzes der Firmenkontinuität gebietet. Daher verlangt § 19 Abs. 2, dass in der fraglichen Firmierung ein Zusatz enthalten zu sein hat, „welche[r] die Haftungsbeschränkung kennzeichnet". Dies ist bei der eingeführten Bezeichnung „GmbH & Co. KG" der Fall.

266 **Lösung:** a

Da die Firma eines kaufmännischen Unternehmens oft einen erheblichen Wert verkörpert, ist sie grundsätzlich auch „kommerzialisierbar", d.h. übertragbar. Als „Handelsname" des betreffenden Unternehmens hat sie jedoch eine wichtige Zuordnungs- und Identifikationsfunktion. Diese würde gravierend beeinträchtigt, wollte man eine Übertragung des Handelsnamens ohne gleichzeitige Übertragung des entsprechend benannten Unternehmens zulassen. Deshalb verbietet § 23 eine solche „Leerübertragung".

267 **Lösung:** c

Ob der neue Inhaber die alte Firma als sog. abgeleitete Firma fortführen darf, hängt gemäß § 22 insbes. von der ausdrücklichen Einwilligung des bisherigen Inhabers oder seiner Erben ab. Liegt diese vor, ist es dem neuen Inhaber grundsätzlich freigestellt, ob er der alten Firma „einen das Nachfolgeverhältnis andeutenden Zusatz ..." (z.B. „Nachf.", „Inhaber XY") anfügt oder nicht. Nur in Ausnahmefällen wird er unter dem Aspekt der Firmenwahrheit dazu verpflichtet sein, etwa wenn ein Nichtpromovierter eine – abgeleitete – Firma fortführen will, in der der Doktortitel des Firmengründers enthalten ist (vgl. *Brox/Henssler,* HR, § 7 Rdnrn. 112 f.).

## 5. Haftung bei Übertragung des Unternehmens

268 **Lösung:** d

Nach § 25 Abs. 1 S. 1 haftet derjenige, der „ein unter Lebenden erworbenes Handelsgeschäft" mit oder ohne „Beifügung eines das Nachfolgeverhältnis andeutenden Zusatzes fortführt", grundsätzlich „für alle im Betriebe des Geschäfts begründeten Verbindlichkeiten des früheren Inhabers". Gegenteiliges kann zwar von den beiden Vertragsparteien – Veräußerer und Erwerber des Unternehmens – vereinbart werden. *Dritt*wirkung hat ein solcher Haftungsausschluss aber nur unter den Voraussetzungen des § 25 Abs. 2, nämlich wenn er „in das Handelsregister eingetragen und bekannt gemacht" oder von dem *Erwerber* oder *Veräußerer* „dem Dritten mitgeteilt worden ist". Eintragung und Bekanntmachung fehlen hier. G verdankt seine Kenntnis vom Haftungsausschluss auch nicht einer direkten Mitteilung von Fox oder Fix, sondern hat sie lediglich „von einem Freund des Fix" erhalten; das reicht jedoch nach zutreffender h.M. nicht aus (vgl. *Brox/Henssler*, HR, § 8 Rdnr. 140). Daher ist der Haftungsausschluss ihm gegenüber nicht wirksam. Die Haftung des neuen Inhabers Fix ist generell unbegrenzt und insbes. nicht auf den Fall der Zahlungsunfähigkeit des früheren Inhabers Fox beschränkt. Zur Haftungssituation beim Unternehmenskauf s.a. *Schünemann*, S. 471.

**269 Lösung:** c

Die Haftung des neuen Inhabers folgt direkt aus dem eben (Nr. 268) erörterten § 25 Abs. 1 S. 1. Wie sich aus § 26, aber auch aus allgemeinen Erwägungen ergibt, bleibt der alte Inhaber daneben grundsätzlich weiter im Obligo, wenn auch u.U. mit der „Rechtswohltat" einer verkürzten Haftungsfrist. Der „Altgläubiger" sieht sich also in der erfreulichen Situation, nunmehr zwei Schuldner statt des einen zu haben.

**270 Lösung:** c

Anders als im Fall des § 25 Abs. 1 S. 1 (s. oben Nr. 268) ist bei der „Vergesellschaftung" eines einzelkaufmännischen Unternehmens durch Eintritt einer weiteren Person „als persönlich haftender Gesellschafter oder als Kommanditist" – d.h. durch Bildung einer oHG oder KG, an welcher der bisherige Inhaber beteiligt ist – gemäß § 28 Abs. 1 S. 1 die grundsätzliche Haftung der jetzt entstandenen Personenhandelsgesellschaft für die alten Geschäftsschulden nicht von der Fortführung der bisherigen Firma abhängig. In Übereinstimmung mit § 25 Abs. 2 kann jedoch auch hier ein Haftungsausschluss mit Drittwirkung nach § 28 Abs. 2 erfolgen, und zwar sogar dann, wenn die alte Firma nicht fortgeführt wird.

**271 Lösung:** b

An sich müsste die oHG gemäß § 28 Abs. 1 S. 1 an König den vollen Betrag von 1.000,– € zahlen. Hier liegt aber eine „abweichende Vereinbarung" i.S. von Abs. 2 vor; „abweichend" meint dabei alles, was unterhalb der vollen Haftung liegt, und zwar bis hin zur totalen Haftungseliminierung. Die vorliegende bloße Haftungsbeschränkung ist sicher ungewöhnlich, aber rechtlich durchaus zulässig.

## 6. Prokura und Handlungsvollmacht

**272 Lösung:** c

Prokura und Handlungsvollmacht sind die beiden wichtigsten Formen der rechtsgeschäftlichen Vertretungsmacht im Handelsrecht. Beide haben insbes. einen gesetzlich garantierten, grundsätzlich unbeschränkbaren Umfang, wobei aber derjenige der Prokura bedeutend größer ist (s. nur § 49 einerseits, § 54 andererseits).

**273 Lösung:** b

Gesetzliche Vertreter einer – zumindest teilweise nicht voll handlungsfähigen – Person sind bei gemeinschaftlichen, minderjährigen Kindern grundsätzlich die Eltern (s. §§ 1626 ff. BGB). Bei einem *Minder*jährigen, der nicht unter elterlicher Sorge steht oder dessen Eltern ausnahmsweise nicht vertretungsberechtigt sind oder dessen Familienstand nicht zu ermitteln ist, fungiert gemäß §§ 1773, 1793 BGB der Vormund als gesetzlicher Vertreter. Als organschaftliche Vertreter bezeichnet man die Mitglieder des Vertretungsorgans einer juristischen Person bzw. einer Gesellschaft (vgl. statt aller § 26 Abs. 1 BGB). Der Prokurist gehört keiner dieser beiden Kategorien an. Er erhält, wie sich aus § 48 Abs. 1 i.V. mit § 167 Abs. 1 BGB ergibt, seine Vertretungsmacht allein durch ein Rechtsgeschäft und nicht kraft „Gesetzes". Er ist also „nur" ein rechtsgeschäftlicher, „gewillkürter" Vertreter, seine Vertretungsmacht ist eine spezielle Vollmacht (vgl. oben Nr. 45).

**274 Lösung:** c

Neben dem Inhaber des – kaufmännischen – Handelsgeschäfts (besser gesagt in concreto an seiner Stelle) darf nach § 48 Abs. 1 auch dessen gesetzlicher Vertreter die Prokura erteilen, jedoch nie ein – anderer – Prokurist (vgl. unten Nr. 278). Zu diesen gesetzlichen Vertretern gehört u.a. der Vormund (vgl. dazu oben Nr. 273). Wegen der besonderen „Gefährlichkeit" der Prokura bedarf der Vormund dabei aber gemäß § 1822 Nr. 11 BGB noch zusätzlich der Genehmigung des Familiengerichts (das gilt übrigens nach § 1643 Abs. 1 BGB ggf. auch für die Eltern eines minderjährigen Inhabers).

**275 Lösung:** a

Die rechtsgeschäftliche Vertretungsmacht (Vollmacht) wird gemäß § 167 BGB grundsätzlich formfrei erteilt. Für die Prokura verlangt § 48 Abs. 1 indessen die Erteilung „mittels ausdrücklicher Erklärung". „Damit ist im Interesse der Rechtsklarheit eine zweifelsfreie Erklärung gemeint. Eine bloß stillschweigende Prokuristenbestellung kommt demnach nicht in Betracht, …" (*Brox/Henssler*, HR, § 10 Rdnr. 197); die entsprechende Erklärung braucht aber weder schriftlich zu sein noch den Terminus „Prokura" oder „Prokurist" zu enthalten. Auch die Eintragung in das Handelsregister, die § 53 Abs. 1 verlangt, ist für die wirksame Erteilung der Prokura nicht erforderlich; sie ist nur deklaratorisch, nicht aber konstitutiv (s. oben Nrn. 243 und 252).

**276 Lösung:** a

Die Prokura ist eine spezielle handelsrechtliche Variante der rechtsgeschäftlichen Vertretungsmacht (s. Voraufgabe). Deshalb gilt für sie auch der Grundsatz des § 167 Abs. 1 BGB, wonach die Erteilung dieser Vertretungsmacht nicht durch einen – zweiseitigen – Vertrag, sondern durch ein lediglich einseitiges Rechtsgeschäft erfolgt. Auf das Einverständnis des zukünftigen Prokuristen kommt es also gar nicht an. Die Erteilung der Prokura ist allerdings gemäß § 53

Abs. 1 in das Handelsregister einzutragen; diese Registereintragung hat aber – da § 53 nichts Gegenteiliges besagt (vgl. oben Nrn. 243, 252 und 275) – nur deklaratorische Wirkung.

**277** **Lösung:** c

Obwohl der Umfang der Prokura im Interesse eines besseren Verkehrsschutzes und damit einer beschleunigten Anbahnung und Durchführung von Rechtsgeschäften („Kontrolle ist zeitraubend, Vertrauensschutz ist schneller und besser") gesetzlich sehr weitgehend garantiert ist, gibt es doch immer noch einige Rechtsakte, die „Chefsache" sind, weil sie die Grundlagen des Unternehmens und nicht nur dessen „Betrieb" i.S. von § 49 Abs. 1 betreffen. Dazu gehört neben der Anmeldung zum Handelsregister (vgl. nur §§ 29 und 31) u.a. auch die Unterzeichnung des Jahresabschlusses (vgl. § 245). Dagegen kann ein Prokurist prinzipiell alle Rechtsgeschäfte vornehmen, die der Betrieb irgendeines – und nicht nur, wie der Handlungsbevollmächtigte gemäß § 54 Abs. 1, eines „derartigen" – Handelsgeschäfts mit sich bringt. Dazu gehören auch völlig branchenfremde Geschäfte, sofern sie nur in irgendeinem anderen Handelsgeschäft möglich sind (vgl. auch *Brox/Henssler,* HR, § 10 Rdnr. 198).

**278** **Lösung:** b

Ein Prokurist darf nicht seinerseits Prokura erteilen (s. § 48 Abs. 1 und oben Nr. 274); eine solche – unzulässige – Handlung lässt sich aber i.d.R. nach § 140 BGB in die Erteilung einer Handlungsvollmacht umdeuten (vgl. *Brox/Henssler*, HR, § 10 Rdnr. 195). Die Prokura ist in ihrer gesetzlich garantierten Reichweite erheblich größer als die normale Handlungsvollmacht und umfasst – anders als diese (s. § 54 Abs. 2) – z.B. auch die Befugnis zur Eingehung von Wechselverbindlichkeiten (s. § 49). Wo eine Stellvertretung ohnehin schlechterdings ausgeschlossen ist – z.B. bei dem höchstpersönlichen Rechtsgeschäft der Eheschließung (s. § 1311 S. 1 BGB n.F. und oben Nr. 46) – kann jedoch auch ein Prokurist nicht wirksam agieren.

**279** **Lösung:** c

Nach § 49 Abs. 2 kann ein Prokurist die „Veräußerung und Belastung von Grundstücken" nur mit besonderer Ermächtigung vornehmen. Dagegen ist ihm durch § 49 Abs. 1 die Vergabe von Krediten ebenso erlaubt wie die Erteilung einer Handlungsvollmacht oder die Vornahme branchenfremder Geschäfte (vgl. oben Nr. 277).

**280** **Lösung:** c

Die normale rechtsgeschäftliche Vertretungsmacht der §§ 164 ff. BGB hängt insbes. hinsichtlich ihres Umfangs in der Tat vom Belieben des Vollmachtgebers ab, sodass sich der Dritte, der mit dem Stellvertreter ein Rechtsgeschäft abschließen will, zuvor genau über den jeweiligen Umfang der Vertretungsmacht seines Gegenübers vergewissern muss. Das ist naturgemäß ein zeitraubender Risikofaktor. Ihn will das Handelsrecht, das in besonderem Maße auf Schnelligkeit und Vertrauensschutz bedacht ist (vgl. *Brox/Henssler*, HR, § 1 Rdnrn. 8, 10 ff.), weitestgehend ausschalten. Das geschieht durch die bereits erwähnte gesetzliche Garantie eines bestimmten Umfangs der Handlungsvollmacht und vor allem der Prokura (s. oben Nrn. 278 f.). Sie wird bei der wesentlich schwächeren Handlungsvollmacht – die ja mangels Handelsregisterfähigkeit auch nicht dem für die Prokura geltenden Gutglaubensschutz des § 15 (s. oben Nrn. 252 und 253) unterliegt – durch die verschiedenen Abstufungen des § 54 Abs. 1 und speziell durch § 54 Abs. 2 und 3 erheblich relativiert. Bei der Prokura dagegen statuiert § 50 einen nahezu lückenlosen Vertrauensschutz, indem er jede Beschränkung des in § 49 fixierten Umfangs für „Dritten gegenüber unwirksam" erklärt (Abs. 1 i.V. mit Abs. 2). Ausnahmen gibt es nur durch die allein zulässigen örtlichen und personellen Beschränkungsformen der Filial- bzw. der Gesamtprokura (§§ 50 Abs. 3 bzw. 48 Abs. 2) sowie in den seltenen Fällen des durch die Rechtsprechung entwickelten Tatbestands des Missbrauchs der Vertretungsmacht (vgl. *Brox/Henssler*, HR, § 10 Rdnr. 199).

**281** **Lösung:** c

Nach § 164 Abs. 1 S. 1 BGB wirkt bekanntlich eine Willenserklärung, „die jemand innerhalb der ihm zustehenden Vertretungsmacht im Namen des Vertretenen abgibt", unmittelbar für und gegen den Vertretenen, wobei es belanglos ist, ob das Fremdhandeln des Vertreters „ausdrücklich erfolgt" oder erst den jeweiligen „Umständen" des Falles zu entnehmen ist. P hat gegenüber X bei seinem bisherigen Vertretungshandeln für B immer nur „ohne Hinweis auf seine Prokura" unterzeichnet. Das verstößt zwar gegen § 51, jedoch ist diese Norm entgegen ihrem scheinbar zwingenden Wortlaut („... hat ... zu zeichnen ...") eine bloße Ordnungsvorschrift, deren Nichteinhaltung die Wirksamkeit der vom Prokuristen im Rahmen seiner Vertretungsmacht im Namen des Prinzipals vorgenommenen Rechtsgeschäfte nicht beeinträchtigt. Da P im fraglichen Fall die Bestellung äußerlich genau wie bisher aufgab, erschien sie bei Zugrundelegung der objektivierten, auf den Empfängerhorizont zugeschnittenen Auslegungsvorschrift des § 133 BGB (s. oben Nr. 57) aus dem Blickwinkel des X als Bestellung der B; P hatte diesbezüglich auch Vertretungsmacht (s. nur § 49 Abs. 1). Der betreffende Kaufvertrag ist demnach nicht zwischen P und X, sondern zwischen B und X zu Stande gekommen, weswegen ihn P an sich unter dem Gesichtspunkt des Inhaltsirrtums (§ 119 Abs. 1 Fall 1 BGB, s. oben Nr. 59) hätte anfechten können (s. auch § 166 Abs. 1 BGB). Da er jedoch mittlerweile seine entsprechende private Erwerbsabsicht aufgegeben hat, wird er diese Anfechtung nicht erklären. Folglich muss B gemäß § 433 Abs. 2 BGB die Bücher abnehmen und bezahlen.

**282** **Lösung:** b

Wegen der besonderen Vertrauensstellung des Prokuristen, der ja das „zweite Ich" des Prinzipals ist, muss der Prinzipal dieses Rechtsverhältnis grundsätzlich dann einseitig beenden können, wenn „das Vertrauensverhältnis zwischen beiden nicht mehr besteht" (*Brox/Henssler*, HR, § 10 Rdnr. 206). Das Gesetz (§ 52 Abs. 1) hat sich dabei für die schnellstmögliche Lösung entschieden: Die

Prokura ist grundsätzlich ohne Rücksicht auf das ihr zu Grunde liegende Rechtsverhältnis jederzeit und „ohne besonderen Grund" (*Brox/Henssler*, aaO) widerruflich; der Anspruch des Prokuristen auf die vertragsmäßige Vergütung bleibt davon unberührt. Ausnahmsweise wird man für den Widerruf das Vorliegen eines wichtigen Grundes analog § 127 verlangen müssen, nämlich dann, wenn der betreffende Prokurist zugleich stiller Gesellschafter des Prinzipals oder Kommanditist der das Unternehmen betreibenden KG ist (vgl. *Brox/Henssler*, aaO). Ein solcher Fall liegt hier jedoch nicht vor.

**283** **Lösung:** b

Selbst ein Generalhandlungsbevollmächtigter – der Handlungsbevollmächtigte „erster Klasse" – kann keine Handlungsvollmacht erteilen, da diese Bevollmächtigung keine Rechtshandlung darstellt, „die der Betrieb eines *derartigen* Handelsgewerbes ... *gewöhnlich* mit sich bringt" (§ 54 Abs. 1; Hervorhebung von *uns*). Unter die Betriebsgeschäfte des § 49 Abs. 1 hingegen lässt sich eine solche Bevollmächtigung ohne weiteres subsumieren, denn hier sind auch außergewöhnliche Rechtsgeschäfte mit umfasst.

**284** **Lösung:** c

Gemäß § 54 Abs. 1 kann ein Handlungsbevollmächtigter bestenfalls (wenn er Generalhandlungsvollmacht hat) solche Rechtsgeschäfte wirksam namens seines Unternehmens vornehmen, die „der Betrieb eines derartigen Handelsgewerbes ... gewöhnlich mit sich bringt" (Hervorhebungen von *uns*). Die *Gewährung* echter Darlehen i.S. von § 488 Abs. 1 BGB fällt zwar nicht unter den absoluten Verbotskatalog des § 54 Abs. 2, gehört aber grundsätzlich nicht zum Gegenstand des Betriebs eines Einzelhandelsgeschäfts (sondern einer Bank), und die Gewährung eines so hohen Darlehens zählt schon gar nicht zu den gewöhnlichen Geschäften eines derartigen umsatzschwachen Unternehmens. Mangels einer entsprechender Vertretungsmacht des Handlungsbevollmächtigten ist der von ihm abgeschlossene Vertrag zunächst nach § 177 Abs. 1 BGB schwebend unwirksam.

**285** **Lösung:** c

Die *Aufnahme* von Darlehen durch den Handlungsbevollmächtigten wird vom Gesetz als so brisant angesehen, dass selbst der Generalhandlungsbevollmächtigte für sie gemäß § 54 Abs. 2 noch eine besondere Ermächtigung braucht. Diese liegt hier offenbar nicht vor. Deshalb wurde wieder ohne Vertretungsmacht gehandelt, sodass erneut § 177 Abs. 1 BGB anwendbar ist.

**286** **Lösung:** c

Zur Belastung von Grundstücken – die übrigens gemäß § 49 Abs. 2 auch dem Prokuristen prinzipiell untersagt ist –, zur Eingehung einer Wechselverpflichtung und zur Prozessführung bedarf es bei der Handlungsvollmacht nach § 54 Abs. 2 einer besonderen Ermächtigung, nicht dagegen zur Eingehung von Scheckverpflichtungen. Dies ist prinzipiell auch ein gewöhnliches Betriebsgeschäft einer Bank.

**287** **Lösung:** a

Die Gewährung von Darlehen wird – wie bereits erörtert (s. oben Nr. 284) – durch § 54 Abs. 2 nicht per se untersagt, und die Gewährung eines Darlehens über 50.000,– € gehört an sich auch zu den gewöhnlichen Rechtsgeschäften einer großen Bank, sodass eigentlich der Vorschrift des § 54 Abs. 1 Rechnung getragen ist. Allerdings kann die Handlungsvollmacht, im Gegensatz zur Prokura (s. dazu nur § 50 Abs. 1 und 2), noch weiter gehend beschränkt werden. Entsprechende „sonstige" Beschränkungen, die sich nicht schon aus § 54 Abs. 1 oder Abs. 2 ergeben, haben jedoch gemäß Abs. 3 nur Drittwirkung, wenn der betreffende Dritte sie „kannte oder kennen musste". Der Kegelbruder kannte sie nicht. „Kennenmüssen" bedeutet nach § 122 Abs. 2 BGB fahrlässige Unkenntnis. „Fahrlässigkeit" ist die Außerachtlassung der verkehrserforderlichen Sorgfalt (§ 276 Abs. 2 BGB). Sie liegt hier beim Kegelbruder vor. Deshalb hat der Handlungsbevollmächtigte abermals ohne Vertretungsmacht gehandelt, und der in Rede stehende Darlehensvertrag ist wiederum nach § 177 Abs. 1 BGB zunächst schwebend unwirksam.

## 7. Handelsgeschäfte im Allgemeinen (§§ 343-372)

**288** **Lösung:** a, b

Das HGB verwendet den Ausdruck Handelsgeschäft zweideutig: teilweise versteht es darunter das kaufmännische Unternehmen (z.B. §§ 22 ff.), teilweise Rechtsgeschäfte eines Kaufmanns mit „Betriebsbezug" (z.B. § 343). Die Verwendung i.S. der Variante c) ist dem Gesetz dagegen fremd und Bestandteil lediglich der Umgangssprache.

**289** **Lösung:** c

Nur auf den ersten Blick scheint die Antwortvariante a) zuzutreffen, weil sie an den Wortlaut des § 343 angelehnt ist. Natürlich finden die §§ 343 ff. Anwendung, wenn ihre begrifflichen Voraussetzungen erfüllt sind, jedoch nicht nur dann. Die Vorschriften über Handelsgeschäfte finden – mit Ausnahme der §§ 348-350 – nach §§ 383 Abs. 2 S. 2, 407 Abs. 3 S. 2, 453 Abs. 3 S. 2 und 467 Abs. 3 S. 2 nämlich auch auf die Geschäfte „kleiner", umsatzschwacher Kommissionäre, Frachtführer, Spediteure und Lagerhalter Anwendung, die keine kaufmännische Betriebsorganisation benötigen, deshalb kein Handelsgewerbe nach § 1 Abs. 2 betreiben und auch nicht mit konstitutiver Wirkung nach § 2 im Handelsregister eingetragen wurden.

**290** **Lösung:** a

Der Teppichhändler ist gemäß § 1 Abs. 2 Kaufmann. Fraglich könnte die Betriebszugehörigkeit des Mietvertrages sein. Dieser betriebliche Zusammenhang besteht indessen nicht nur dort, wo Geschäfte in Rede stehen, die den Unternehmensgegenstand ausmachen, sondern auch bei sog. Hilfsgeschäften des Kaufmanns, solchen Geschäften also, die erforderlich sind, um die äußeren Rahmenbedingungen des eigentlichen Geschäftsbetriebes zu schaffen und aufrechtzuerhalten, wie dies gerade bei der Miete eines Geschäftslokals der Fall ist. Der Mietvertrag ist demnach gemäß § 343 Abs. 1 Handelsgeschäft (vgl. zum Ganzen *Schünemann,* S. 77 ff.).

291 **Lösung:** b

Im Prinzip gelten die Vorschriften über Handelsgeschäfte gemäß § 345 für alle an solchen Geschäften Beteiligten gleichmäßig auch dann, wenn das Rechtsgeschäft nur für einen der beiden Teile ein Handelsgeschäft ist. In solchen Fällen, also wenn nur ein Partner Kaufmann ist und das Geschäft zu seinem Handelsgewerbe gehört, spricht man von einem „einseitigen Handelsgeschäft". Die Ausnahmen macht das Gesetz ausdrücklich kenntlich, wie z.B. in den §§ 347, 348.

292 **Lösung:** b

Ein beiderseitiges Handelsgeschäft muss nicht unbedingt ein Vertrag sein (missverständlich *Brox/Henssler*, HR, § 15 Rdnr. 288). Auch einseitige Rechtsgeschäfte wie Anfechtung oder Kündigung sind begrifflich beiderseitige Handelsgeschäfte, wenn sie von einem Kaufmann gegenüber einem anderen Kaufmann erklärt werden und Betriebszugehörigkeit des Geschäftes auf beiden Seiten zu bejahen ist.

293 **Lösung:** a

Zweck des § 362 ist ja gerade, dem Schweigen eine affirmative, bejahende Bedeutung, unabhängig vom Willen des Schweigenden, beizulegen. Ein etwaiger (Inhalts-)Irrtum darüber berechtigt deshalb nicht zur Anfechtung, wohl aber ein Missverständnis hinsichtlich des Antrags, der das fingierte „Ja" inhaltlich bestimmt. Denn der Antragende ist nicht schutzwürdig in seinem Vertrauen, dass die im Schweigen fingierte Annahmeerklärung auch unberührt von sonstigen Willensmängeln ist (vgl. *Brox/Henssler*, HR, § 15 Rdnrn. 304 ff.).

294 **Lösung:** b

Nach den als Handelsbräuche i.S. von § 346 anzusehenden Grundsätzen über das Schweigen auf ein kaufmännisches Bestätigungsschreiben (vgl. dazu *Schünemann*, S. 283 ff.) kommt der Vertrag mit dem Inhalt des (unrichtigen) Bestätigungsschreibens zu Stande, wenn die Abweichung von Bestätigung und Verhandlungsergebnis so gering ist, dass der redliche Absender noch mit der Zustimmung des anderen Teils rechnen durfte. Das ist hier bei der verhältnismäßig geringen Preisabweichung von 10% zu bejahen. Es ist deshalb von einem Kaufvertrag über die Lieferung von 10.000 Osterhasen zum Stückpreis von 1,10 € auszugehen.

**295 Lösung:** c

Vgl. zunächst oben Nr. 294. Bei der großen – 100% betragenden – Abweichung zwischen tatsächlich vereinbartem und bestätigtem Stückpreis kann das Schweigen auf das Bestätigungsschreiben zu keiner Änderung der tatsächlichen Vereinbarung führen. Es bleibt daher bei der Verpflichtung zur Kaufpreiszahlung auf der Basis eines Stückpreises von 1,– €.

**296 Lösung:** c

Nach § 766 BGB ist zur Gültigkeit des Bürgschaftsvertrags die schriftliche Erteilung der Bürgschaftserklärung (also nicht Schriftform hinsichtlich des Gesamtvertrages) erforderlich. Hiervon macht das HGB in § 350 unter der Voraussetzung, dass die Bürgschaft auf Seiten des kaufmännischen Bürgen ein Handelsgeschäft ist (also Kaufmannseigenschaft des Bürgen und „Betriebszugehörigkeit" der Bürgschaft, vgl. § 343 Abs. 1 und oben Nr. 290), eine Ausnahme.

**297 Lösung:** c

An sich hat der Bürge gemäß § 771 BGB die „Einrede der Vorausklage", d.h. er „kann die Befriedigung des Gläubigers verweigern, solange nicht der Gläubiger eine Zwangsvollstreckung gegen den Hauptschuldner versucht hat". Nach bürgerlichem Recht ist diese Einrede verzichtbar („selbstschuldnerische Bürgschaft", vgl. § 773 Abs. 1 Nr. 1 BGB), nach Handelsrecht dagegen besteht sie gemäß § 349 S. 1 bereits kraft Gesetz nicht, wenn die Bürgschaft für den Bürgen ein Handelsgeschäft (s. § 343 Abs. 1) ist. Diese Voraussetzung ist im vorliegenden Fall erfüllt: Die A-AG ist (Form-)Kaufmann gemäß § 6 i.V. mit § 3 Abs. 1 AktG, und die Übernahme einer Bürgschaft gehört bei ihr zum engeren Geschäftskreis des von ihr betriebenen Bankgeschäfts („Bankbürgschaft" als geläufige Erscheinung des Wirtschaftslebens). Der A-AG steht damit die an sich reguläre Einrede der Vorausklage gegenüber C nicht zu.

**298 Lösung:** c, §§ 366 Abs. 1, 935 Abs. 1 S. 1 BGB

Da K bei Übereignung der Bratsche gemäß § 929 S. 1 BGB weder Eigentümer, noch vom Eigentümer gemäß § 185 ermächtigt war, kann B das Eigentum nur im Wege des gutgläubigen Eigentumserwerbs erworben haben. Ein gutgläubiger Erwerb gemäß § 932 Abs. 1 S. 1 BGB scheidet jedoch aus, da B hinsichtlich des Eigentums des K nicht gutgläubig war. Er könnte aber das Eigentum unter den Voraussetzungen des § 366 Abs. 1 erworben haben. § 366 Abs. 1 gewährt unter gewissen Voraussetzungen einen Schutz des guten Glaubens an die Verfügungsmacht des Veräußerers und erleichtert dadurch einen gutgläubigen Erwerb im Handelsverkehr. Voraussetzungen des § 366 Abs. 1 sind, dass eine bewegliche Sache von einem Kaufmann im Betrieb des Handelsgewerbes veräußert worden ist. K ist Kaufmann und handelt mit Musikinstrumenten, sodass die Veräußerung der Viola – einer beweglichen Sache – zum Betrieb seines Handelsgewerbes gehört. Diese Voraussetzungen sind also gegeben. Weiterhin muss der Erwerber den Veräußerer gutgläubig für verfügungsbefugt halten und darf den Mangel der Verfügungsbefugnis nicht kennen. Auch diese Voraussetzungen sind hier erfüllt, sodass ein gutgläubiger Erwerb durch B möglich wäre. Allerdings gilt auf Grund der Verweisung auf die Vorschriften des BGB in § 366 Abs. 1 auch die Einschränkung des § 935 Abs. 1 S. 1 BGB, wonach an dem Eigentümer gestohlenen Sachen nicht gutgläubig Eigentum begründet werden kann. B ist daher nicht Eigentümer geworden.

## 8. Handelskauf (insbesondere Sachmängelhaftung)

**299** **Lösung:** a, b

Neben dem unproblematischen Gläubigerverzug der X-GmbH durch die vergebliche Aufforderung seitens der Y-oHG befindet sich die X-GmbH auch im Schuldnerverzug, weil § 375 Abs. 1 die nähere Bestimmung der Leistung beim sog. Spezifikationskauf zur echten Rechtspflicht erhebt; die Voraussetzungen des § 286 Abs. 1 BGB sind erkennbar erfüllt („Aufforderung" hat insoweit den Charakter einer Mahnung) und der „Organisationsmangel" macht deutlich, dass die X-GmbH die Verzögerung der Leistungsbestimmung fahrlässig herbeigeführt und somit zu vertreten hat (§ 276 Abs. 2 BGB). Bedenken hinsichtlich der Anwendbarkeit des § 375 Abs. 1 greifen nicht durch. Nach § 651 Abs. 1 S. 2, 1. Hälfte BGB, finden auf einen Vertrag, der die Lieferung herzustellender oder zu erzeugender beweglicher Sachen zum Gegenstand hat, die Vorschriften über den Kauf Anwendung. Eine Unterscheidung zwischen vertretbaren und unvertretbaren (wie hier) Sachen findet nicht statt. Außerdem erweitert § 381 Abs. 2 die Anwendbarkeit der Vorschriften über den Handelskauf grundsätzlich auf diejenigen handelsgeschäftlichen Werklieferungsverträge, die – wie hier – auf Herstellung beweglicher Sachen gerichtet sind.

**300** **Lösung:** a

Voraussetzung für die Anwendbarkeit des § 376 ist nicht, dass der betreffende Kauf auf beiden Seiten ein Handelsgeschäft darstellt. Die begriffliche Besonderheit des Fixhandelskaufes gegenüber dem „einfachen" Handelskauf liegt vielmehr darin, dass dem Moment der Lieferzeit bei ihm erkennbar ein besonderes Gewicht zukommt (vgl. näher *Brox/Henssler,* HR, § 20 Rdnr. 395). Dabei ist zwar häufig, jedoch keineswegs immer, der Lieferzeitpunkt kalendermäßig festgelegt. Denn die Fixklausel kommt auch in Verbindung mit der Abrufklausel vor und stellt dann das Maximum dessen dar, was im Beschaffungswesen insoweit erreichbar ist. Vgl. näher *Schünemann,* S. 295 f.

**301** **Lösung:** c

Der Handelskauf ist gesetzlich nicht ausdrücklich definiert. Aus §§ 373 ff. lässt sich jedoch entnehmen, dass der Handelskauf „Waren" zum Gegenstand haben muss, also bewegliche Sachen, nicht jedoch Grundstücke. Kauft ein Kaufmann ein Grundstück und gehört dieser Kauf – wie hier – zum Betrieb seines Handelsgewerbes, so liegt demzufolge zwar ein Handelsgeschäft i.S. des § 343, dennoch aber kein Handelskauf vor.

302 **Lösung:** a

§ 377 setzt zu seiner Anwendbarkeit einen beiderseitigen Handelskauf voraus. Diese Voraussetzung ist im vorliegenden Fall mit Rücksicht auf die Kaufmannseigenschaft der Beteiligten (vgl. § 105 Abs. 1, § 13 Abs. 3 GmbHG i.V. mit § 6) und die aus § 344 Abs. 1 fließende Vermutung hinsichtlich der „Betriebszugehörigkeit" des Kaufs zu bejahen. Bezüglich der Rechtzeitigkeit der Erhebung der Mängelrüge stellt § 377 Abs. 4 auf den Zeitpunkt der Absendung ab. Im Hinblick darauf hat die K-oHG noch rechtzeitig gerügt und sich dadurch alle Gewährleistungsrechte gewahrt. Dies verdient besondere Beachtung, denn im Allgemeinen entscheidet über die Rechtzeitigkeit einer empfangsbedürftigen Willenserklärung der Zeitpunkt des Zugangs. Die Mängelrüge ist nun freilich keine rechtsgeschäftliche Willenserklärung im strengen Sinn; dennoch finden auf sie als wenigstens rechtsgeschäftsähnliche Handlung die für Willenserklärungen geltenden Vorschriften grundsätzlich (entsprechende) Anwendung.

303 **Lösung:** a, § 377 Abs. 2

In der Tat normiert § 377 Abs. 1 lediglich eine Obliegenheit. Deren Verletzung ist freilich – wie bei jeder Obliegenheit – keineswegs folgenlos. Denn nunmehr geht § 377 Abs. 2 davon aus, dass die Ware als genehmigt gilt, also als mangelfrei. Etwa bestehende Gewährleistungsrechte entfallen damit sämtlich. Für die (häufigen) Transportschäden wirkt sich dies jedoch regelmäßig nicht aus, weil sie ja zumeist nicht bereits bei Gefahrübergang (vgl. § 434 Abs. 1 S. 1 BGB) vorgelegen haben: Lieferschulden sind beim beiderseitigen Handelskauf kraft Handelsbrauch (vgl. § 346) Schickschulden, sodass der Zeitpunkt des Gefahrübergangs gemäß § 447 BGB Abs. 1 die Absendung darstellt. Etwas anderes gilt, wenn eine Bringschuld vereinbart wurde (dann greift § 446 BGB). Beim Verbrauchsgüterkauf (§ 474 Abs. 1 BGB) stellt sich das Problem mangels beiderseitigem Handelskaufs ohnehin nicht und bezüglich Transportschäden trägt dort im Übrigen der Verkäufer das Risiko, denn die Gefahr geht dabei erst mit der Übergabe der Ware über (§ 446 BGB, weil beim Verbrauchsgüterkauf § 447 BGB gemäß § 474 Abs. 2 BGB keine Anwendung findet). Vgl. zu alledem *Schünemann,* S. 230 ff.

304 **Lösung:** c

Die missverständlich so genannte Untersuchungs- und Rügepflicht gemäß § 377 ist – wie aus der Rechtsfolgenanordnung in § 377 Abs. 2 hervorgeht, vgl. dazu oben Nr. 303 – eine bloße Obliegenheit, der der Käufer nachkommen muss, um seine mit dem Mangel zusammenhängenden Rechte zu wahren. Umgekehrt heißt dies, dass die Nichterfüllung dieser „Pflicht" keinen Schadensersatzanspruch des Verkäufers auslösen kann. Der vom Gesetz bezweckte Schutz des Verkäufers liegt eben schon darin, dass der Verkäufer wegen der in § 377 bestimmten Regelung regelmäßig schnell Kenntnis davon erlangt, ob er Gewährleistungsansprüchen ausgesetzt wird, weil der Käufer die Lieferung nicht als vertragsgerecht gelten lässt.

**305 Lösung:** d

Da das Geschäft sowohl für die V-AG wie für die K-oHG einen Handelskauf zum Inhalt hat (vgl. oben Nr. 302 hinsichtlich der Kaufmannseigenschaft der oHG und ergänzend § 3 Abs. 1 AktG), ist § 377 heranzuziehen. Dass die gelieferte Mischung nach dem Alltagssprachgebrauch kaum als Pfeffer mangelhafter Qualität bezeichnet werden kann, steht der Obliegenheit zur Mängelrüge nach Abs. 1 dieser Norm nicht entgegen: auch eine krasse Falschlieferung (sog. aliud) führt wegen des sog. subjektiven Fehlerbegriffs zur Bejahung eines Mangels (vgl. § 434 BGB, insbes. dessen Abs. 3). Da es sich hier um einen verdeckten (oder versteckten) Mangel handelt, der sich auch bei ordnungsgemäßer Wareneingangskontrolle nicht hat feststellen lassen, ist die Reklamation am 20.2. durchaus noch rechtzeitig (§ 377 Abs. 3). Es ist infolgedessen nunmehr danach zu fragen, welche Rechte der K-oHG wegen dieser Falschlieferung überhaupt zustehen. Dabei ist davon auszugehen, dass die Vertragspartner, den Gepflogenheiten des Handels entsprechend, eine Gattungsschuld (vgl. § 243 Abs. 1 BGB) verabredet hatten. Wie aus § 437 Nr. 1 i.V. mit § 439 Abs. 1 BGB zu entnehmen ist, kann der Käufer bei der mangelhaften, d.h. von dem in § 243 Abs. 1 BGB genannten Maßstab abweichenden Lieferung nunmehr im Wege der Nacherfüllung Lieferung mangelfreier Ware, hier also (reinen) schwarzen Pfeffers, verlangen. Ein Rücktritt kommt nicht in Betracht, soweit die Lieferung schwarzen Pfeffers für die V-AG möglich ist und die V-AG auch von der Liefermöglichkeit Gebrauch machen will. Denn die Rücktrittsmöglichkeit ist nach § 323 Abs. 1 BGB grundsätzlich daran geknüpft, dass eine Frist zur Nacherfüllung erfolglos verstrichen ist. Dasselbe gilt für die Kaufpreisherabsetzung (Minderung), da sie nur „statt" des Rücktritts, also unter dessen Voraussetzungen, Platz greifen kann (vgl. § 441 Abs. 1 S. 1 BGB). Vgl. näher *Brox/Walker*, BT, § 4 Rdnrn. 40, 49 ff., 70 ff.; *Schünemann*, S. 222 ff.

# III. Gesellschaftsrecht*

## 1. Grundlagen

**306 Lösung:** c

Das Haftungsrecht der juristischen Personen kennt einerseits eine völlige Freistellung der Mitglieder von einer Haftung für die Verbindlichkeiten der juristischen Person. So verhält es sich z.B. bei den als juristische Personen mit eigener Rechtsfähigkeit anerkannten, körperschaftlich organisierten Vereinigungsformen des eingetragenen Vereins (§ 21 BGB), der AG (§ 1 AktG) und der GmbH (§ 13 Abs. 1 und 2 GmbHG; vgl. zur Problematik eines trotzdem in Erwägung ge-

* §§ ohne Zusatz sind solche des HGB.

zogenen „Durchgriffs" auf die Mitglieder: *Eisenhardt/Wackerbarth,* § 43 Rdnrn. 831 ff.). Auch SE und SPE zählen hierher (vgl. einführend *Schünemann,* S. 492 f., 500 f.). Andererseits gilt dies nicht für jede körperschaftlich strukturierte Vereinigung (= Verein i.w.S.). So besitzt die KGaA gemäß § 278 Abs. 1 AktG zwar juristische Persönlichkeit, doch haftet dort der persönlich haftende Gesellschafter eben auch mit seinem Privatvermögen. Umgekehrt gibt es keine nach außen als solche erkennbare sog. Personengesellschaft, bei der nicht wenigstens *ein* Gesellschafter für die Gesellschaftsverbindlichkeiten persönlich einzustehen hätte, wie das Beispiel der KG zeigt: Die Kommanditisten, die ihre Einlage geleistet haben, sind gemäß § 171 Abs. 1 vor einer Inanspruchnahme seitens der Gesellschaftsgläubiger geschützt, während bei dem begriffsnotwendigen Komplementär gemäß § 161 Abs. 1 „eine Beschränkung der Haftung nicht stattfindet". Die stille Gesellschaft wird von der h.M. zwar als sog. Personengesellschaft aufgefasst, doch tritt diese Qualität nach außen, gerade auch haftungsrechtlich, nicht in Erscheinung (vgl. § 230 Abs. 2; *Eisenhardt/Wackerbarth,* § 28 Rdnrn. 541 ff.; s. aber auch *Schünemann,* S. 484 f.). Auch bei der Partnerschaftsgesellschaft besteht trotz der Möglichkeit einer Haftungsbeschränkung nach § 8 Abs. 2 und 3 PartGG zumindest die persönliche Haftung des sachbearbeitenden Partners, wennschon vielleicht nur bis zu einem bestimmten Höchstbetrag. Dogmatisch korrekt wird übrigens statt von „Personengesellschaft" besser von „Gesamthandsgesellschaft" gesprochen, weil Gesellschafter hierbei ja auch wiederum derartige Gesellschaften sein können, also weder natürliche noch juristische Personen.

**307** **Lösung:** b, e, f

Zur juristischen Persönlichkeit des eingetragenen Vereins, der AG und der KGaA vgl. oben Nr. 306. Dagegen wird die oHG trotz § 124 Abs. 1 von der h.M. zutreffend nicht als juristische Person, sondern als eine der GbR als Gesamthandsgesellschaft wesensverwandte, wennschon durch eine gewisse Verselbständigung ausgezeichnete Personengesellschaft eingestuft (vgl. zur Rechtsnatur der oHG näher *Eisenhardt/Wackerbarth,* § 16 Rdnrn. 287 ff., sowie unten Nr. 322). Dasselbe gilt für die EWIV: Nach dem die (europarechtliche) Richtlinie vollziehenden (deutschen) Ausführungsgesetz wird die (eingetragene) EWIV wie eine oHG behandelt (näher *Schünemann,* S. 486 f.) Für die Partnerschaftsgesellschaft macht schon die Generalverweisung in § 1 Abs. 4 PartGG auf die GbR klar, dass es sich hier um eine Gesamthands-(„Personen"-)Gesellschaft handelt, nicht um eine juristische Person.

**308** **Lösung:** d

Entgegen der juristischen Sentenz „tres faciunt collegium" (erst drei Personen bilden eine Vereinigung) genügen zur Gründung von sog. Personengesellschaften (einschließlich der stillen Gesellschaft) zwei Gesellschafter; einer allein reicht dagegen nicht aus. Die Möglichkeit der Gründung einer Ein-Mann-GmbH (vgl. § 1 GmbHG) bleibt angesichts der Aufgabenstellung hier außer Betracht. Höchstgrenzen existieren grundsätzlich nicht, wennschon der Gesetzgeber dem

Leitbild eines überschaubaren Gesellschafterkreises gefolgt ist. Daran fehlt es aber gerade bei der KG gelegentlich, wo nämlich eine große Anzahl von Gesellschaftern sich etwa aus Abschreibungsgründen als Kommanditisten zusammenfindet (vgl. zur sog. Publikumsgesellschaft *Schünemann,* S. 484 und unten Nr. 335).

**309** **Lösung:** c

Das Problem, wie „fehlerhafte Gesellschaften" rechtlich zu behandeln sind, erhebt sich nur dort, wo überhaupt ein Gesellschaftsvertrag vorhanden ist. Insofern ist der gelegentlich gleichfalls verwendete Terminus „faktische Gesellschaft" zumindest missverständlich. Der Bezug auf die Faktizität hat seinen Sinn jedoch insoweit, als von „fehlerhafter Gesellschaft" prägnant nur dort gesprochen werden darf, wo die fehlerhaft gegründete Gesellschaft nach außen hin als solche tätig geworden, in (faktischen) Vollzug gesetzt worden ist. Der Problemkern liegt nun darin, ob die allgemeinen (bürgerlichrechtlichen) Regeln über Anfechtbarkeit oder Nichtigkeit auf die in der Gesellschaftsgründung liegenden, insoweit „fehlerhaften" Willenserklärungen Anwendung finden können oder nicht. Diese insbes. im Personengesellschaftsrecht relevante Frage (für GmbH und AG gibt es gesetzliche Sonderregeln) wird im Grundsatz so beantwortet, dass eine „fehlerhafte" zunächst wie eine wirksam zu Stande gekommene Gesellschaft behandelt wird. Namentlich die Haftung für Gesellschaftsschulden und die Beziehung der Gesellschafter untereinander unterscheiden sich in beiden Fällen nicht. Die Fehlerhaftigkeit wirkt sich freilich dann im Hinblick auf eine erweiterte Auflösungsmöglichkeit aus, wobei zweifelhaft sein kann, ob *jeder* Nichtigkeitsgrund zur Auflösung berechtigt. Zu beachten ist jedoch, dass das Zurückdrängen der Nichtigkeits- und Anfechtungsgründe im Rahmen der fehlerhaften Gesellschaft dort seine Grenze findet, wo die Schutzinteressen Geschäftsunfähiger oder beschränkt Geschäftsfähiger auf dem Spiele stehen. Ihnen gegenüber bleibt es also bei den allgemeinen Regeln; so können sie z.B. nicht für rechtsgeschäftliche Gesellschaftsverbindlichkeiten, z.B. nach § 128, haftbar gemacht werden, wohl aber – eben mit Rücksicht auf die Grundsätze über die Behandlung fehlerhafter Gesellschaften – die anderen Mitgesellschafter (vgl. zum Ganzen *Eisenhardt/Wackerbarth,* § 22 Rdnrn. 428 ff.).

**310** **Lösung:** c

Wenn schon Vertragspartner mit prinzipiell entgegengesetzten Interessen sich loyal zueinander zu verhalten haben, gilt dies in erhöhtem Maß, wenn die Interessen der Beteiligten auf einen gemeinsamen Zweck (vgl. § 705 BGB) gerichtet sind. Die h.M. (vgl. *Eisenhardt/Wackerbarth,* § 5 Rdnr. 94) bezeichnet diese gesteigerten Anforderungen als „Treuepflicht", die – von Ausnahmen namentlich bei Gesellschaften mit beschränkter Haftung bei sehr geringer Gesellschafterzahl abgesehen – grundsätzlich nur bei sog. Personengesellschaften (Gesamthandsgesellschaften) sachgerecht erscheint. Die Treuepflicht erfordert beispielsweise, den Tilgungsregress in einer gesellschafterschonenden Weise zu betreiben (vgl. *Schünemann,* S. 34 f.).

311 **Lösung:** c

Sowohl GbR als auch oHG sind zwar keine juristischen Personen, trotzdem aber – wie jetzt auch die Rechtsprechung anerkennt – rechtsfähige Gemeinschaften zur gesamten Hand (vgl. *Schünemann,* S. 32 f.; eingehend *Eisenhardt/Wackerbarth,* § 6 Rdnrn. 105). Beide unterscheiden sich jedoch durch den jeweils gemeinschaftlich verfolgten Zweck: Soweit er auf den Betrieb eines Handelsgewerbes – vgl. §§ 1 Abs. 2, 2 sowie § 3 Abs. 2 und 3 i.V. mit § 105 Abs. 1 und 2 – gerichtet ist und Abreden über Haftungsbeschränkungen fehlen, handelt es sich ex definitione, unabhängig vom Willen der Beteiligten, um eine oHG (im Falle der §§ 2 und 3 freilich erst nach Eintragung im Handelsregister!), ansonsten um eine bürgerlichrechtliche Gesellschaft (vorbehaltlich wiederum der Partnerschaftsgesellschaft! Vgl. *Schünemann,* S. 45 ff.).

312 **Lösung:** c, actio pro socio

Das Reisebüro ist jedenfalls als GbR organisiert. Eine oHG liegt mangels entsprechender Geschäftsgröße oder (konstitutiver) Eintragung im Handelsregister nicht vor. Die Beitragsverpflichtung besteht gegenüber der Gesamthandsgemeinschaft, Gläubigerin ist also die GbR. Gleichgültig, ob man zur Geltendmachung dieses Anspruchs der Gesamthand gegen einen Gesamthänder nun auf die Geschäftsführungsbefugnis abstellt (so die h.M.) oder – wegen der Rechtssubjektivität der Gesamthand richtig: – auf die Vertretungsbefugnis, ergäbe sich hier wegen §§ 709, 714 BGB ein regelrechtes Patt: Alis Mitwirkung wäre erforderlich, um gegen ihn vorzugehen! Dies verhindert die von der h.M. anerkannte Rechtsfigur der „actio pro socio": Jeder Personengesellschafter hat – ohne Rücksicht auf die reguläre Geschäftsführungs- und Vertretungsbefugnis – die Einzelzuständigkeit zur Geltendmachung solcher Ansprüche, wenn dies die einzige, letzte Möglichkeit („ultima ratio") darstellt. Die eventuelle Ausländereigenschaft der Parteien ist bei alledem selbstverständlich belanglos. Vgl. *Schünemann,* S. 479 und näher *Eisenhardt/Wackerbarth,* § 5 Rdnr. 98.

313 **Lösung:** c

Der „eingetragene Verein" ist, wie § 55 BGB zeigt, ein Verein „der im § 21 [BGB] bezeichneten Art", d.h. immer ein sog. Idealverein. Denn „ein Verein, dessen Zweck auf einen wirtschaftlichen Geschäftsbetrieb gerichtet ist", erlangt mangels sondergesetzlicher Vorschriften (z.B. AktG, GmbHG, GenG) Rechtsfähigkeit nicht durch Eintragung, sondern durch staatliche Verleihung (vgl. § 22 S. 1 BGB). Der Betrieb jedes Handelsgewerbes wie überhaupt jedes Gewerbes, stellt aber einen wirtschaftlichen Geschäftsbetrieb dar, kann also nicht Hauptzweck eines Idealvereins sein (vgl. *Eisenhardt/Wackerbarth,* § 10 Rdnr. 198).

314 **Lösung:** c

Die AG unterliegt hinsichtlich der mit ihr verfolgten Zwecke keinerlei Beschränkung, wie sich aus § 3 Abs. 1 AktG indirekt entnehmen lässt.

## 2. GbR

315 **Lösung:** a

Gemäß § 48 kann Prokura nur durch den Inhaber eines Handelsgeschäfts, also einen Kaufmann, erteilt werden. Diese Vorschrift gilt gemäß § 6 Abs. 1 auch für Handelsgesellschaften. Eine Prokuraerteilung kommt im vorstehenden Fall demnach nur in Betracht, wenn es sich bei dem Architektenbüro um eine als Handelsgesellschaft, mangels näherer Angaben des Sachverhalts: um eine als oHG organisierte Vereinigung handelt. Voraussetzung dafür hinwiederum ist gemäß § 105 Abs. 1, dass der gemeinschaftliche Betrieb eines Handelsgewerbes – sei es auch nur über § 105 Abs. 2 – bezweckt würde. Nach h.M. gehen Architekten als „Freiberufler" aber gar keinem Gewerbe und damit erst recht keinem Handelsgewerbe nach. Bei der genannten Personengesellschaft der Architekten kann es sich demnach nur um eine (nicht einmal gewerbliche!) GbR handeln, die keine Prokura erteilen kann. Eine Partnerschaftsgesellschaft kann ebenfalls keine Prokura erteilen, weil § 1 Abs. 4 PartGG ergänzend grundsätzlich auf die §§ 705 ff. BGB verweist und eine entsprechende Anwendung handelsrechtlicher Vorschriften insoweit (vgl. aber etwa § 2 Abs. 2 PartGG) vom Gesetzgeber nicht angeordnet wurde.

316 **Lösung:** a

Sollen die bürgerlichrechtlichen Gesellschafter überhaupt als solche, d.h. gerade mit ihrem gemeinschaftlichen, der Förderung des Gesellschaftszwecks gewidmeten und deshalb gesamthänderisch gebundenen Vermögen „haften", so müssen sie auch als solche, als Gesamthänder, „schulden". Zusätzlich wird die Gesellschafter daneben aus Gründen des Gläubigerschutzes (kein Mindestkapital, keine Vorschriften über Kapitalerhaltung) regelmäßig auch noch eine persönliche Haftung treffen (zur höchst zweifelhaften „GbR mit beschränkter Haftung" vgl. *Schünemann,* S. 477), wobei die dogmatischen Einzelheiten umstritten sind. Z.B. hinsichtlich vertraglicher Verpflichtungen der Gesellschaft (d.h. der Gesellschafter gerade in ihrer gesamthänderischen Verbundenheit) kommt eine die Gesellschafter persönlich und als Gesamtschuldner (s. § 421 BGB) treffende Verbindlichkeit auf dem Wege über die §§ 714, 427 BGB in Betracht; vorzugswürdig ist aber eine Analogie zu § 128. Zur Problematik der Haftung für Gesellschaftsschulden vgl. *Eisenhardt/Wackerbarth,* § 6 Rdnrn. 117 ff.

317 **Lösung:** c

In Anwendung des § 161 Abs. 2 i.V. mit § 123 Abs. 1 und 2 entscheidet über die Wirksamkeit der Gesellschaft als KG im Außenverhältnis allein der Zeitpunkt der Firmeneintragung im Handelsregister, nicht jedoch derjenige des Geschäftsbeginns. Denn da die „KG" bei ihrer geringen Größe kein Handelsgewerbe i.S. des § 1 Abs. 2 betreibt, sondern ein Handelsgewerbe nur kraft § 2 bzw. § 105 Abs. 2 betreiben könnte, greift § 123 Abs. 2 Halbs. 1 gemäß Halbs. 2 dieser Vorschrift nicht ein. Demnach findet die KG als solche im *Außen*verhältnis erst mit der Eintragung im Handelsregister, nicht schon bereits mit Geschäftsbeginn, rechtliche Anerkennung. Der Zusammenschluss von A, B und C erfüllt jedoch bis dahin extern den allgemeinen bürgerlichrechtlichen Gesellschaftsbegriff des § 705 BGB. Die gemeinschaftlich betriebene Detektei folgt demnach bis zur Eintragung ins Handelsregister im Rechtsverkehr mit Dritten den Rechtsregeln der GbR.

**318** **Lösung:** Nein, § 707 BGB

§ 707 BGB entscheidet sich im Grundsatz gegen eine Nachschusspflicht (nicht anders als übrigens § 26 GmbHG), doch bleibt den Gesellschaftern eine abweichende Regelung bei allseitigem Einverständnis wegen des dispositiven Charakters der Norm unbenommen.

**319** **Lösung:** c

Bei jeder Gesamthandsgesellschaft (sog. Personengesellschaft), also auch bei der GbR, sind zwei Rechtskreise strikt auseinander zu halten. Diese sind das Innenverhältnis, welches die Rechtsbeziehungen der Gesellschafter untereinander bezeichnet und das Außenverhältnis, welches Rechtsbeziehungen der Gesellschaft und der Gesellschafter zu Dritten betrifft. Für die Frage, ob in der gesellschaftlichen Innensphäre die Handlung eines Gesellschafters wirksam ist, kommt es dabei auf die Geschäftsführungsbefugnis gemäß § 713 BGB an. Ob dagegen das Rechtsgeschäft eines Gesellschafters mit einem außen stehenden Dritten für und gegen die Gesellschaft und die Gesellschafter wirkt, ist eine Frage der Vertretungsmacht gemäß § 714 BGB.

**320** **Lösung:** b

Nach dem gesetzlichen Modell der GbR haben die Gesellschafter eine Vertretungsmacht, die sich ihrem Umfang und ihrer personellen Organisation nach an die Ordnung der Geschäftsführungsbefugnis anlehnt (§ 714 BGB). Danach § 709 BGB der Grundsatz der Gesamtgeschäftsführung herrscht, besteht also regelmäßig auch nur Gesamtvertretungsmacht. Einem einzeln handelnden Gesellschafter fehlt umgekehrt die erforderliche Vertretungsmacht, was zur Anwendbarkeit des § 177 Abs. 1 BGB, also zur so genannten schwebenden, nur durch eine Genehmigung des Geschäfts (hier: durch die übrigen Gesellschafter) zu beseitigenden Unwirksamkeit führt.

## 3. oHG und Partnerschaftsgesellschaft

**321** **Lösung:** c

§ 105 Abs. 1 stellt neben der Verwaltung eigenen Vermögens auf den „Betrieb eines Handelsgewerbes" ab, gleich welcher Art. Ob dabei ein sog. musskaufmännisches (istkaufmännisches) Handelsgewerbe i.S. des § 1 Abs. 2 betrieben wird oder ein Handelsgewerbe unter Heranziehung der §§ 2 und 3 zu bejahen ist, spielt eine Rolle lediglich für den Zeitpunkt des Entstehens der oHG (vgl.

§ 123 Abs. 1 und Abs. 2 i.V. mit § 2 S. 1: Geltung als Handelsgewerbe erst mit Eintragung der Firma im Handelsregister; vgl. auch oben Nr. 317).

**322 Lösung:** b

Trotz einer auf juristische Persönlichkeit der oHG hindeutenden Formulierung des § 124 Abs. 1 entspricht es der zutreffenden ganz h.M., die oHG als Gesamthandsgesellschaft (sog. Personengesellschaft) aufzufassen. Freilich ist die Gesamthandsgesellschaft ebenfalls rechtsfähig, wie in jüngerer Zeit auch die höchstrichterliche Rechtsprechung anerkennt. Die dogmatischen Voraussetzungen dieses Standpunktes wie auch die Folgerungen, die im Einzelnen zu ziehen sind, berühren schwierige, beinahe rechtstheoretische Fragen, denen hier nicht weiter nachgegangen werden kann. Vgl. auch oben Nr. 307.

**323 Lösung:** d

Es entspricht wohl allgemeiner Meinung, dass eine oHG als solche Mitglied einer GmbH ebenso wie einer sonstigen Gesellschaft (auch sog. Personengesellschaft wie oHG, KG und GbR) sein kann. Diese Möglichkeit wird auf die in § 124 Abs. 1 zum Ausdruck kommende Verselbständigung der oHG von ihren einzelnen Gesellschaftern zurückgeführt. Dies überzeugt nicht. Der wahre Grund liegt vielmehr darin, dass auch Gesamthandsgesellschaften („Personengesellschaften") rechtsfähig sind, auch ohne juristische Persönlichkeit. Die Variante a) besagt in diesem Zusammenhang nichts: Gewiss haften die einzelnen Gesellschafter der oHG für deren Schulden persönlich als Gesamtschuldner gemäß § 128; ist aber die oHG als solche Gesellschafterin einer GmbH, muss sie grundsätzlich für die Schulden der GmbH nicht einstehen (vgl. § 13 Abs. 1 und 2 GmbHG), und folglich greift auch keinerlei Haftung der Gesellschafter der oHG Platz (weder eine „beschränkte" noch eine „unbeschränkte" Haftung).

**324 Lösung:** c

Die Tätigkeit beratender Betriebswirte ist ein Freier Beruf i.S. von § 1 Abs. 2 PartGG, was die Wahl der Partnerschaftsgesellschaft (oder – kurz – Partnerschaft) für natürliche Personen eröffnet (§ 1 Abs. 1 PartGG). Die hier geführte Bezeichnung trägt dem § 2 Abs. 1 PartGG Rechnung, ihre Eintragung im Partnerschaftsregister (nicht Handelsregister!) ist gemäß § 7 Abs. 1 PartGG konstitutiv. Die Partnerschaft ist – wie schon § 1 Abs. 4 PartGG erkennen lässt –, als Gesamthandsgesellschaft konzipiert, für die die persönliche, gesamtschuldnerische Haftung der Beteiligten typisch ist (am deutlichsten § 128 für die oHG), doch lässt § 8 Abs. 2 PartGG eine für die Partnerschaft charakteristische Ausnahme zu. Vgl. näher *Eisenhardt/Wackerbarth,* § 23 Rdnrn. 454 ff.

**325 Lösung:** d

Ein Beginn des Geschäftsbetriebs der Gesellschaft i.S. des § 123 Abs. 2 liegt nur dann vor, wenn der Geschäftsbeginn dem Willen aller Gesellschafter entspricht. Dieser Wille bedarf keiner ausdrücklichen Erklärung, geschweige denn eines entsprechenden Vollzugs durch Handlungen: Es genügt, wenn dieser Wille durch Duldung des Handelns anderer Gesellschafter erkennbar zum Ausdruck kommt. Fehlt es dagegen selbst an einer solchen stillschweigenden Zustimmung, so ist kein Geschäftsbeginn i.S. des § 123 Abs. 2 erfolgt. Im Zusammenhang mit der Frage des Beginns der gemeinschaftlichen Geschäftstätigkeit an § 125 zu denken – wozu vielleicht die Variante d) anregt –, führt in eine falsche Richtung, denn § 125 setzt ja die im Außenverhältnis als oHG wirksame Gesellschaft bereits voraus.

**326** **Lösung:** a

In diesem Vergleich ist offenkundig am Weitesten der Rahmen der Vertretungsmacht des Gesellschafters gesteckt: Während der Prokurist zwar zu allen Arten von gerichtlichen und außergerichtlichen Geschäften und Rechtshandlungen ermächtigt ist, die der *Betrieb* irgendeines Handelsgewerbes mit sich bringt, ihm eine Veräußerung und Belastung von Grundstücken jedoch nur bei besonders erteilter Befugnis möglich ist (s. § 49), und der Handlungsbevollmächtigte i.S. des § 54 gar nur Vertretungsmacht hinsichtlich der „gewöhnlich" in einem bestimmten Handelsgewerbe anfallenden Geschäfte und Rechtshandlungen besitzt und selbst in diesem Rahmen weder Grundstücke veräußern und belasten noch Darlehen aufnehmen oder einen Prozess führen kann (vgl. oben Nrn. 272, 278), ist dem gemäß § 125 Abs. 1 grundsätzlich mit Einzelvertretungsmacht ausgestatteten oHG-Gesellschafter keine dieser Beschränkungen auferlegt. Gemäß § 126 kann er „alle gerichtlichen und außergerichtlichen Geschäfte und Rechtshandlungen einschließlich der Veräußerung und Belastung von Grundstücken sowie der Erteilung und des Widerrufs einer Prokura" vornehmen.

**327** **Lösung:** a, § 125 Abs. 2 S. 3

§ 125 Abs. 1 geht vom Grundsatz der Einzelvertretung der oHG durch jeden der Gesellschafter aus, doch lässt Abs. 2 eine „Gesamtvertretung" (mit unterschiedlicher Intensität) zu. Um eine solche Gesamtvertretung handelt es sich in vorliegendem Fall. Sie entfaltet Wirkung jedoch nur bei „aktiver" Vertretung der Gesellschaft, wenn also seitens der Gesellschaft eine Willenserklärung abgegeben werden soll. Ist aber umgekehrt die Gesellschaft Adressat einer Willenserklärung, so hat gemäß § 125 Abs. 2 S. 3 auch bei Gesamtvertretung jeder Gesellschafter für sich „passive" Vertretungsmacht. Es genügt also, dass die Willenserklärung, hier die Kündigung, gegenüber *einem* der zur Mitwirkung bei der Vertretung befugten Gesellschafter, hier gegenüber dem A, abgegeben wird, ohne dass es auf die Zustimmung des B ankäme.

**328** **Lösung:** a

Vgl. oben Nrn. 326 und 327. Gemäß § 125 Abs. 1 gilt im Recht der oHG der Grundsatz der Einzelvertretungsmacht der Gesellschafter; den Umfang seiner Vertretungsmacht legt § 126 Abs. 1 fest, wobei die Prokuraerteilung ausdrücklich erwähnt ist. Zur Lösung der Aufgabe § 116 Abs. 3 heranzuziehen, ist dagegen verfehlt, weil diese Vorschrift die Geschäftsführungsbefugnis, also das „Dürfen" den anderen Gesellschaftern bzw. der Gesellschaft gegenüber, regelt, nicht jedoch das rechtliche „Können" im Außenverhältnis. Die Prokura ist sofort mit ihrer Erteilung wirksam und nicht erst mit ihrer Eintragung im Handelsregister; diese Eintragung trägt vielmehr lediglich deklaratorischen Charakter (s. oben Nrn. 252 und 275).

**329** **Lösung:** a, §§ 130, 128

Gemäß § 130 Abs. 1 haftet derjenige, der in eine bestehende oHG eintritt, wie die übrigen Gesellschafter (s. §§ 128, 129) für die vor seinem Eintritt begründeten Verbindlichkeiten der Gesellschaft. Die Vorschrift ist gemäß § 130 Abs. 2 (im Außenverhältnis) zwingendes Recht. Für diese Haftung des Eintretenden kommt es gemäß § 130 Abs. 1 a.E. nicht darauf an, ob sich durch den Eintritt die Firma der oHG ändert oder nicht. B hat deshalb gemäß den §§ 130, 128 auch für die Verbindlichkeiten der früheren A-oHG einzustehen.

**330** **Lösung:** c

§ 128 ordnet für die Gesellschafter einer oHG im Außenverhältnis zwingend eine persönliche Haftung für die Verbindlichkeiten der oHG an, die die Gesellschafter als Gesamtschuldner trifft. Gemäß § 421 BGB bedeutet dies, dass der Gläubiger die geschuldete Leistung zwar insgesamt nur einmal fordern kann, jeder Gesamtschuldner aber gegebenenfalls die ganze Leistung – aus seinem Privatvermögen – erbringen muss, wenn der Gläubiger, was in seinem Belieben steht, sich wegen der gesamten Leistung – nicht nur wegen eines Teils – gerade an ihn hält. Der in Anspruch genommene Schuldner hat im Innenverhältnis zu den übrigen Gesamtschuldnern (Gesellschaftern) freilich nur eine – nach den gesellschaftsvertraglichen Abmachungen hinsichtlich der Verlusttragung, hilfsweise nach der Anzahl der Gesamtschuldner bestimmte – Quote zu tragen, weshalb ihm § 426 BGB entsprechende Ausgleichsansprüche gewährt (speziell für die oHG kommt daneben eine Heranziehung des § 110 für den „Tilgungsregress" des den Gläubiger befriedigenden Gesellschafters in Betracht, vgl. *Schünemann,* S. 34 ff.). Für die hier gestellte Aufgabe ergibt sich demnach, dass B dem G zur Leistung der von der oHG und gemäß § 128 auch von B geschuldeten 3.000,– € verpflichtet ist, wenngleich er im Verhältnis zu A und C letztendlich nur 1.000,– € zu erbringen hat.

**331** **Lösung:** c

Die den Gesellschafter gemäß § 128 persönlich treffende Haftung ist der Gesellschaftsschuld gegenüber nicht subsidiär in dem Sinn, dass sich der Gesellschaftsgläubiger erst ohne Erfolg an die Gesellschaft bzw. das Gesellschaftsvermögen gehalten haben müsste, bevor er die persönliche Haftung der Gesellschafter realisieren dürfte. Dasselbe gilt für die Komplementärhaftung bei der KG sowie für die Gesellschafter einer GbR, und zwar ohne Rücksicht darauf, wie man die persönliche Haftung dogmatisch konstruiert (s. oben Nr. 316). Anders verhält es sich dagegen bei der EWIV. Obwohl sie grundsätzlich nach dem Recht der oHG behandelt werden soll, haften die Gesellschafter für Gesellschaftsschulden hier nur subsidiär (Art. 24 Abs. 2 EWIV-VO).

332 **Lösung:** a

Aus § 160 ergibt sich, dass der Ausscheidende für die *vor* seinem Ausscheiden begründeten Verbindlichkeiten der Gesellschaft weiterhin gemäß § 128 haftet. Dasselbe gilt, sofern der Vertrauensschutz des § 15 eingreift, für die nach dem Ausscheiden, aber vor dessen Eintragung und Bekanntmachung begründeten Schulden (vgl. oben Nrn. 254 f.). Indes kommt es in vorliegendem Fall auf § 15 überhaupt nicht an. Denn nach h.M. ist die Schadensersatzpflicht aus der Verletzung eines Vertrages bereits in dem Zeitpunkt als „begründet" anzusehen, in dem die (primären) Vertragspflichten existent geworden sind. Als der Kaufvertrag am 15.5. geschlossen wurde, war C jedoch noch Gesellschafter. Demzufolge hat auch aus Gründen des Gläubigerschutzes die Schadensersatzpflicht der oHG, für die die Gesellschafter gemäß § 128 haften, als schon am 15.5. „begründet" zu gelten, und C muss entgegen der Regel des § 425 BGB (insoweit ergibt sich hier aus dem Gesellschaftsverhältnis „ein anderes") dafür einstehen, ohne Rücksicht darauf, ob L am 30.7., als die Pflichtverletzung begangen wurde, wusste, dass C zuvor ausgeschieden war.

## 4. KG

333 **Lösung:** b

Bei der „Einlage", die der Kommanditist zu leisten hat, sind immer zwei Dinge auseinander zu halten: einerseits die sog. Pflichteinlage, also dasjenige, was der Kommanditist leisten muss, um seine Beitragspflicht im Innenverhältnis zu erfüllen, andererseits die sog. Hafteinlage, die das Ausmaß der Haftung gegenüber den Gesellschaftsgläubigern bestimmt. Bei letzterer bedarf es notwendig der Angabe eines Geldbetrags, um den wertmäßigen Umfang der Kommanditistenhaftung nach außen aufzuzeigen, während der Sinn der Pflichteinlage, den Gesellschaftszweck zu fördern (vgl. § 705 BGB i.V. mit den §§ 161, 105 Abs. 3), nicht dadurch in Frage gestellt wird, dass z.B. Dienstleistungen oder die Einbringung von Waren und Rohstoffen zum Inhalt einer Pflichteinlage gemacht werden. Wenn nun nicht nur die die Hafteinlage betreffenden §§ 171/172, sondern auch der die Pflichteinlage betreffende § 161 schlechthin von „Betrag" sprechen, so rechtfertigt sich dies bei § 161 allenfalls daraus, dass ganz überwiegend – aber eben nicht rechtlich notwendig! – Geldleistungen zum Inhalt der Pflichteinlage gemacht werden.

334 **Lösung:** c

Vgl. zu den Voraussetzungen eines Geschäftsbeginns der Handelsgesellschaft schon oben Nr. 325. Die beschränkte Haftung des Kommanditisten setzt gemäß § 171 Abs. 1 2. Halbs. zunächst voraus, dass der Kommanditist seine Einlage bereits geleistet hat. Dies hat hier K getan. Zur Beschränkung der Kommanditistenhaftung ist, wie sich aus § 176 Abs. 1 ergibt, jedoch weitere Bedingung, dass die KG als solche im Handelsregister eingetragen ist; andernfalls haftet aus Gründen des Vertrauensschutzes Dritter der Kommanditist grundsätzlich, d.h. gegenüber allen Gutgläubigen, wie ein persönlich haftender Gesellschafter, wobei gemäß § 176 Abs. 1 S. 1 a.E. der gute Glauben nur durch die positive Kenntnis, dass der Gesellschafter nur als Kommanditist beteiligt sein soll, ausgeschlossen ist. K hat demnach persönlich in voller Höhe für die Geschäftsverbindlichkeiten nach Maßgabe des § 128 einzustehen. Die Ausnahme des § 176 Abs. 1 S. 2 kommt nicht zum Zuge, weil in vorliegendem Fall die KG ein musskaufmännisches Handelsgewerbe nach § 1 Abs. 2 betreibt.

**335** **Lösung:** a, (Publikums-); b

Das (unausgesprochene) gesetzliche Leitbild aller sog. Personengesellschaften und so auch der KG orientiert sich an einer überschaubaren Zahl von Gesellschaftern, die in persönlicher Verbundenheit einen gemeinschaftlichen Zweck verfolgen. Dieses Band ist bei den Kommanditisten typischerweise lockerer: ihre gesellschaftliche Anteilnahme beschränkt sich ja im Wesentlichen auf finanzielle Dinge (Einlagenerbringung, beschränkte Teilhabe an Gewinn und Verlust sowie Haftung) und darauf bezogene Kontrollrechte (vgl. §§ 161 Abs. 1, 166 ff.). Die Mitwirkung an der gesellschaftlichen Willensbildung und organschaftlichen Repräsentation soll ihnen hingegen grundsätzlich verschlossen sein (vgl. §§ 164, 166 Abs. 2, 170). In Ausschöpfung der in der Privatautonomie angelegten Möglichkeiten hat die Praxis indes von diesem Typus stark abweichende KG-Gestaltungen entwickelt. Eine besondere Variante einer derart untypischen, „atypischen" KG bildet die sog. Publikums-KG mit zahllosen Kommanditisten: Die Anonymität dieser Gesellschafter, die der von Aktionären ähnelt, geht einher mit der Kapitalsammlungsfunktion, die dieser KG wie auch einer AG zukommt. Atypisch ist der gesellschaftsvertragliche Zuschnitt einer KG auch dann, wenn dem oder den Kommanditisten Geschäftsführungsbefugnisse eingeräumt (§ 164 ist dispositiv!) und Vollmachten erteilt werden (organschaftliche Vertretungsmacht durch Gesellschaftsvertrag kann dem Kommanditisten wegen des zwingenden Charakters von § 170 nicht übertragen werden!). Hinsichtlich der Kommanditeinlage und ihrer Höhe hingegen existiert keine gesetzliche Leitvorstellung, insoweit sind auch sehr hohe Kommanditeinlagen nicht atypisch (vgl. überblicksartig *Schünemann,* S. 480 ff.).

## 5. Stille Gesellschaft

**336** **Lösung:** c

Als Kommanditistin würde Adelheid nicht nur am Handelsgewerbe eines anderen beteiligt sein, ihre Einlage wäre vielmehr in ein Gesamthandsvermögen erbracht worden (über §§ 161 Abs. 2, 105 Abs. 3 greifen auch für die KG letztlich §§ 718 f. BGB). Da zwischen Adelheid und Berthold nach dem Sachverhalt ausdrücklich gesellschaftsvertragliche Abreden bestehen, ist sie auch nicht lediglich schuldrechtlich als Kreditgeber mit Berthold verbunden. Das Rechtsverhältnis ist hier vielmehr eine stille Gesellschaft nach § 230, bei der lediglich im Innenverhältnis der Beteiligten zueinander Gesellschaftsrecht gilt (sog. Innengesellschaft). Dem normalen, typischen Gesellschafter steht dabei nur das sehr enge Kontrollrecht nach § 233 zu. Zwischen Adelheid und Berthold wurde von dieser dispositiv-rechtlichen Regelung zu Gunsten von Adelheid freilich abgewichen. Ihre Rechtsstellung als stille Gesellschafterin ist somit untypisch, „atypisch". Vgl. *Schünemann,* S. 484 f. und zu Abgrenzungsproblemen der stillen Gesellschaft gegenüber Außengesellschaften und („partiarischem") Darlehen *Eisenhardt/Wackerbarth,* § 28 Rdnrn. 552 f.

## 6. GmbH/UG

337 **Lösung:** § 11 Abs. 2 GmbHG, § 41 Abs. 1 S. 2 AktG

Nach Gründung der GmbH, aber noch vor deren Eintragung im Handelsregister liegen die Dinge wie beim bürgerlichrechtlichen (Ideal-)Verein vor dessen Eintragung ins Vereinsregister. Hier wie dort ist die juristische Person, für die rechtsgeschäftlich gehandelt wurde und die als Schuldner und Haftungssubjekt in Betracht kommen könnte, „als solche" (vgl. § 11 Abs. 1 GmbHG) noch nicht vorhanden. Aus Gründen des Gläubigerschutzes normiert das Gesetz deshalb eine Haftung des Handelnden selber (mehrere Handelnde haften „solidarisch", also als Gesamtschuldner i.S. der §§ 421 ff. BGB; vgl. für den Verein § 54 S. 2 BGB). Außerdem bewirkt diese Haftungsandrohung, dass die jeweils Verantwortlichen (also der Vereinsvorstand bzw. der oder die Geschäftsführer, die vornehmlich als Handelnde in Betracht kommen), sich zunächst einmal verstärkt um die Eintragung kümmern, um ihrer Eigenhaftung zu entgehen. Die aktienrechtliche Parallele findet sich in § 41 Abs. 1 S. 2 AktG.

338 **Lösung:** Gründung, vor

Die Gesellschaft, z.B. die GmbH, ist mit ihrer Gründung, d.h. mit (wirksamem) Abschluss des Gesellschaftsvertrages, bereits errichtet, aber als solche, d.h. als juristische Person, noch nicht entstanden (vgl. § 11 Abs. 1 GmbHG). Diesen Entwicklungszustand kennzeichnet der Begriff der Vorgesellschaft. Die rechtliche Regelung ist bruchstückhaft. Zwar findet sich (für die GmbH) die Handelndenhaftung in § 11 Abs. 2 GmbHG (vgl. oben Nr. 337), aber was für die im Entstehen begriffene Gesellschaft gelten soll, lässt das Gesetz offen. Zur h.M., die hier zurückhaltend bereits das für die vollentwickelte Gesellschaft geltende Recht anwenden will, vgl. *Eisenhardt/Wackerbarth,* § 38 Rdnrn. 699 ff.

339 **Lösung:** § 5 Abs. 4 GmbHG; b

§ 5 Abs. 4 GmbHG zeigt die grundsätzliche Möglichkeit einer sog. Sachgründung, wennschon als gesetzlicher Regelfall die Kapitalgründung fungiert (vgl. § 5 Abs. 2 u. 3 GmbHG, die vom „Nennbetrag" der Geschäftsanteile sprechen). Aus Gründen des Gläubigerschutzes bedarf es bei der Sachgründung freilich vorsorglicher Maßnahmen zur Sicherstellung des gesetzlich garantierten Mindestvermögens. Demzufolge wird bei der Anmeldung der Gesellschaft zur Eintragung in das Handelsregister ein Sachgründungsbericht verlangt, der einer Überbewertung vorbeugen soll (vgl. §§ 5 Abs. 4, 8 Abs. 1 Nr. 5 GmbHG). Bei einer Überbewertung ist die Eintragung zu versagen (§ 9c Abs. 1 S. 2 GmbHG). Bei Gründung einer UG (vgl. *Schünemann*, S. 488 f.) sind Sacheinlagen gemäß § 5a Abs. 2 S. 2 GmbHG unzulässig.

**340 Lösung:** c

Lösungsvariante b) ist aus mehreren Gründen falsch: Erstens gibt es eine Ein-Mann-GbR gar nicht. Und zweitens ist die GbR eine Gesamthandsgesellschaft („Personengesellschaft"), für die gerade die persönliche Haftung der Gesellschafter charakteristisch ist (eben dies will G vermeiden!). Zutreffend ist allerdings, dass eine GbR kein gesetzliches Mindestkapital benötigt. Für G bietet sich die Gründung einer UG an: G kann sie gemäß § 5a GmbHG ohne jedes Mindestkapital gründen und genießt trotzdem den Schutz des Trennungsprinzips. Allerdings muss die UG Rücklagen bilden mit dem Ziel, ein Stammkapital von 25.000,– € zu schaffen.

**341 Lösung:** a, b

§ 6 GmbHG lässt in Abs. 2 S. 1 nur natürliche, unbeschränkt geschäftsfähige Personen als Geschäftsführer zu, doch kann es sich dabei nach dem in Abs. 3 niedergelegten Prinzip der Drittorganschaft auch um Nicht-Gesellschafter handeln.

**342 Lösung:** a, b

Unbedingt benötigt die GmbH als Organe nur die Gesamtheit der Gesellschafter (vgl. §§ 45 f. GmbHG) und den bzw. die Geschäftsführer (vgl. §§ 6, 35 ff. GmbHG). Das Drittelbeteiligungsgesetz verlangt einen Aufsichtsrat nur bei mehr als 500 Beschäftigten; ansonsten steht es den Beteiligten frei, ob und welche Organe sie zusätzlich satzungsmäßig vorsehen wollen (vgl. für den fakultativen Aufsichtsrat § 52 GmbHG).

**343 Lösung:** 250.000,– €

Das Stammkapital der GmbH soll nur eine Mindestausstattung sicherstellen. Hat die GmbH mit dem eingesetzten Kapital gut gewirtschaftet und das Gesellschaftsvermögen, also das tatsächlich vorhandene Vermögen, gegenüber dem Stammkapital vergrößert, so haftet die GmbH eben mit allem, was sie hat; ihre Haftung ist nicht etwa auf den (nominellen) Bestand des Stammkapitals, hier 25.000,– €, „beschränkt".

**344 Lösung:** a, b, d

Während dem Aktienrecht eine Nachschusspflicht fremd ist, ist die gesellschaftsvertragliche Begründbarkeit einer solchen Pflicht vom Gesetz für die genannten Gesellschaften (darüber hinaus für die Genossenschaften) anerkannt, wennschon als Abweichung vom gesetzlichen Normaltypus, vgl. §§ 26 f. GmbHG, 707 BGB (dispositives Recht!), der über § 105 Abs. 3 auch für die oHG abbedungen werden kann. Nichts anderes gilt wegen § 161 Abs. 2 auch für die KG, und zwar für die Komplementäre ebenso wie für die Kommanditisten. Deren Beschränkbarkeit der Haftung, wie sie für die KG wesentlich ist, versperrt im Innenverhältnis nicht den Weg für weiter reichende Beitragsverpflichtungen und lässt deshalb auch für die Vereinbarung von Nachschusspflichten Raum.

**345 Lösung:** a

Die „Gesellschaft mit beschränkter Haftung" (GmbH) unterscheidet sich grundlegend von der Kommanditgesellschaft (KG) und der Partnerschaftsgesellschaft schon wegen ihrer körperschaftlichen, mit juristischer Persönlichkeit einhergehenden Struktur; die Antwort c) ist also nicht weiter diskutabel. Dagegen wird man sehr wohl Zweifel anzumelden haben, ob die gesetzliche Bezeichnung für die im GmbHG ausgestaltete Gesellschaftsform vom Gesetz gut gewählt ist. Denn wegen der juristischen Persönlichkeit der GmbH ist diese selber Träger ihrer Pflichten und haftet, nicht anders als die natürliche Person, für ihre Verbindlichkeiten mit ihrem *gesamten* Vermögen, also gerade nicht „beschränkt". Aber auch die Gesellschafter haften nicht etwa „beschränkt", sondern aus demselben Grund überhaupt nicht; dass das Vermögen der Gesellschaft ursprünglich aus Beiträgen der Gesellschafter resultiert, rechtfertigt die Begriffsbildung nicht. Vermögensbewegungen zwischen Rechtssubjekten kommen überall vor und stehen mit dem Problem einer Haftungsbeschränkung in keinerlei Zusammenhang.

## 7. AG

**346 Lösung:** c

Gemäß § 84 AktG obliegt die Bestellung des Vorstandes dem Aufsichtsrat, einem der drei notwendigen Organe der AG (ein möglicherweise gebildeter Verwaltungsrat oder irgendein anderes Gremium gehört nicht dazu, sofern es überhaupt gesetzlich zulässig ist).

**347 Lösung:** b

Die Vertretung der AG obliegt zwar regelmäßig dem gesellschaftlichen Leitungsorgan, dem Vorstand, dies aber nicht ausschließlich. Der Grundsatz des § 78 AktG wird vielmehr durch § 112 AktG durchbrochen, wenn die Gesellschaft zur Durchsetzung ihrer Rechte gegenüber den Mitgliedern ihres eigenen Vorstandes oder bei Führungslosigkeit vertreten werden muss. Eine Vertretung durch die Hauptversammlung sieht das durchweg zwingende Aktienrecht dagegen nicht vor; sie kann deshalb auch satzungsmäßig nicht begründet werden, ganz abgesehen von der mangelnden Praktikabilität einer solchen Regelung.

**348 Lösung:** c, § 111 Abs. 4 S. 2 AktG

Die vom Gesetz in § 111 Abs. 1 AktG grundsätzlich vorgesehene Aufgabenverteilung zwischen Vorstand und Aufsichtsrat wird bei entsprechendem Satzungsvorbehalt durch die genannte Norm in einem entscheidenden Punkt zu Gunsten des Aufsichtsrates und damit letztlich zu Gunsten eines Einflusses der Aktionäre, die den Aufsichtsrat gewählt haben, verschoben. In der Praxis wird von dieser Möglichkeit sehr häufig Gebrauch gemacht, weil dadurch wenigstens mittelbar ein Gleichlauf von Kapital und Herrschaft erreicht wird, der gerade von den kapitalkräftigen Anlegern gewünscht wird.

**349 Lösung:** § 31 BGB

Das AktG enthält keine solche Zurechnungsnorm, sie lässt sich aber aus allgemeinen Erwägungen ermitteln. Denn die AG leitet sich in ihrer rechtlichen Struktur vom bürgerlichrechtlichen Verein ab, genauer gesagt vom rechtsfähigen, mit juristischer Persönlichkeit ausgestatteten Verein. Die juristische Person aber kann nur durch ihre Organe handeln und muss sich deshalb umgekehrt auch deren zum Schadensersatz verpflichtendes Verhalten nach Maßgabe des § 31 BGB als eigenes Verhalten zurechnen lassen. Diese Norm findet also über ihr unmittelbares Anwendungsgebiet im Vereinsrecht hinaus Anwendung auf andere juristische Personen, hier auf die AG, soweit und weil keine Sonderregelungen existieren.

**350 Lösung:** a

Die Aktie ist nach §§ 10 Abs. 1, 24 AktG grundsätzlich Inhaberaktie und wird demzufolge nach den für Inhaberpapiere allgemein geltenden wertpapierrechtlichen Regeln sachenrechtlich übertragen: Das Recht aus der Aktienurkunde (die Mitgliedschaft) folgt dann dem (Eigentums-)Recht an der Aktienurkunde. Regelmäßig sind zum Wechsel der Mitgliedschaft also Einigung über den Wechsel des Eigentums hinsichtlich der Aktienurkunde und deren Übergabe nötig, vgl. § 929 S. 1 BGB. In der Praxis werden die Aktienurkunden freilich durchweg mehr oder weniger zentralisiert in sog. Wertpapiersammelbanken aufbewahrt, mit denen der Eigentümer der Aktienurkunden – dazwischengeschaltet ist noch die Depotbank des Aktionärs – lediglich durch einen Verwahrungsvertrag verbunden ist. An den Aktienurkunden hat er also mittelbaren Besitz (vgl. § 868 BGB). Die Weiterveräußerung der Aktien erfolgt dann durch Einigung über den Eigentumswechsel unter Abtretung (§ 398 BGB) des Herausgabeanspruchs nach § 931 BGB. Unter bestimmten Voraussetzungen sind auch Namensaktien zulässig, die dann in den für Orderpapiere geltenden Formen übertragen werden, vgl. § 68 AktG. Ein sog. stückeloses Effektengiro, wie vorstehend skizziert, scheidet bei ihnen also aus (vgl. *Schünemann*, S. 496).

# IV. Rechtsübergreifende Aufgaben

**351** **Lösung**: c, d

Nach wirksamer Ausübung eines Rücktrittsrechts durch taugliche Rücktrittserklärung (vgl. § 349 BGB) wandelt sich das vertragliche Schuldverhältnis in ein Rückgewährschuldverhältnis um, das sich nach §§ 346 ff. BGB richtet (Aussage c ist daher zutreffend), hingegen wird aus dem vertraglichen Schuldverhältnis durch die Ausübung des Rücktritts definitiv kein *sachen*rechtliches Rechtsverhältnis (Aussage b ist daher unzutreffend). Aus § 346 Abs. 1 BGB folgt, dass im Falle des Rücktritts die bereits empfangenen Leistungen wechselseitig zurückzugewähren sind, folglich schuldet V Rückzahlung des Kaufpreises an K, Zug um Zug gegen Rückgabe der mangelhaften Kaufsache (Aussage d ist daher zutreffend).

Wie aus der – über §§ 437 Nr. 2, 434 BGB für den Fall des mängelbedingten Rücktrittsrechts zur Anwendung berufenen – Vorschrift des § 323 Abs. 1 BGB im Vergleich zur Vorschrift des § 280 Abs. 1 S. 2 BGB abzulesen ist, hängt das Entstehen des dem Käufer zustehenden Rücktrittsrechts nicht von einem Vertretenmüssen der Pflichtverletzung durch den Verkäufer ab (Aussage a ist daher unzutreffend). Ein Anspruch des Verkäufers gegen den Käufer auf Ersatz des Vertrauensschadens wegen der Ausübung des Rücktrittsrechts ist nicht vorgesehen; ein solcher Anspruch wäre auch sinnwidrig, da der Grund für den Rücktritt – der Mangel der Kaufsache – aus der Sphäre des Verkäufers herrührt (Aussage e ist daher unzutreffend). Darin unterscheiden sich Mängelgewährleistungsfälle von Fällen der Anfechtung des Kaufvertrags wegen eines beim Käufer vorliegenden Irrtums, bei denen dem Verkäufer ein Anspruch auf Ersatz des Vertrauensschadens nach § 122 Abs. 1 BGB zustehen kann.

**352** **Lösung**: a, d, e

Nach der Definitionsnorm des § 90 BGB sind Sachen körperliche Gegenstände, folglich ist das Notebook eine Sache i.S. des BGB (Aussage d ist daher zutreffend) und – wie § 433 Abs. 1 S. 1 BGB belegt – tauglicher Gegenstand eines Kaufvertrags. K und V haben in der Mensa am Mittag des fraglichen Tages einen Kaufvertrag über das Notebook geschlossen, an dessen Wirksamkeit nicht zu zweifeln ist. Aufgrund des Kaufvertrages hat K gegen V einen schuldrechtlichen Anspruch gemäß § 433 Abs. 1 S. 1 BGB auf Verschaffung des Eigentums am Notebook und Übergabe desselben erlangt. Die Übertragung des Eigentums an beweglichen Sachen nach § 929 Satz 1 BGB erfordert jedoch eine dingliche Einigung und die Übergabe der Sache nach § 929 Satz 1 BGB; für einen Eigentumsübergang nach § 930 BGB unter Vereinbarung eines Besitzmittlungsverhältnisses zwischen K und V (vgl. dazu auch § 868 BGB) bestehen keine Anhaltspunkte. Deshalb hat K definitiv kein Eigentum an der Sache erlangt (Aussage b ist daher unzutreffend). Ein Eigentumserwerb des D ist selbstverständlich weder auf rechtsgeschäftlicher noch auf gesetzlicher Grundlage gegeben; ein Eigentumserwerb durch Aneignung ist nach § 958 Abs. 1 BGB nur an herrenlosen beweglichen Sachen möglich (Aussage c ist daher unzutreffend). Vielmehr ist davon auszugehen, dass V Eigentümer geblieben ist, zumal auch ein eventuell zwischenzeitlich erfolgter rechtsgeschäftlicher Eigentumserwerb durch einen unbekannten Dritten wegen § 935 Abs. 1 S. 1 mit Abs. 2 BGB ausgeschlossen ist (Aussage a ist daher zutreffend). Falls der Verbleib des gestohlenen Notebooks dauerhaft nicht aufgeklärt werden kann, steht fest, dass V seiner Verkäuferpflicht gemäß § 433 Abs. 1 S. 1 BGB gegenüber K endgültig nicht nachkommen kann. Damit ist aus der Perspektive des Leistungsschuldners V subjektive Unmöglichkeit im Sinne des § 275 Abs. 1 1. Fall BGB eingetreten, was – unabhängig von der Frage eines Vertretenmüssens des zur Unmöglichkeit führenden Umstands – zum Erlöschen des Anspruchs des K auf Übereignung der Kaufsache führt (Aussage e ist daher zutreffend).

**353** **Lösung:** a, d

Zwischen V und K wurde am 1.6. ein wirksamer Kaufvertrag über 100 Schieferplatten abgeschlossen. Eine Anfechtung seiner zum Vertragsschluss führenden Willenserklärung durch K setzt das Vorliegen eines Anfechtungsgrundes nach §§ 119, 120 oder 123 BGB voraus. Da sich K weder über den Inhalt seiner Erklärung geirrt hat noch ein Irrtum in der Erklärungshandlung vorliegt, kommt ein Anfechtungsgrund nach § 119 Abs. 1 BGB nicht in Betracht. Für die Annahme eines Anfechtungsgrunds nach § 123 BGB besteht kein Anlass, da weder eine von V ausgehende Drohung noch eine V zuzurechnende Täuschung des K erkennbar ist. Eine Anfechtung nach § 119 Abs. 2 BGB setzt einen Irrtum über eine verkehrswesentliche Eigenschaft der Kaufsache voraus. Nach seiner eigenen Darstellung hat K jedoch lediglich über den Marktpreis der Ware geirrt, der keine Eigenschaft i.S. der Vorschrift ist, sondern das Ergebnis der monetären Bewertung einzelner wertbildender Merkmale einer Sache am Markt darstellt. Da kein tauglicher Anfechtungsgrund vorliegt, kommt eine Anfechtung nicht in Betracht (Aussage a ist daher zutreffend, Aussage b hingegen unzutreffend). Die für die wirksame Ausübung eines Anfechtungsrechts nach § 143 Abs. 1 BGB notwendige Anfechtungserklärung bedarf allerdings grundsätzlich keiner besonderen Form (Aussage e ist daher unzutreffend, unabhängig vom Vorliegen oder Nichtvorliegen eines Anfechtungsgrunds). Ein Sachmangel der Platten i.S. des § 434 BGB setzt eine für den Käufer nachteilhafte Abweichung der Ist-Beschaffenheit der Platten gegenüber der Soll-Beschaffenheit voraus. Da die Beschaffenheit einer Sache letztlich auf ihren tatsächlichen Zustand zurückzuführen ist, stellt der (Kauf-)Preis der Platten keine Ausprägung der Sachbeschaffenheit und damit auch keinen Sachmangel dar (Aussage c ist daher unzutreffend). Da K einen weiteren Kaufvertrag mit D abgeschlossen hat, dessen Geltung nicht von der Wirksamkeit des Kaufvertrages zwischen K und V beeinflusst wird, muss er die bei D gekauften Platten bezahlen, Zug um Zug gegen Übereignung derselben (Aussage d ist daher zutreffend): Dass K, wie gesehen, zudem die zuvor bei V gekauften Platten bezahlen muss, ist für die Beurteilung des zwischen K und D geschlossenen Vertrages ohne Belang (vgl. dazu den Grundsatz der Relativität der Schuldverhältnisse).

354 **Lösung:** c, d

Kaufmann E hat dem A eine näher konkretisierte Vollmacht zum „Betrieb des Handelsgewerbes" erteilt. Eine Vollmacht ist gemäß § 166 Abs. 2 BGB eine auf Rechtsgeschäft beruhende Vertretungsmacht (Aussage d ist daher zutreffend) und kann auch von einem Kaufmann erteilt werden. Da E nicht die Bezeichnung „Prokura" verwendet und den Umfang der Vollmacht im Einzelnen festgelegt hat, ist bei der Auslegung der Erklärung (vgl. dazu §§ 133, 157 BGB) nicht davon auszugehen, dass dem A eine – an sich mögliche – Prokura erteilt wurde. Außerdem bedürfte die Prokuraerteilung nach § 48 Abs. 1 HGB einer „ausdrücklichen" Erteilung, wohingegen es vorliegend an der Ausdrücklichkeit fehlt. Vielmehr liegt eine vom Kaufmann erteilte Vollmacht vor, die nicht Prokura ist, und damit eine Handlungsvollmacht nach § 54 Abs. 1 HGB. Angesichts der von A festgelegten Reichweite ist von einer sog. Art-Handlungsvollmacht, § 54 Abs. 1 2. Fall HGB, auszugehen. Zu einer Umdeutung der Vollmacht in eine Prokura besteht deshalb kein Anlass (Aussage a ist daher unzutreffend). Da die Erteilung einer Handlungsvollmacht regelmäßig keiner Form bedarf, konnte sie nach § 167 Abs. 1 BGB gegenüber dem zu bevollmächtigenden A auch mündlich erteilt werden (Aussage e ist daher unzutreffend). Der von A als Stellvertreter des E mit V geschlossene Kaufvertrag über den Staubsauger ist von der Reichweite der Handlungsvollmacht nicht gedeckt, da er erkennbar über den von E gesetzten Rahmen hinausgeht: Der Staubsauger ist ein Gerät zur Reinigung der Geschäftsräume und fällt nicht unter die Vorräte an Schreibwaren, zu deren Nachbestellung E laut Vollmacht befugt ist. Da auch der Gutglaubensschutz nach § 54 Abs. 3 HGB nicht über den von E festgelegten Charakter der Handlungsvollmacht als Art-Handlungsvollmacht hinweghilft und überdies (weil V in der Vergangenheit weder mit A noch mit E Rechtsgeschäfte abgeschlossen hat) keine Anhaltspunkte für die Annahme einer Duldungs- oder einer Anscheinsvollmacht zu erkennen sind, ist das Stellvertreterhandeln des A nicht von der ihm erteilten Vollmacht gedeckt. Da A als Vertreter ohne Vertretungsmacht gehandelt hat, ist der Kaufvertrag zwischen E und V schwebend unwirksam, § 177 Abs. 1 BGB. Es liegt nun an E, ob er den schwebend unwirksamen Vertrag durch Genehmigung nach § 177 Abs. 1 BGB wirksam werden lässt oder nicht. Dies hat E erkennbar nicht vor, sodass angesichts des bestehenden Wahlrechts des E kein Anspruch des V gegen E auf „Zustimmung zum Vertragsschluss" besteht (Aussage b ist daher unzutreffend). Vielmehr kann V den Stellvertreter A nach § 179 Abs. 1 BGB wahlweise auf Erfüllung oder Schadensersatz in Anspruch nehmen (Aussage c ist daher zutreffend; Haftungsprivilegierungen zugunsten des A gemäß § 179 Abs. 2 oder 3 BGB sind nach dem Sachverhalt nicht erkennbar).

355 **Lösung:** a, d, e

Die Kaufmannseigenschaft des V folgt aus § 1 HGB oder § 2 HGB, diejenige der K jedenfalls aus § 13 Abs. 3 GmbHG in Verbindung mit § 6 Abs. 1 HGB. Sowohl für die K (diese vertreten durch Geschäftsführer G) als auch für V zählt der Vertragsschluss zum Betrieb ihres jeweiligen Handelsgewerbes. Der zwischen K und V geschlossene Vertrag stellt, da er ein Rechtsgeschäft ist, welches bewegliche Sachen zum Gegenstand hat, deshalb ein Handelsgeschäft i. S. der §§ 343 ff. HGB dar (Aussage a ist daher zutreffend). Der Begriff des Handelsgeschäfts i. S. der §§ 22 ff. HGB betrifft das kaufmännische Unternehmen als solches und ist vorliegend nicht von Belang (Aussage b ist daher unzutreffend). Da G als Stellvertreter der K nicht selbst Vertragspartner wurde, kann auch kein Handelsgeschäft i. S. der §§ 343 ff. HGB zwischen G und V bestehen (Aussage c ist daher unzutreffend; überdies ist der Geschäftsführer einer GmbH allein aufgrund seiner Organstellung noch kein Kaufmann i.S. des HGB). Die nach dem Kaufvertrag von V geschuldete Lieferung wurde als „fix" bezeichnet, was im Handelsverkehr regelmäßig als Hinweis auf die Vereinbarung eines Fixhandelskaufs verstanden wird, dem ein sog. relatives Fixgeschäft zugrunde liegt. Bei einem solchen bindet der Käufer sein Leistungsinteresse im Vertrag – für den Verkäufer erkennbar – so eng an die Einhaltung des vereinbarten Leistungszeitpunkts, dass der Vertrag damit „stehen und fallen" soll, vgl. dazu auch § 323 Abs. 2 Nr. 2 BGB. Davon kann auch vorliegend ausgegangen werden (Aussage d ist daher zutreffend). Da das zwischen K und V vereinbarte Handelsgeschäft einen Kaufvertrag über die Transistoren zur Grundlage hat, ist mangels gegenteiliger Anhaltspunkte im Sachverhalt von der Geltung der Vorschrift des § 376 HGB auszugehen: Nach § 376 Abs. 1 S. 2 HGB muss der Käufer dem Verkäufer im Falle der Nichteinhaltung des fix vereinbarten Leistungszeitpunkts sein fortbestehendes Leistungsinteresse sofort anzeigen, da er andernfalls den Anspruch auf die Leistung verliert (Aussage e ist daher zutreffend).

**356** **Lösung:** a, b, c

Zwischen V als Verkäufer und K als Käuferin wurde ein Kaufvertrag (§§ 433 ff. BGB) geschlossen. Da V beim Abschluss des Vertrags über den Rollkoffer (eine bewegliche Sache) zu gewerblichen Zwecken gehandelt hat, K hingegen zu privaten Zwecken (sie hat den Reisekoffer zu Zwecken erworben, die weder im Zusammenhang mit einer gewerblichen noch mit einer selbständigen beruflichen Tätigkeit stehen), ist V als Unternehmer i.S. des § 14 BGB, K hingegen als Verbraucher i.S. des § 13 BGB anzusehen. Deshalb ist das Kaufgeschäft ein Verbrauchsgüterkauf im Sinne des § 474 Abs. 1 S. 1 BGB, für dessen rechtliche Beurteilung die §§ 474 ff. BGB zu beachten sind. Der Umstand, dass die Rollen des Koffers abfallen, ist jedenfalls als Sachmangel i.S. des § 434 Abs. 1 S. 2 Nr. 2 BGB anzusehen, da sich der Rollkoffer aus diesem Grund nicht mehr zum gewöhnlichen Gebrauch eignet. Beim Verbrauchsgüterkauf gilt gemäß § 476 BGB eine zugunsten des Käufers wirkende Vermutung, derzufolge bei einem Sachmangel, der sich innerhalb von 6 Monaten nach Gefahrübergang zeigt, davon ausgegangen wird, dass er bereits bei Gefahrübergang vorlag. Anhaltspunkte für einen Ausschluss der Vermutung nach der Einschränkung in § 476 BGB am Ende („es sei denn") sind vorliegend nicht erkennbar. Auch wird V die Widerlegung der in § 476 BGB ausgesprochenen Vermutung nicht gelingen, da kein unsachgemäßer Gebrauch durch K selbst oder einen Dritten anzunehmen ist. Wegen § 446 BGB ist vorliegend von einem Gefahrübergang zum Zeitpunkt der Übergabe der Kaufsache an den Käufer auszugehen, der oben bezeichnete

Mangel zeigte sich daher innerhalb von sechs Monaten nach Gefahrübergang. Da auch keine gesetzlichen oder vertraglichen Ausschlussgründe erkennbar sind, kann K von H gemäß §§ 437 Nr. 1, 439 Abs. 1 2. Fall sowie Abs. 4 BGB Lieferung eines neuen, mangelfreien Kofferexemplars, Zug um Zug gegen Rückgabe des alten Koffers verlangen (Aussage a ist daher zutreffend, zugleich ist Aussage d unzutreffend). Alternativ kann K von V Reparatur des mangelhaften Koffers verlangen, vgl. dazu § 437 Nr. 1, 439 Abs. 1 1. Fall BGB, die hierfür anfallenden Aufwendungen hat V als Verkäufer nach § 439 Abs. 2 BGB zu tragen. Das Wahlrecht hinsichtlich der Art der Nacherfüllung liegt nach dem gesetzlichen Leitbild des § 439 Abs. 1 BGB beim Käufer, Anhaltspunkte für ein Verweigerungsrecht des V bezogen auf das Nacherfüllungsrecht der K nach § 275 Abs. 2 und 3 BGB sowie nach § 439 Abs. 3 BGB sind nicht erkennbar (Aussage b ist daher zutreffend). Da V sich dennoch beharrlich weigert, einem wie auch immer gearteten (berechtigten!) Nacherfüllungsbegehren der K nachzukommen, steht K anstelle des Nacherfüllungsanspruchs gemäß § 437 Nr. 2 BGB in Verbindung mit §§ 440, 323, 326 Abs. 5 BGB ein Recht auf Rücktritt vom Kaufvertrag zu, ohne dass es auf eine vorherige Fristsetzung zur Nacherfüllung ankommt. Denn eine solche ist angesichts des Verhaltens des V wegen § 323 Abs. 2 Nr. 1 BGB vorliegend entbehrlich (Aussage c ist daher zutreffend). Da beim Verbrauchsgüterkauf nach § 475 Abs. 1 BGB zahlreiche kaufrechtliche Vorschriften zum Schutz des Käufers halbzwingende Geltung beanspruchen, darunter auch die §§ 437 Nr. 1 und 439 BGB, wäre eine individualvertragliche Regelung, derzufolge K – entgegen dem gesetzlichen Leitbild des § 437 BGB – bei Mängeln der Kaufsache lediglich Rücktritts- und Minderungsrechte, jedoch keine Nacherfüllungsrechte zustehen sollen, unwirksam. Denn dadurch würde sich die Rechtsstellung der K als Käuferin gegenüber dem Gesetzesrecht verschlechtern (Aussage e ist daher unzutreffend).

**357** **Lösung:** a, c

Seine wirksam begründete, noch bestehende Kaufpreisforderung gegen K konnte V auf einen Dritten, hier D, im Wege der Abtretung nach § 398 BGB wirksam übertragen, da zwischen V und K kein Abtretungsverbot nach § 399 2. Fall BGB vereinbart wurde und auch kein gesetzlicher Ausschlussgrund (vgl. § 400 BGB) erkennbar ist. Die Abtretung ist nach § 398 S. 1 BGB ein Vertrag zwischen Alt- und Neugläubiger und sie stellt ein Verfügungsgeschäft über ein Recht dar (Aussage c ist daher zutreffend), welches vom zugrunde liegenden Verpflichtungsgeschäft – hier einem Forderungskauf, § 453 Abs. 1 BGB –, abstrahiert ist (Aussage e ist bereits deshalb unzutreffend, da dort das Verpflichtungs- und das Verfügungsgeschäft unter Verstoß gegen den Trennungsgrundsatz verknüpft werden). Zwar steht die Forderung mit Abschluss des Abtretungsvertrags gemäß § 398 S. 2 BGB Neugläubiger D zu, doch gelten nach §§ 404 ff. BGB Schutzvorschriften zugunsten des Schuldners, der – wie § 398 S. 1 BGB erkennen lässt – an der Abtretung nicht beteiligt zu werden braucht (Aussage d ist daher unzutreffend): So muss der Neugläubiger nach § 407 Abs. 1 S. 1 BGB eine Bewirkung der Leistung, die der Schuldner in Unkenntnis der Abtretung gegenüber dem Altgläubiger vorgenommen hat, gegen sich gelten lassen. Deshalb ist K durch Zahlung an V per Banküberweisung und Gutschrift auf dem Konto des V gemäß § 362 Abs. 1 BGB von der Kaufpreisschuld gegenüber D frei geworden (Aussage a ist daher zutreffend, zugleich sind Aussagen b und e unzutreffend).

**358** **Lösung:** a, b, c

Zwischen G und S wurde ein Vertrag über die Vornahme einer Lackierung der Oberflächen bestimmter Gastwirtstische geschlossen. Da die Neulackierung der Oberfläche eines Gegenstandes – wie § 631 Abs. 2 BGB belegt – als tauglicher Inhalt eines Werkvertrags (in Gestalt eines durch Dienstleistung zu erbringenden Erfolgs) in Betracht kommt und S die Herbeiführung dieses Werkerfolgs auch vertraglich versprochen hat, ist der geschlossene Vertrag als Werkvertrag i.S. der §§ 631 ff. zu qualifizieren. Erst nach Abnahme des Werks durch G, § 640 Abs. 1 BGB, zeigen sich Probleme der Nutzung des Tisches durch Gäste aufgrund der behandelten Tischoberfläche. Da die Probleme auf die Tischlackierung durch S zurückzuführen sind, ist von einem Sachmangel nach § 633 Abs. 2 Nr. 2 BGB auszugehen: Denn wenn die Bekleidung von am Tisch sitzenden Gästen aufgrund der Beschaffenheit der mit dem von S hergestellten Gemisch behandelten Tischoberfläche beschmutzt werden kann, eignet sich der Tisch nicht zum vertraglich vorausgesetzten Gebrauch in einer Gastwirtschaft. Die Geltendmachung der sachmängelbedingten Rechte des Bestellers nach § 634 BGB sind hier auch nicht durch § 640 Abs. 2 BGB ausgeschlossen, da G den Mangel bei Abnahme noch nicht kannte. Deshalb steht G in erster Linie ein Anspruch auf Nacherfüllung gemäß §§ 634 Nr. 1, 635 BGB zu, den S jedoch zu Unrecht und zugleich ernsthaft und endgültig verweigert. Deshalb steht G auch ohne Fristsetzung zur Nacherfüllung gegenüber S ein Recht auf Selbstvornahme nach §§ 634 Nr. 2, 637 Abs. 1, Abs. 2 Satz 1 BGB in Verbindung mit § 323 Abs. 2 Nr. 1 BGB zu (Aussage a ist daher zutreffend). Im Rahmen der Geltendmachung dieses Rechts kann S zudem nach § 637 Abs. 3 BGB einen angemessenen Vorschuss für die zur Beseitigung des Mangels erforderlichen Aufwendungen fordern (Aussage b ist daher zutreffend). Anstatt das Selbstvornahmerecht nach §§ 634 Nr. 2, 637 BGB auszuüben, kann G auch die vereinbarte Vergütung nach §§ 634 Nr. 3, 636, 323, 326 Abs. 5, 638 BGB mindern, da angesichts der ernsthaften und endgültigen Verweigerung der Nacherfüllung durch V die Voraussetzungen des Rücktrittsrechts wegen § 323 Abs. 2 Nr. 1 BGB auch ohne vorherige Setzung einer Frist zur Nacherfüllung durch K gegeben sind (Aussage c ist daher ebenfalls zutreffend). Die Verletzung der Pflicht des S nach § 631 Abs. 1 BGB führt allerdings nicht zum Erlöschen der werkvertraglichen Primäransprüche und auch nicht zur Nichtigkeit des Vertrages, da selbst die Verletzung einer Hauptleistungspflicht des Werkunternehmers keinen Nichtigkeitsgrund erfüllt (Aussage d ist daher unzutreffend). Der Hinweis auf die angebliche Verspätung der Mängelrüge ist im Zusammenhang mit der Vorschrift des § 377 HGB zu sehen. Er geht vorliegend jedoch bereits deshalb fehl, da § 377 HGB ausweislich seines Wortlauts auf Werkverträge keine Anwendung findet (Aussage e ist daher unzutreffend).

359 **Lösung:** b, e

Da K – wie aus dem Sachverhalt zu entnehmen – im Geschäft der B noch nichts gekauft hat, kommen Ansprüche der K gegen B auf kaufvertraglicher Grundlage mangels Kaufvertragsabschluss nicht in Betracht (Aussage a ist daher bereits deshalb unzutreffend; zudem liegt kein Sachmangel i.S. des § 434 BGB vor). Jedoch könnte zwischen B und K ein vorvertragliches Schuldverhältnis nach § 311 Abs. 2 BGB entstanden sein, aus dem Rücksichtnahmepflichten der Geschäftsinhaberin B gegenüber potenziellen Kunden (wie der K) gemäß § 241 Abs. 2 BGB entstanden sind. K hat das Geschäft der B in potenzieller Kaufabsicht betreten und damit eine Situation der Anbahnung eines Vertrages geschaffen, vgl. § 311 Abs. 2 Nr. 2 BGB, bei der potenzielle Kunden darauf vertrauen dürfen, während der Dauer des Aufenthalts nicht aufgrund der Realisierung von Risiken, die aus der von B geschaffenen und verantworteten Betriebsorganisation herrühren, an eigenen Rechtsgütern Schaden zu nehmen. Die Pflicht zur Rücksichtnahme auf die körperliche Integrität der K hat B zwar nicht in eigener Person verletzt. Jedoch liegt angesichts des ausgesprochen unachtsamen (weil unnötig gewaltsamen) Agierens ihres Angestellten M ein fahrlässiges (§ 276 Abs. 1 S. 2 BGB) und somit schuldhaftes Verhalten des M vor. Da B (als Arbeitgeberin) den M mit Aufgaben im Verkaufsraum betraut hat, bei denen er auf Rechtsgüter von Kunden einwirken kann, ist M als Erfüllungsgehilfe der B (§ 278 BGB) bzgl. der Erfüllung von deren Rücksichtnahmepflichten gegenüber K anzusehen, weshalb B für das Fehlverhalten des M „wie eigenes Verschulden" ohne Möglichkeit der Führung eines Entlastungsbeweises einstehen muss. Da K aus dem Verhalten des M ein Schaden entstanden ist, steht K gegen B Anspruch auf Schadensersatz nach §§ 311 Abs. 2, 280 Abs. 1, 241 Abs. 2 BGB i.V. mit § 278 BGB zu (Aussage b ist daher zutreffend; zugleich ist Aussage d unzutreffend). Ob K daneben ein Schadensersatzanspruch gegen die B nach deliktsrechtlichen Anspruchsgrundlagen zusteht (in Betracht käme v.a. ein Anspruch nach § 831 Abs. 1 S. 1 BGB), kann vorliegend dahinstehen, da – wie oben erläutert – ein Anspruch auf Schadensersatz wegen vorvertraglicher Pflichtverletzung besteht (und Aussage c daher unzutreffend ist). Inhaltlich ist der Ersatzanspruch gemäß § 253 Abs. 2 BGB auf immateriellen Schadensersatz in Gestalt einer billigen Entschädigung in Geld für die erlittene Körperverletzung gerichtet. Die Höhe dieses sog. Schmerzensgelds wird somit letztlich nach billigem Ermessen vom zuständigen Gericht festgelegt (Aussage e ist daher zutreffend).

360 **Lösung:** a, d

Nach den Angaben des Sachverhalts haben K und H im Kaufvertrag über die Kakaobohnen einen verlängerten Eigentumsvorbehalt vereinbart, bei dem H das Eigentum an den Kakaobohnen unter der aufschiebenden Bedingung vollständiger Kaufpreiszahlung (§ 158 Abs. 1 BGB) erwirbt und – im ordnungsgemäßen Geschäftsgang – zugleich zur Weiterverarbeitung und (nach § 185 Abs. 1 BGB) Weiterveräußerung ermächtigt ist, letzteres gegen Vorausabtretung der dabei erlösten Forderungen (§§ 398 ff. BGB). An der Wirksamkeit der vertraglichen Konstruktion bestehen keine Zweifel. Da der Bedingungseintritt noch aussteht, hat H (noch) nicht auf rechtsgeschäftlicher Grundlage Eigentum an den Bohnen erworben. Er könnte jedoch nach der zwingenden Vorschrift des § 950 Abs. 1 BGB kraft Gesetzes Alleineigentum an dem hergestellten Aufstrich erworben haben. Der Aufstrich ist durch eine von H vorgenommene Verarbeitung diverser Komponenten, darunter der Bohnen und der Nüsse, entstanden und sein Wert übersteigt den der verarbeiteten Stoffe. Ob eine zugunsten des Vorbehaltsverkäufers vereinbarte Regelung, nach welcher H im Falle der Weiterverarbeitung der gelieferten Ware durch einen anderen als Hersteller im Sinne des § 950 Abs. 1 BGB der daraus entstandenen neuen Sache „gilt", wirksam wäre, bedarf vorliegend keiner Erörterung, da eine solche zwischen K und H getroffene vertragliche Regelung nach den Angaben des Sachverhalts nicht erkennbar ist. H ist deshalb Alleineigentümer des Aufstrichs geworden, das bestehende Eigentum von N und K an Nüssen bzw. Kakaobohnen ist wegen § 950 Abs. 2 BGB erloschen (Aussage a ist daher zutreffend, Aussagen b und c sind jeweils unzutreffend). Die in § 950 Abs. 1 BGB angeordnete Zuweisung des Eigentums ändert jedoch nichts an bestehenden schuldvertraglichen Pflichten und löst zudem bereicherungsrechtliche Ausgleichsansprüche wegen Eingriffskondiktion nach §§ 951 Abs. 1, 812 Abs. 1 S. 1 2. Alt. BGB aus, wenn und soweit die tatbestandlichen Voraussetzungen einer Eingriffskondiktion vorliegen (Aussage d ist daher zutreffend). Der Umstand, dass H gegenüber K nicht zahlungsfähig oder -willig ist, lässt den Bestand des Kaufpreiszahlungsanspruchs des K unberührt. Da Geld(zahlungs)schulden als Gattungsschulden besonderer Art behandelt werden, führt die fehlende Zahlungsfähigkeit oder -bereitschaft des Schuldners nicht gemäß § 275 Abs. 1 BGB zum Ausschluss des Anspruchs auf die Gegenleistung wegen Unmöglichkeit (Aussage e ist daher unzutreffend).

**361** **Lösung:** b, c, d

Die Prokura muss gemäß § 48 Abs. 1 HGB grundsätzlich vom Inhaber des Handelsgeschäfts (ausdrücklich) erteilt werden. Die XY, die jedenfalls nach §§ 13 Abs. 3 GmbH, 6 Abs. 1 HGB als Handelsgesellschaft gilt, ist selbst Inhaberin des Handelsgeschäfts. Da die GmbH als juristische Person jedoch nicht in eigener Person handeln kann, bedarf sie (wenigstens) eines vertretungsberechtigten Organs, der bzw. des Geschäftsführer/-s, um am Rechts- und Wirtschaftsverkehr teilnehmen zu können, vgl. dazu § 35 Abs. 1 S. 1 GmbHG. Deshalb ist vorliegend Einzelgeschäftsführer G als gesetzlicher Vertreter i.S. des § 48 Abs. 1 HGB anzusehen, er konnte daher namens der GmbH dem P wirksam Prokura erteilen (Aussage a ist daher unzutreffend). Wie sich aus §§ 49, 50 Abs. 1 HGB ergibt, ist eine über die gesetzlichen Vorgaben hinausgehende Beschränkung des Umfangs der Prokura im Verhältnis zu Dritten, also namentlich zum Geschäftspartners des Kaufmanns, zwingend unwirksam. Von §§ 49, 50 Abs. 1 HGB wird jedoch das *Innen*verhältnis zwischen Kaufmann und Prokurist nicht berührt. Beschränkungen in *diesem* Verhältnis sind somit möglich und zulässig (Aussage b ist mithin zutreffend). Die Prokura ist eine im HGB geregelte handelsrechtliche Vollmacht. Für das gesamte Privatrecht wird der Begriff der Vollmacht in § 166 Abs. 2 BGB als einer auf Rechtsgeschäft beruhenden Vertretungsmacht definiert

(Aussage c ist daher zutreffend). P hat beim Vertragsschluss mit H namens der XY eine Willenserklärung auf Abschluss eines Kaufvertrages abgegeben. Fraglich ist, ob P (noch) die notwendige Vertretungsmacht besessen hat, da G zuvor die Prokura namens der XY – wirksam(!) – widerrufen hat. Da der Widerruf der Prokura jedoch eine eintragungspflichtige Tatsache darstellt (§ 53 Abs. 2 HGB), die vorliegend nicht im Handelsregister eingetragen und auch nicht bekannt gemacht wurde, und H vom Widerruf nach Sachverhaltsangaben keine Kenntnis hatte, darf H gemäß § 15 Abs. 1 HGB verlangen, so gestellt zu werden, als habe die zuvor erteilte Prokura zum Zeitpunkt des Vertragsschlusses noch Bestand gehabt (Gewährung abstrakten Verkehrsschutzes darauf, dass nicht eingetragene eintragungspflichtige Tatsachen auch nicht vorliegen). Somit liegt ein wirksamer Vertragsschluss zwischen H und der XY vor, aus dem H als Verkäufer die XY als Käuferin auf Kaufpreiszahlung (§ 433 Abs. 2 BGB) in Anspruch nehmen kann (Aussage d ist mithin zutreffend, Aussage e hingegen unzutreffend).

**362** **Lösung:** b

Der Inhalt der E-Mail, die Kaufmann B an die G gesendet hat, ist gemäß §§ 133, 157 BGB so auszulegen, dass B von der G näher bezeichnete Zementsäcke zu einem nach einer bestimmten Preisliste der G vorgegebenen Preis käuflich erwerben möchte. Damit sind sämtliche vertragswesentlichen Bestandteile eines Angebots (Willenserklärung), gerichtet auf den Abschluss eines Kaufvertrages mit der G, in einer verkörperten Gedankenerklärung in Gestalt einer E-Mail enthalten. Dass die Gegenleistung (Kaufpreis) erst durch Heranziehung einer existierenden Preisliste der G ermittelt werden kann, ist unschädlich, da der Kaufpreis anhand der Angaben in der E-Mail hinreichend bestimm*bar* ist, was genügt (Aussage c ist daher unzutreffend). Demnach liegt eine wirksame Willenserklärung des B in Gestalt eines Vertragsangebots vor (Aussage b ist daher zutreffend) und nicht lediglich eine sog. invitatio ad offerendum gleichsam als „Vorstufe", mit welcher andere Personen zur Abgabe von Vertragsangeboten erst aufgefordert werden sollen (Aussage a ist daher unzutreffend). Das in der E-Mail verkörperte Vertragsangebot ist der G auch zugegangen i.S. des § 130 Abs. 1 BGB, da es für den Zugang von Willenserklärungen genügt, wenn die Erklärung so in den Machtbereich des Empfängers gelangt, dass dieser unter normalen Voraussetzungen Kenntnis nehmen *kann*: Dass bei der G aufgrund von Mängeln in der Personalorganisation über Wochen hinweg kein Abruf der E-Mail erfolgt, ändert nichts an der Möglichkeit der Kenntnisnahme und damit am ordnungsgemäßen Zugang der Erklärung (Aussage e ist daher unzutreffend). Der Vertrag kommt allerdings nicht ohne eine der G zurechenbare Annahmeerklärung zustande, da kein Ausnahmefall gegeben ist, bei dem ein Vertragsschluss durch bloßes Schweigen der G geschlossen werden kann: Zwar ist die G Kaufmann jedenfalls kraft Rechtsform (§ 13 Abs. 3 GmbHG, § 6 Abs. 1 HGB), jedoch gelten hier weder die Grundsätze über das kaufmännische Bestätigungsschreiben noch sind die Voraussetzungen des § 362 Abs. 1 HGB gegeben, da die G als Großhändlerin eigene Geschäfte eingeht und abwickelt und nicht fremde Geschäfte besorgt (Aussage d ist daher unzutreffend).

363 **Lösung:** b, c, d

Zwischen A und B wurde im Jahr 2012 ein Kaufvertrag wirksam abgeschlossen und seitens des Verkäufers B sogleich ordnungsgemäß erfüllt. Hingegen steht die Kaufpreiszahlung durch A auch im Jahr 2016 noch aus. Da vorliegend kein Grund erkennbar ist, weshalb der Zahlungsanspruch durch bloßen Zeitablauf erlöschen sollte, ist die Aussage a unzutreffend. Vielmehr stellt sich im Jahr 2016 die Frage nach der Verjährung des Zahlungsanspruchs, was die Ebene der Durchsetzbarkeit von Ansprüchen betrifft. Denn nach Verjährungseintritt kann sich der Schuldner nach §§ 214 Abs. 1, 194 Abs. 1 BGB auf ein dauerhaftes Recht zur Leistungsverweigerung in Ansehung des geltend gemachten, indes verjährten Anspruchs berufen. Der Zahlungsanspruch des B unterliegt mangels anwendbarer Sondervorschriften der Regelverjährung nach §§ 195, 199 Abs. 1 BGB, sodass nach Ablauf von drei Jahren gerechnet auf den Schluss des Jahres, in dem der Kaufvertrag geschlossen und dadurch der Zahlungsanspruch des Verkäufers begründet wurde, Verjährung eintritt, vorliegend also mit Ablauf des Jahres 2015; denkbare Gründe für eine mögliche Hemmung der Verjährung (vgl. §§ 203 ff. BGB) oder für einen möglichen Neubeginn der Verjährung (vgl. §§ 212 BGB) sind nach dem Sachverhalt (§§ 203, 204 Abs. 1 Nr. 1 und 3 BGB) bzw. in Ermangelung von Angaben im Sachverhalt nicht anzunehmen. Deshalb ist zu Jahresbeginn 2016 Verjährung eingetreten, A kann nunmehr die Erfüllung des Zahlungsanspruchs bei Erhebung der Einrede der Verjährung dauerhaft verweigern (Aussage b ist daher zutreffend). Da der Verjährungseintritt jedoch – s.o. – lediglich die Durchsetzbarkeit, nicht aber den rechtlichen Bestand des Anspruchs berührt, kommt eine Abtretung des (verjährten) Anspruchs vom Gläubiger B an einen Dritten grundsätzlich auch noch im Jahr 2016 in Betracht, wenn und soweit keine gesetzlichen (§§ 399 ff. BGB) oder vertraglich vereinbarten Abtretungsverbote bestehen. Solche sind nach dem Sachverhalt nicht erkennbar, deshalb trifft auch Aussage c zu. Die Folge einer wirksamen Abtretung ist in Aussage d zutreffend umschrieben (vgl. dazu v.a. § 398 S. 2 BGB). Hingegen hängt die rechtliche Durchsetzbarkeit des Anspruchs (im Jahr 2016) nicht von der Zahlungswilligkeit oder Zahlungsfähigkeit des A zum Zeitpunkt der Inanspruchnahme ab (Aussage e ist daher unzutreffend). Vielmehr gilt der Grundsatz „Geld hat der Schuldner zu haben". Eventuell in einem Insolvenzverfahren zu beachtende Besonderheiten bleiben vorliegend außer Betracht.

364 **Lösung:** a, d

Zwischen K und der V ist ein Kaufvertrag über die Näpfe zustande gekommen, da es sich um einen unter Kaufleuten geschlossenen Kaufvertrag über Handelsware handelt, liegt ein Handelskauf i.S. des §§ 373 ff. HGB vor. Im Vertrag ist der Leistungszeitpunkt dergestalt fest vereinbart worden, dass Käufer K sein subjektives Leistungsinteresse – für V erkennbar – an die Einhaltung des Zeitpunkts gebunden hat. Dies wird überdies durch die Verwendung der Klausel „fix" deutlich, die bei im Handelsverkehr geschlossenen Kaufverträgen einen Fixhandelskauf anzeigt, der gesetzlich in § 376 HGB angesprochen ist. Da V den fix vereinbarten Lieferzeitpunkt nicht einhält, ist K nach § 376 Abs. 1 S. 2 HGB gehalten, den Fortbestand seines Leistungsinteresses sofort der V anzuzeigen (Aussage a trifft daher zu). Hingegen kann K alternativ gemäß § 376 Abs. 1 S. 1 HGB (i.V.m. § 323 Abs. 2 Nr. 2 BGB) sofort vom Kaufvertrag zurücktreten, ohne zunächst – wie in § 323 Abs. 1 BGB ansonsten regelmäßig vorgesehen – eine angemessene Frist zur Leistung setzen zu müssen (Aussage b ist daher unzutreffend). Die Geltendmachung von Schadensersatz wegen Nichterfüllung (gemeint: „statt der Leistung") durch den Gläubiger gegen den säumigen Schuldner ist beim Fixhandelskauf, vorbehaltlich der Erfüllung der Verzugsvoraussetzungen nach § 286 BGB, sofort möglich, § 376 Abs. 1 S. 1 HGB, was den Gläubiger insbesondere von einer Fristsetzung nach § 281 Abs. 1 BGB enthebt. Vorliegend ist erkennbar ein kalendarisch bestimmter Leistungspunkt vereinbart worden, der eine verzugsbegründende Mahnung entbehrlich macht, § 286 Abs. 2 S. 1 BGB. Da der Lieferanspruch des K gegen die V mangels entgegenstehender Anhaltspunkte fällig (vgl. § 271 Abs. 1 BGB) und durchsetzbar ist und die V den zum Verzugseintritt führenden Umstand, die Nichtlieferung, aufgrund der fehlerhaften Personalorganisation zu vertreten hat, § 286 Abs. 4 HGB, liegen die Verzugsvoraussetzungen (noch) am Morgen des 2.6.2016 vor. K ist deshalb zur Vornahme eines Deckungsgeschäfts sowie zur Geltendmachung der daraus entstehenden Mehrkosten in Höhe von 100 € unter dem Gesichtspunkt des Schadenersatzes „wegen Nichterfüllung" (d.h. in moderner privatrechtlicher Terminologie: „statt der Leistung) gegenüber V berechtigt (Aussage d ist daher zutreffend). Demgegenüber liegen keine Anhaltspunkte dafür vor, dass beim Fixhandelskauf kraft Gesetzes (oder kraft Richterrechts) pauschalierter Schadensersatz in Höhe des doppelten Kaufpreises vorgesehen ist (Aussage c ist daher unzutreffend). Aussage e ist evident unzutreffend, da die Festsetzung eines Leistungszeitpunkts beim individuell ausgehandelten Vertrag der parteiautonomen Bestimmung durch die Vertragspartner unterliegt und kein Bedarf für eine gesetzlich motivierte Kontrolle der „Angemessenheit" der Lieferfrist besteht; ein eventueller Verstoß gegen zwingend zu beachtende Grenzen der Vertragsfreiheit ist jedenfalls nicht erkennbar.

**365** **Lösung:** c, d

Kaufmann K hat bei Kaufmann V 1.000 näher bezeichnete Rosen gekauft. Damit liegt ein Kaufvertrag (§§ 433 ff. HGB) zwischen zwei Kaufleuten bezogen auf eine Gesamtheit beweglicher Sachen und damit ein Handelskauf i.S. der §§ 373 ff. HGB vor (Aussage d ist daher zutreffend). Dem Kaufvertrag liegt eine Bringschuld zugrunde, die am 8.2. um 9 Uhr am Geschäftssitz des K erfüllt werden sollte. K erscheint am rechten Ort zur rechten Zeit mit ordnungsgemäßer Ware, doch trifft den K nicht an. Vielmehr befindet sich K zu diesem Zeitpunkt im Verzug der Annahme der Leistung i.S. der §§ 293 ff. BGB, da er das ordnungsgemäß und tatsächlich erbrachte Angebot des V nicht annimmt (§§ 293, 294, 297 BGB) und der Eintritt des Annahmeverzugs angesichts des vereinbarten Lieferzeitpunktes auch nicht an der Vorschrift des § 299 BGB scheitert. Deshalb sind zum 8.2., 9 Uhr bezogen auf die Leistungspflicht des V die Rechtsfolgen des Annahmeverzuges, §§ 300 ff. BGB, §§ 373 f. HGB, eingetreten: Der Annahmeverzug lässt zwar den Bestand der primären Leistungspflichten unberührt (Aussage a ist daher unzutreffend), jedoch muss der im Verzug befindliche Gläubiger nach § 304 BGB die dem Schuldner entstandenen Kosten des erfolglosen Annahmeversuchs tragen, worunter vorliegend insb. die Benzinkosten für die Anfahrt des V am 8.2. fallen (Aussage c ist daher zutreffend). Das Schicksal der dem Leistungsschuldner (hier: V) zustehenden Gegenleistung (hier: Kaufpreiszahlung) bemisst sich im Falle des Verzugs der Annahme der Leistung durch den Leistungsgläubiger (hier: K) im gegenseitigen Vertrag (hier: Kaufvertrag) nach § 326 Abs. 2 2. Alt. BGB. Danach verliert zwar der Leistungsschuldner seinen Anspruch auf die Gegenleistung, soweit er den Umstand, der zur Unmöglichkeit der Leistung führt, zu vertreten hat; jedoch ist der Haftungsmaßstab für die Dauer des Gläubigerverzugs nach § 300 Abs. 1 BGB zugunsten des Schuldners dergestalt abgeändert, dass er für leichte Fahrlässigkeit nicht einstehen muss: Die zu pauschal gefasste Aussage e ist daher unzutreffend. Unmöglichkeit der Leistung bereits durch die Nichtabnahme am 8.2. um 9 Uhr würde hingegen nur eintreten, wenn jede spätere Erfüllung objektiv sinnlos wäre, mithin ein absolutes Fixgeschäft vorläge. Davon kann jedoch vorliegend nicht ausgegangen werden, da Rosen auch noch nach Karnevalsmontag in einem Blumengeschäft verkauft werden, die Lieferung mithin nicht in dem Sinne auf den im Volksmund gleichnamigen Tag („Rosenmontag") zugeschnitten ist, dass jede spätere Leistung objektiv sinnlos wäre. Mangels Angaben im Sachverhalt kann ebenso wenig von einer Unverkäuflichkeit der Waren nach Rosenmontag aus qualitativen Gründen ausgegangen werden. Aussage b ist daher unzutreffend.

**366** **Lösung:** a, b

Der zwischen der K und der V geschlossene Vertrag ist wirksam, insbesondere verfügt G als Geschäftsführer der K nach § 35 Abs. 1 GmbHG über die notwendige Vertretungsmacht zum Abschluss irgendwelcher Kaufverträge namens der GmbH (Aussage a ist daher zutreffend). Sowohl die K als auch die V sind als GmbH juristische Personen des Privatrechts und damit jedenfalls wegen § 13 Abs. 3 GmbH i.V.m. § 6 Abs. 1 HGB Kaufleute kraft Rechtsform. Angesichts des Kaufgegenstandes – dem Kauf einer beweglichen Sache – liegt zwischen ihnen ein beiderseitiger Handelskauf vor. Für den beiderseitigen Handelskauf gilt nach § 377 HGB die Untersuchungs- und Rügeobliegenheit des Handelskäufers, soweit die Geltung der Vorschrift nicht wirksam abbedungen wurde (was nach dem Hinweis im Sachverhalt vorliegend nicht erfolgt ist). Daher ist die K gehalten, eingehende Ware unverzüglich, d. h. ohne schuldhaftes Zögern (§ 121 Abs. 1 BGB), zu untersuchen und erkennbare Mängel unverzüglich gegenüber dem Verkäufer zu rügen. Die Farbabweichung stellt die Lieferung einer anderen Sache als der vereinbarten dar und wird mängelgewährleistungsrechtlich als Mangel nach § 434 Abs. 3 BGB erfasst. Dieser Mangel konnte vorliegend sofort und ohne nähere Untersuchung nach Eingang der Ware bei der K festgestellt werden, was jedoch, offenbar wegen fehlerhafter Personalorganisation, unterblieb. Die entsprechende Rüge erst vier Wochen nach Lieferung ist daher nicht mehr unverzüglich i.S. des § 377 Abs. 1, 2 HGB, weshalb die gelieferte Ware als genehmigt gilt (§ 377 Abs. 2 HGB) und die K zu diesem Zeitpunkt keine der in § 437 BGB aufgeführten Rechte wegen des Mangels, insbesondere keine Nachlieferung wegen des Mangels (Farbabweichung), §§ 437 Nr. 1, 439 Abs. 1 2. Var. BGB, mehr verlangen kann (Aussage b ist daher ebenfalls zutreffend). Auch die Geltendmachung eines mangelbedingten Rücktrittsrechts ist vorliegend jedenfalls wegen Verstoßes gegen § 377 HGB ausgeschlossen; ferner fehlt es an der erforderlichen Fristsetzung nach § 323 Abs. 1 BGB, die vorliegend auch nicht nach § 323 Abs. 2 BGB entbehrlich ist (Aussage c ist somit unzutreffend). Von der Genehmigungsfiktion des § 377 Abs. 1, 2 HGB wären auch käuferseitige vertragliche Schadensersatzansprüche wegen des Mangels erfasst (bei denen überdies fraglich wäre, ob und unter welchen Voraussetzungen sie inhaltlich auf Rückgängigmachung des Kaufvertrages gerichtet sind), sodass auch Aussage d nicht zutrifft. Eine Eigentumsverletzung spielt im Rahmen des deliktischen Schadensersatzanspruches nach § 823 Abs. 1 BGB eine Rolle, für die es allerdings nicht auf die vertragsrechtliche Stellung der K als Käuferin ankommt. Deliktische Ansprüche werden im Falle eines Verstoßes gegen § 377 HGB zwar anerkanntermaßen nicht von der Genehmigungsfiktion erfasst, jedoch müsste überhaupt eine Eigentumsverletzung vorliegen: Hier hat die K, wirksame Übereignung der lindgrünen Schaukel durch dingliche Einigung und Sachübergabe nach § 929 S. 1 BGB unterstellt, jedoch niemals „anderes" Eigentum als die lindgrüne (und deshalb vorliegend nach § 434 Abs. 3 BGB mangelhafte) Schaukel erhalten, so dass eine deliktische Eigentumsverletzung – verstanden als Verletzung des Integritätsinteresses des Sacheigentümers – nicht gegeben ist. Vielmehr bleibt die K auf ihre vertraglichen Mängelrechte als Käuferin angewiesen, die sie jedoch, s.o., wegen Verstoßes gegen § 377 HGB verloren hat (Aussage e ist daher unzutreffend).

**367** **Lösung:** b, d

Beachte für die Beurteilung der Aufgabe die Trennung zwischen Verpflichtungs- und Verfügungsgeschäft. Durch den Diebstahl durch Unbekannte ist dem ursprünglichen Eigentümer E des Fahrrads sein Eigentum abhandengekommen (§ 935 Abs. 1 S. 1, Abs. 2 BGB). Dieser Makel haftet der beweglichen Sache fortlaufend an, sodass ein *rechtsgeschäftlicher* Eigentumserwerb vom Nichtberechtigten (§§ 929 ff., 932 ff. BGB) daran scheitert (Aussage b ist daher zutreffend). Über das Merkmal des Abhandenkommens einer beweglichen Sache helfen im Übrigen auch die Vorschriften des HGB über den Erwerb des Eigentums an beweglichen Sachen vom Nichtberechtigten hinweg, vgl. dazu § 366 HGB, da sie an den Möglichkeiten des gutgläubigen Erwerbs nach §§ 932 ff. BGB, unter Einschluss des § 935 BGB, anknüpfen (Aussage e ist daher unzutreffend). Die sachenrechtlichen Wertungen beeinflussen jedoch die Begründung schuldvertraglicher Pflichten nicht. Da sich grundsätzlich jeder vertraglich dazu verpflichten kann, fremdes Eigentum auf einen Dritten zu übertragen, und vorliegend keine Ausnahme vom Grundsatz ersichtlich ist, ist Aussage a unzutreffend: Zwar konnte F den mit X im Jahr 2004 geschlossenen Kaufvertrag nicht gegen den Willen des bestohlenen Eigentümers E wirksam erfüllen, doch ändern diese (für F seinerzeit gar nicht erkennbaren) Probleme bei der ordnungsgemäßen Erfüllung nichts an der Wirksamkeit des Abschlusses des Kaufvertrages. Es handelt sich auch nicht um einen unzulässigen Vertrag zu Lasten Dritter, da darin mutmaßlich gar keine Regelungen zu Lasten Dritter (hier: E) getroffen wurden: Ob X das Eigentum am Rad erwirbt, richtet sich nach den gesetzlichen sachenrechtlichen Vorschriften und steht nicht im Belieben der Vertragspartner F und X. Soweit E auch noch im Jahr 2016 Eigentümer des Rades geblieben ist, steht ihm gegenüber jedem unberechtigten Besitzer der Herausgabeanspruch nach §§ 985, 986 BGB zu. Zweifelsohne ist X, in dessen Vorgarten das Rad steht, dessen unmittelbarer Besitzer, und auf ein Recht zum Besitz kann er sich im Verhältnis zu E auch nicht berufen. Fraglich ist jedoch, ob E zwischenzeitlich sein Eigentum am Rad an X verloren hat, zwar nicht durch Rechtsgeschäft (s.o.), aber durch gesetzliche Anordnung: Nach § 937 BGB ist bei beweglichen Sachen zwingend ein Eigentumserwerb durch Ersitzung kraft gesetzlicher Anordnung vorgesehen. Die Voraussetzungen in zeitlicher Hinsicht (vgl. § 937 Abs. 1 BGB) sind vorliegend 2016 erfüllt, zudem durfte sich X, der den Mangel der Berechtigung zur Veräußerung durch F sowie das Abhandenkommen des Rades bei E nicht kannte, für den wahren Eigentümer halten, er war mithin gutgläubig i.S. des § 937 Abs. 2 BGB. Daher ist im Jahr 2016 nicht mehr E, sondern X kraft Gesetzes Eigentümer des Rades, E kann deshalb 2016 unter Berufung auf sein Eigentum nicht mehr Herausgabe von X verlangen (Aussage c ist somit unzutreffend). Im Jahr 2013 griff der Ersitzungstatbestand jedoch noch nicht ein, zu diesem Zeitpunkt war E noch Eigentümer und hätte deshalb gegenüber X den Herausgabeanspruch nach §§ 985, 986 BGB erfolgreich geltend machen können (Aussage d ist daher zutreffend).

**368: Lösung:** c, d

Der zwischen K und V vereinbarte Kaufvertrag über die Vase ist wirksam und unbedingt geschlossen worden. Hingegen ist der Eigentumsübergang an der Vase unter die aufschiebende Bedingung vollständiger Kaufpreiszahlung (unter gleichzeitiger Vereinbarung monatlicher Raten) durch K gestellt worden (§ 158 Abs. 1 BGB; sog. einfacher Eigentumsvorbehalt). Da zum Zeitpunkt der Zerstörung der Vase durch den Einbrecher die Bedingung noch nicht eingetreten war, ist V nach wie vor Eigentümer derselben und kann ihre Rechte aus dem Eigentum, inkl. den auf die Eigentumsposition gestützten Schadensersatzanspruch nach § 823 Abs. 1 BGB wegen Sachzerstörung, gegen den Dieb und Schädiger geltend machen (Aussage c ist daher zutreffend). Die Zerstörung der Vase durch einen Dritten (hier: Dieb) lässt jedoch die Wirksamkeit des Kaufvertrages zwischen K und V unberührt; vielmehr realisiert sich vorliegend lediglich die (grundsätzlich ab Übergabe der Sache) beim Sachkäufer liegende Sachgefahr, vgl. § 446 S. 1 BGB. K muss trotz der Zerstörung der Vase weiterhin die geschuldeten Kaufpreisraten gegenüber V erbringen (Aussage a ist daher unzutreffend). Aufgrund der bestehenden Gefahrtragungsregeln besteht auch kein Grund, aus Anlass der Zerstörung der Vase nach Übergabe an K die Wirksamkeit des Kaufvertrages zwischen K und V in Frage zu stellen (Aussage d ist daher zutreffend).

Ein gesetzliches Rücktrittsrecht des V (vorausgesetzt in § 449 Abs. 2 BGB) hängt von einer Pflichtverletzung des K ab, vgl. §§ 323 f. BGB, vertragliche Rücktrittsrechte der V sind nach dem Sachverhalt nicht gegeben. Als Vorbehaltskäufer ist K – nach Abnahme der Sache – im Wesentlichen zur vereinbarungsgemäßen Zahlung der Kaufpreisraten verpflichtet, der Sachverhalt enthält insoweit jedoch keine Anhaltspunkte für eine Verletzung der Kaufpreiszahlungspflicht des K. Selbst wenn man die unsachgemäße Behandlung der Kaufsache als möglichen sonstigen Grund i.S. des § 324 BGB ansieht, fehlt es vorliegend an einer Zurechnung der Sachzerstörung zu einem Verhalten des K, sodass ein Rücktrittsgrund zugunsten V nicht erkennbar ist (Aussage b ist daher unzutreffend). Ein Grund, weshalb K den Kaufvertrag mit V wirksam anfechten könnte (§§ 119 ff. BGB), folgt aus der vom Dieb verursachten Sachzerstörung ebenso wenig, da dieser nach Übergabe der Kaufsache eingetretene Umstand weder die Bildung noch die Erklärung des für den Vertragsschluss bedeutsamen Willens des K maßgeblich beeinflussen konnte (Aussage e ist daher unzutreffend).

**369** **Lösung:** a, b, c

Laut Aufgabenstellung ist K als Einzelkaufmann im Handelsregister eingetragen (und firmiert zutreffend mit dem Rechtsformzusatz e. K.). Er betreibt ein Gewerbe, da er selbständig, nach außen auftretend und auf gewisse Dauer im Im- und Exporthandel tätig ist. Als Gewerbetreibender ist er überdies Unternehmer i.S. des § 14 Abs. 1 BGB (Aussage a trifft daher zu). Als Inhaber eines einzelkaufmännischen Unternehmens kann K durch Rechtsgeschäft weitere Teilhaber des Unternehmens aufnehmen (hier: F), wobei jedes zwei- oder mehrseitige Rechtsgeschäft auf übereinstimmenden Willenserklärungen beruht (Aussage b trifft daher zu). Soweit ein kaufmännisches Unternehmen mehr als einen Inhaber aufweist, liegt freilich kein *einzel*kaufmännisches Unternehmen (mehr) vor, Träger des Unternehmens ist dann vielmehr eine aus mehreren Personen bestehende Gesellschaft. Da der Zweck eines kaufmännischen Unternehmens im Betrieb eines Handelsgewerbes besteht, entsteht in diesem Fall (wie etwa § 28 HGB andeutet) durch den Beitritt eines weiteren Inhabers aus dem einzelkaufmännischen Unternehmen eine Handelsgesellschaft, vgl. dazu §§ 105 ff. HGB (Aussage c trifft daher zu). Zwar ist in § 28 Abs. 1 HGB für diesen Fall eine Haftung der entstehenden Gesellschaft für alle im Betrieb des Geschäfts entstandenen Verbindlichkeiten des früheren Geschäftsinhabers vorgesehen, aus der u.U. eine persönliche Haftung eines beitretenden Gesellschafters mit seinem Privatvermögen folgt (vgl. dazu die zwingende Vorschrift des § 128 S. 1 HGB), doch ermöglicht § 28 Abs. 2 HGB unter bestimmten Voraussetzungen den Ausschluss der in § 28 Abs. 1 HGB gesetzlich vorgesehenen Haftungserstreckung. Die pauschale Aussage d, wonach F für den Fall des Beitritts für im einzelkaufmännischen Unternehmen des K entstandene (Alt-)Verbindlichkeiten zwingend persönlich haften muss, ist daher angesichts der in § 28 Abs. 2 HGB aufgezeigten Möglichkeiten zur Abwendung einer solchen Haftung unzutreffend. Ebenso unzutreffend ist Aussage e: Zwar ist das kaufmännische Unternehmen des K nach Beitritt der F kein einzelkaufmännisches mehr, doch lässt sich daraus nicht die Aussage ableiten, ein Beitritt zu einem einzelkaufmännischen Unternehmen sei rechtlich unmöglich – vielmehr belegt die Existenz der Vorschrift des § 28 HGB das Gegenteil.

370 **Lösung:** a, b, d, e

Gegenstand der Aufgabe ist die Beurteilung einer bezeichneten Klausel (Ziff. 11) aus käuferseitig verwendeten allgemeinen Geschäftsbedingungen. Angesichts der Aufgabenstellung liegen im Hinblick auf die „generellen Einkaufsbedingungen" der K die Voraussetzungen für allgemeine Geschäftsbedingungen – kurz: AGB –, wie sie in § 305 Abs. 1 S. 1 BGB definiert sind, vor (Aussage a ist daher zutreffend). Die Wirksamkeit der Einbeziehung solcher Klauseln in Verträge, die K als Unternehmerin (i.S. des § 14 Abs. 1 BGB) mit anderen Unternehmern i.S. des § 14 BGB abschließt (sog. Einbeziehungskontrolle von AGB, hier im unternehmerischen Verkehr), bemisst sich nach §§ 310 Abs. 1, 305 Abs. 2 und 3 BGB. Nach diesen Vorgaben ist der ausdrückliche Hinweis (wie in § 305 Abs. 2 BGB gegenüber Verbrauchern vorgesehen) auf die Geltung der AGB entbehrlich, vielmehr gilt für die Einbeziehung von AGB im unternehmerischen Verkehr das formelle Konsensprinzip der §§ 145 ff. BGB, demzufolge sich die Willensübereinstimmung auf die Geltung der AGB erstrecken muss. Ein Hinweis (etwa in Bestellformularen) auf die Geltung der Klauseln *vor* Abschluss des Vertrages, verbunden mit dem Angebot, die AGB auf Wunsch dem Vertragspartner zur Verfügung zu stellen, genügt diesen Vorgaben (Aussage b ist daher ebenfalls zutreffend). Freilich gilt nach § 305b BGB stets ein Vorrang individueller Vertragsabreden gegenüber gegenständlich einschlägigen AGB-Klauseln (Aussage d ist daher ebenfalls zutreffend). Nach § 305c Abs. 2 BGB gehen Zweifel hinsichtlich der Auslegung einer AGB-Klausel zu Lasten des Verwenders der AGB (Aussage e ist daher ebenfalls zutreffend). Fraglich ist demgegenüber die inhaltliche Wirksamkeit der Klausel Ziff. 11 (sog. Inhaltskontrolle der AGB). Maßstab einer solchen Inhaltskontrolle ist bei gegenüber Unternehmern i.S. des § 14 BGB verwendeten AGB nach § 310 Abs. 1 BGB an sich ausschließlich § 307 BGB (hingegen nicht §§ 308, 309 BGB). Zur Beurteilung muss zunächst der Sinngehalt der Klausel Ziff. 11 durch Auslegung ermittelt werden. Es soll bei Kaufverträgen im kaufmännischen Verkehr, also bei Rechtsgeschäften unter Kaufleuten, das Erfordernis der Mängelrüge (vollständig) abbedungen werden, mithin die Geltung der Vorschrift des § 377 HGB restlos aufgehoben werden. Damit wird jedoch durch einseitig eingebrachte Vertragsklausel (d.h. Ziff. 11 der generellen Einkaufsbedingungen der K) vom Grundgedanken einer gesetzlichen Regelung abgewichen, weshalb insoweit von einem Verstoß gegen § 307 Abs. 1, Abs. 2 Nr. 2 BGB auszugehen ist. Die Klausel Ziff. 11 ist daher als AGB-Regelung inhaltlich unwirksam (Aussage c ist daher unzutreffend).

371 **Lösung:** c, d, e

Gegenstand der Aufgabe ist im Wesentlichen die Beurteilung der rechtlichen Wirksamkeit eines Grundstückskaufes. Ausgangspunkt der Beurteilung ist die in § 311b Abs. 1 BGB statuierte, zwingende gesetzliche Formvorgabe, wonach

(u. a.) Grundstückskaufverträge – die gemäß § 433 Abs. 1 S. 1 BGB die Pflicht des Grundstücksverkäufers zur Übertragung des Grundeigentums an den Käufer begründen – der notariellen Beurkundung bedürfen. Grundstücke sind unbewegliche, jedoch körperliche Gegenstände und daher (unbewegliche) Sachen i.S. des § 90 BGB (Aussage c ist daher zutreffend). Probleme ergeben sich vorliegend daraus, dass die Vertragsparteien den übereinstimmend gewollten Kaufvertrag zu einem Kaufpreis von 300.000 € nicht haben notariell beurkunden lassen (weshalb ein Kaufvertrag zu diesen Bedingungen nicht formgerecht abgeschlossen ist), hingegen der nach § 311b Abs. 1 BGB formgerecht zustande gekommene Kaufvertrag zu einem Kaufpreis von 200.000 € von den Parteien nicht übereinstimmend gewollt ist, sondern nur – aus den im Sachverhalt bezeichneten Gründen – „zum Schein" abgeschlossen wurde. Der formgerecht geschlossene Vertrag ist folglich als Scheingeschäft nach § 117 Abs. 1 BGB unwirksam. Somit liegt *überhaupt* kein wirksam abgeschlossener Kaufvertrag vor, weder zu 300.000 € noch zu 200.000 € Kaufpreis. Deshalb kann weder K von V Übereignung des Grundstücks zu 200.000 € verlangen, noch kann V von K gegen dessen (des K) Willen Zahlung von 300.000 € gegen Übereignung des Grundstücks verlangen (Aussagen a und b sind daher unzutreffend). Ein Handelskauf i.S. der §§ 373 ff. HGB ist der Grundstückskauf zwischen V und K jedoch keinesfalls, da unter den Begriff des Handelskaufs nur Waren (mithin bewegliche Sachen) oder Wertpapiere, hingegen keine unbeweglichen Sachen fallen (Aussage d ist daher zutreffend). Der zwischen K und dem Gutachter abgeschlossene Vertrag hat die Beurteilung der Bebaubarkeit des Grundstücks zum Inhalt. Der Gutachter schuldet somit einen vertraglich näher bestimmten Erfolg (Klärung konkreter Sach- und ggfs. Rechtsfragen), der freilich einen immateriellen Inhalt hat, den das (schriftliche) Gutachten lediglich verkörpert. Aus § 631 Abs. 2 BGB ergibt sich, dass Gegenstand eines Werkvertrags nicht notwendigerweise ein körperlicher Gegenstand sein muss, sondern auch immaterielle Gegenstände, die durch Arbeit oder – wie vorliegend – im Wege einer Dienstleistung erbracht werden, hier die Gutachtenerstellung, Grundlage eines Werkvertrages i.S. der §§ 631 ff. BGB bilden können. Deshalb ist der Vertrag mit dem Gutachter als Werkvertrag zu qualifizieren (Aussage e ist daher zutreffend).

**372** **Lösung:** b, d

Der Kaufvertrag zwischen V und K wird am 1.6. wirksam abgeschlossen, er betrifft eine Stückschuld (ein Gebrauchtrasenmäher). Dass die Vertragsparteien den Zeitpunkt der Fälligkeit des Anspruchs zur Abnahme der Sache einvernehmlich „nach hinten" verschieben, ändert nichts an der Wirksamkeit des Vertragsschlusses zum 1.6., zumal V den Kaufpreis bereits am 1.6. erbringt. Aufgrund des Hochwassers am 2.6. wird V als Verkäufer die Erbringung der von ihm geschuldeten Leistung angesichts der Zerstörung der Sachsubstanz unmöglich i.S. des § 275 Abs. 1 2. Alt. BGB („naturgesetzliche", nachträglich-objektive Unmöglichkeit; der nach Abfluss des Hochwasser verbleibende „Schrotthaufen" entspricht nicht länger dem Kaufgegenstand Rasenmäher als vertraglich geschuldetem Leistungssubstrat). Der Eintritt der Unmöglichkeit ändert, wie

§ 311a Abs. 1 BGB bereits für die – hier nicht gegebene – anfängliche Unmöglichkeit zum Ausdruck bringt, nichts an der Wirksamkeit der Kaufvertrages (Aussage a ist daher erkennbar unzutreffend), fraglich ist nur die Beeinflussung der Primäransprüche sowie die Entstehung eventueller Sekundäransprüche. Nach § 326 Abs. 4 BGB kann K bei Eintritt der Unmöglichkeit der Leistung ihre bereits erbrachte Gegenleistung (Kaufpreis) zurückfordern (Aussage b ist zutreffend). Ansprüche der K gegen V auf Ersatz der Kosten für die „nutzlose" Fahrt vom 1.6. (qualifiziert als Schadensersatz oder Aufwendungsersatz gemäß § 280 Abs. 1, 3, 283, 275, ggfs. mit § 284 BGB) setzen wegen § 280 Abs. 1 BGB Vertretenmüssen der Pflichtverletzung, d.h. den Eintritt der Unmöglichkeit, durch V voraus. V musste jedoch nach dem Sachverhalt nicht mit Hochwasserschäden rechnen und daher auch keine besonderen Vorkehrungen treffen, sodass er sich im Hinblick auf die in Rede stehende Pflichtverletzung i.S. des § 280 Abs. 1 S. 2 BGB entlasten kann (Aussage c ist daher unzutreffend). Hingegen erhält V die Versicherungsleistung als Ersatzgegenstand gerade wegen des Umstands, der zum Eintritt der Unmöglichkeit führt und er ist daher verpflichtet, den Mehrwert an K herauszugeben (nach § 285 Abs. 1 BGB, dann freilich unter Anrechnung der Gegenleistung der K nach § 326 Abs. 3 BGB, saldiert also 100 €; hier zusätzlich zur Rückzahlung des vorgeleisteten Kaufpreises, s.o.; Aussage d ist daher zutreffend). Da Gegenstand des Kaufvertrags eine Stückschuld war (s.o.), besteht keine Grundlage für die Annahme einer Beschaffungsschuld des V (Aussage e ist daher unzutreffend; die Übernahme einer „Garantie" des V für den Fortbestand des Rasenmähers anzunehmen wäre vorliegend lebensfremd).

**373** **Lösung:** a, b, c, d, e

Vorliegend konnte D aufgrund wirksamen Kaufvertrags von der G Lieferung der Maschine zum 1.7. fordern. Durch die Nichtlieferung zum 1.7. kam die G als Leistungsschuldnerin in Verzug (§ 286 BGB), da die Forderung des D auf Lieferung gemäß § 433 Abs. 1 BGB zu diesem Zeitpunkt fällig und einredefrei war und die fristgerechte Leistung unterblieb. Die nach § 286 Abs. 1 BGB an sich erforderliche, hier jedoch nicht erkennbare Mahnung des D war vorliegend wegen eines kalendermäßig bestimmten Leistungszeitpunkts (1.7.) gemäß § 286 Abs. 2 Nr. 1 BGB entbehrlich. Den Verzugseintritt hat die G außerdem nach § 286 Abs. 4 BGB zu vertreten, da die Versäumung des vereinbarten Lieferzeitpunkts auf ein fehlerhaftes Auftragsmanagement ihrerseits zurückzuführen ist, was jedenfalls Sorgfaltswidrigkeit im Umgang mit den selbst eingegangenen Leistungspflichten nahelegt und deshalb Fahrlässigkeit, § 276 Abs. 2 BGB, hinsichtlich des Verzugseintritts bedeutet. Somit lagen die Verzugsvoraussetzungen des § 286 BGB zum 1.7. vor. Zwar war die von der G am 8.7. gelieferte Maschine erkennbar mangelhaft i.S. des § 434 Abs. 1 S. 2 2. Alt. BGB, doch wurde der Mangel sofort über einen von der G herbeigerufenen Servicetechniker im Wege der Nachbesserung (§ 439 Abs. 1 BGB) fachgerecht behoben. Durch den zum 1.7. eingetretenen Schuldnerverzug sind die vertraglichen Leistungspflichten unberührt geblieben. Anhaltspunkte für ein sog. absolutes Fixgeschäft können dem Sachverhalt nicht entnommen werden. Auch ein relatives Fixgeschäft, bei dem wegen § 376 Abs. 1 S. 2 HGB (Fixhandelskauf!) der Handelskäufer sein fortbestehendes Erfüllungsinteresse sofort anzeigen muss, ist nicht gegeben, da keine Anhaltspunkte für eine relative Fixabrede erkennbar sind, bei welcher der Käufer sein Leistungsinteresse im Vertrag – für den Verkäufer erkennbar – so sehr an die Einhaltung des Leistungszeitpunkts geknüpft hat, dass damit der Vertrag „stehen und fallen" soll (Aussage b ist daher zutreffend). Für die Dauer des Verzugs (2.7. bis 8.7.) kann D wegen des bestehenden Schuldnerverzugs den Ersatz für die Mietkosten verlangen, da diese einen nach §§ 280 Abs. 1, Abs. 2, 286 BGB erstattungsfähigen Schadenposten darstellen, der unmittelbar auf dem Schuldnerverzug beruht und neben die weiterhin geschuldete Leistung tritt (Aussage a ist daher zutreffend). D kann von der G in der Tat keinen Ersatz für das vernichtete Papier (Wert: 200 €) verlangen, da das Papier nicht Gegenstand der vertraglich geschuldeten Leistung war und dessen Zerstörung aufgrund des Mangels der Maschine daher einen Mangelfolgeschaden darstellt, der als Schadensersatz neben der Leistung nach §§ 437 Abs. 3, 280 Abs. 1 BGB ohne Rücksicht auf die Verzugsvoraussetzungen nur zu ersetzen ist, wenn und soweit die G als Verkäuferin das Vorliegen des Mangels oder dessen Nichtbeseitigung zu vertreten hat (§§ 276 ff. BGB) – davon ist jedoch nicht auszugehen, da die G als bloße Verkäuferin ohne Einfluss auf den Konstruktions- bzw. Fertigungsprozess der Maschine ist und sich daher entlasten kann i.S. des § 280 Abs. 1 S. 2 BGB. Mangels Verschuldens der G an der dem D entstehenden Eigentumsverletzung (Papier) kommt auch eine deliktische Haftung der G nach § 823 Abs. 1 BGB nicht in Betracht. G haftet auch nicht verschuldens*un*abhängig nach § 287 S. 2 BGB, da der Verzug durch die Leistung am 8.7. beendet wurde; dass diese mangelhaft war, ist für die Beurteilung der Beendigung des bestehenden Verzugs bedeutungslos (Aussage c ist daher zutreffend). D wäre am 8.7., nach Eintritt des oben beschriebenen Zwischenfalls, in der Tat nicht berechtigt gewesen, sofort vom Kaufvertrag mit der G zurückzutreten, da die nach §§ 437 Nr. 2, 323 Abs. 1 BGB erforderliche Fristsetzung durch D nicht erfolgte und die Fristsetzung weder nach § 440 BGB noch nach § 323 Abs. 2 BGB entbehrlich war (Aussage d ist daher zutreffend). Da D als Käufer den Kaufvertrag zu einem Zweck abgeschlossen hat, der in Zusammenhang mit seiner gewerblichen Tätigkeit (als Betreiber einer Druckerei) steht, handelte er als Unternehmer (§ 14 BGB). Die Voraussetzungen eines Verbrauchsgüterkaufs nach § 474 Abs. 1 S. 1 BGB liegen daher in Bezug auf den Kaufvertrag über die Maschine nicht vor (Aussage e ist daher zutreffend).

**374** **Lösung:** b, d

Gegenstand der Aufgabe ist die rechtliche Beurteilung eines Kaufvertrags über einen Kühlschrank auf Ratenzahlungsbasis, der nach der Aufgabenstellung einen Kauf unter Eigentumsvorbehalt unter Geltung der gesetzlichen Bestimmungen darstellen soll. Die schuldrechtliche Seite dieser Art des Kaufs wird in § 449 BGB angesprochen, die sachenrechtliche in §§ 929 ff., 158 Abs. 1 BGB (Eigentumsübertragung unter der aufschiebenden Bedingung vollständiger Kaufpreiszahlung). Beim Kauf unter Eigentumsvorbehalt wird (schuldrechtlich) ein unbedingter Kaufvertrag geschlossen, wobei die sachenrechtliche Erfüllung der Leistungspflicht des Verkäufers im Hinblick auf die Eigentumsverschaffung unter die aufschiebende Bedingung vollständiger Kaufpreiszahlung gestellt wird (daher trifft Aussage a nicht zu, Aussage b hingegen zu). Von dieser aufschiebenden Bedingung wird jedoch nur die Eigentumsübertragung betroffen, hingegen nicht die Pflicht des Verkäufers zur Übergabe der Sache an den Käufer, die im Zweifel sofort geschuldet wird (Aussage c ist daher unzutreffend). Da gemäß § 925 Abs. 2 BGB die Einigung über den Eigentumsübergang an Grundstücken, die sogenannte Auflassung, nicht von einer Bedingung abhängig gemacht werden kann, kommt die Vereinbarung eines Eigentumsvorbehalts nur bei beweglichen Sachen, hingegen nicht bei unbeweglichen Sachen in Betracht (Aussage d ist daher zutreffend). Falls der Käufer mit der Zahlung der geschuldeten Kaufpreisraten in Verzug gerät, ist unter Geltung des Gesetzesrechts § 449 Abs. 2 BGB zu beachten: Danach kann bei Geltung des Eigentumsvorbehalts der Verkäufer die Sache nur bzw. erst dann vom Käufer zurückverlangen, wenn er (der Verkäufer) vom Kaufvertrag zurücktritt, was neben dem Vorliegen eines Rücktrittsgrundes die Erklärung des Rücktritts gegenüber dem Käufer voraussetzt (vgl. zu letzterem § 349 BGB; Aussage e ist daher ebenfalls unzutreffend).

**375 Lösung:** b

In einer „historischen" Beurteilung der Eigentumsstellung war zunächst M als Besitzer auch Eigentümer des Goldbarrens, vgl. dazu die Vermutung in § 1006 Abs. 1 BGB. Der (unbekannte) Dieb des Barrens hat durch die strafbare Wegnahme selbstverständlich nicht das Eigentum hieran erlangt, vgl. zur Eigentumslage nach Diebstahl bereits oben Nr. 352. Der spätere Erwerber des Goldbarrens V hat mutmaßlich mit einem Unbekannten einen Kaufvertrag geschlossen, jedoch (Trennungsprinzip!) auch bei Gutgläubigkeit hinsichtlich der Eigentümerstellung des Veräußerers (§§ 932 ff. BGB) wegen § 935 Abs. 1 BGB nicht das Eigentum am Barren erwerben können, da der Barren dem M aufgrund Diebstahls abhandengekommen ist. Da weder V noch G vom Abhandenkommen des Goldbarrens wussten, ist kein Grund erkennbar, weshalb der zwischen ihnen abgeschlossene *Kauf*vertrag unwirksam sein sollte (Aussage a ist daher unzutreffend); allerdings konnte auch G kein Eigentum an dem dem M noch immer abhandengekommenen *Goldbarren* (§ 935 Abs. 1 BGB) durch Rechtsgeschäft erwerben. Den *Ring* hat G aus dem Barrengold selbst hergestellt und das Eigentum daran nicht durch Rechtsgeschäft erworben, da sich die Willenserklärungen von V und G über den Eigentumsübergang lediglich auf den Barren bezogen (Aussage e ist daher unzutreffend). Mit der Verarbeitung des Goldbarrens zum Goldring hat G indes – angesichts der damit verbundenen Wertsteigerung gegenüber dem Barren als Ausgangsstoff sowie der neuen Bezeichnung („Ring") des durch Verarbeitung neu geschaffenen Gegenstandes – gemäß § 950 Abs. 1 BGB kraft Gesetzes (und nicht: durch Rechtsgeschäft) das Eigentum am Ring erworben, da sich § 935 BGB nur auf den rechtsgeschäftlichen Erwerb des Eigentums, nicht auf den auf gesetzliche Anordnung beruhenden bezieht; zugleich ist das Eigentum des M am Barren wegen § 950 Abs. 2 BGB erloschen. Daraus folgt jedoch nicht, dass der Hersteller durch die gesetzliche Anordnung bereits Eigentum an dem zu verarbeitenden Grundstoff, hier dem Goldbarren, erlangt (Aussage d ist daher unzutreffend). Als rechtmäßiger Eigentümer des von ihm geschaffenen Rings konnte G der K das Eigentum am Ring durch Rechtsgeschäft verschaffen, ohne dass es insoweit auf die Regelungen über den Erwerb vom Nichtberechtigten (§§ 932, 935 BGB) ankommt. Da K nunmehr Eigentümerin des Rings ist und M nie Eigentümer des Rings (!) war, kommt ein auf das Eigentum gestützter Herausgabeanspruch des M gegen K wegen des Rings gemäß §§ 985, 986 Abs. 1 BGB nicht in Betracht, andere Anspruchsgrundlagen auf Herausgabe sind ebenso wenig ergiebig (Aussage c ist daher unzutreffend). Außerdem ist keine Erwägung ersichtlich, weshalb der dem Eigentumsübergang am Ring zugrunde liegende Kaufvertrag zwischen G und K unwirksam sein sollte (Aussage b ist daher zutreffend); dass M sein Eigentum am Goldbarren durch dessen Verarbeitung zum Ring durch G verliert, wird schuldrechtlich über § 951 BGB kompensiert (durch einen bereicherungsrechtlichen Ausgleichsanspruch als Folge des § 950 BGB, nach dem hier jedoch nicht gefragt war).

# Sachverzeichnis

Die angegebenen Fundstellen beziehen auf die *Nummern* der Aufgaben und Lösungen.